CÓDIGO CIVIL
LEI N. 10.406, DE 10-1-2002

# CÓDIGO CIVIL

## CC

legislação **saraiva** de bolso

6ª edição
2024

**saraiva** jur

Av. Paulista, 901, Edifício CYK, 4º andar
Bela Vista – São Paulo – SP – CEP 01310-100

**SAC** | sac.sets@saraivaeducacao.com.br

| | |
|---|---|
| **Diretoria executiva** | Flávia Alves Bravin |
| **Diretoria editorial** | Ana Paula Santos Matos |
| **Gerência de produção e projetos** | Fernando Penteado |
| **Gerência de conteúdo e aquisições** | Thais Cassoli Reato Cézar |
| **Novos projetos** | Aline Darcy Flôr de Souza |
| | Dalila Costa de Oliveira |
| **Edição** | Fabiana Dias da Rocha (coord.) |
| | Fabio Ricardo de Abreu |
| | José Aleixo Alves Junior |
| | José Roberto Borba Ferreira Júnior |
| | Maria Cecilia Coutinho Martins |
| | Stephanie Cristina Pereira |
| **Design e produção** | Jeferson Costa da Silva (coord.) |
| | Rosana Peroni Fazolari |
| | Guilherme Salvador |
| | Lais Soriano |
| | Tiago Dela Rosa |
| | Verônica Pivisan |
| **Planejamento e projetos** | Cintia Aparecida dos Santos |
| | Daniela Maria Chaves Carvalho |
| | Emily Larissa Ferreira da Silva |
| | Kelli Priscila Pinto |
| **Diagramação** | Rafael Cancio Padovan |
| **Revisão** | Amélia Kassis Ward |
| **Capa** | Lais Soriano |
| **Produção gráfica** | Marli Rampim |
| | Sergio Luiz Pereira Lopes |
| **Impressão e acabamento** | A.R. Fernandez |

---

**DADOS INTERNACIONAIS DE CATALOGAÇÃO NA PUBLICAÇÃO (CIP)**
**ODILIO HILARIO MOREIRA JUNIOR – CRB-8/9949**

S243l    Saraiva Educação

     Legislação Saraiva de Bolso - Código Civil / Saraiva Educação ; Colaboração de Fabiana Dias da Rocha. - 6. ed. - São Paulo : SaraivaJur, 2024.
     440 p.
     ISBN: 978-65-5362-936-3 (Impresso)

     1. Direito. 2. Direito civil. 3. Código Civil. I. Rocha, Fabiana Dias da. II. Título.

2023-3112      CDD 347
                       CDU 347

**Índices para catálogo sistemático:**

1. Direito civil      347
2. Direito civil      347

**Data de fechamento da edição: 26-12-2023**

Dúvidas? Acesse www.saraivaeducacao.com.br

Nenhuma parte desta publicação poderá ser reproduzida por qualquer meio ou forma sem a prévia autorização da Saraiva Educação. A violação dos direitos autorais é crime estabelecido na Lei n. 9.610/98 e punido pelo art. 184 do Código Penal.

CÓD. OBRA 15826    CL 608946    CAE 848076

# APRESENTAÇÃO

Pioneira no desenvolvimento e atualização de Códigos e Legislação, com um avançado número de edições e versões, a Editora SARAIVA tem o orgulho de apresentar a coleção: *Legislação Saraiva de Bolso*.

Composta por obras de temas variados, atuais e de oportunidade, tem a finalidade principal de divulgar os direitos e deveres dos cidadãos de um modo geral.

Trata-se de legislação seca, sem notas editoriais, para rápida consulta no dia a dia.

O formato de bolso garante a sua praticidade e portabilidade, com a tradição e qualidade SARAIVA.

Sempre receptivos a sugestões, desejamos a todos um bom uso.

## DESTAQUES
⟶ Dispositivos incluídos e/ou alterados em 2023.

## ATUALIZAÇÃO
Este volume encontra-se atualizado até 26-12-2023.

# SUMÁRIO

Apresentação, **5**

Lei n. 10.406, de 10 de janeiro de 2002, **25**

**PARTE GERAL, 25**

   **Livro I Das Pessoas, 25**

**TÍTULO I** Das Pessoas Naturais, **25**

   **Capítulo I** Da personalidade e da capacidade, **25**

   **Capítulo II** Dos direitos da personalidade, **27**

   **Capítulo III** Da ausência, **29**

     *Seção I* Da curadoria dos bens do ausente, **29**

     *Seção II* Da sucessão provisória, **30**

     *Seção III* Da sucessão definitiva, **32**

**TÍTULO II** Das Pessoas Jurídicas, **33**

   **Capítulo I** Disposições gerais, **33**

   **Capítulo II** Das associações, **37**

   **Capítulo III** Das fundações, **39**

**TÍTULO III** Do Domicílio, **41**

   **Livro II Dos Bens, 43**

**TÍTULO ÚNICO** Das Diferentes Classes de Bens, **43**

   **Capítulo I** Dos bens considerados em si mesmos, **43**

     *Seção I* Dos bens imóveis, **43**

    *Seção II* Dos bens móveis, **44**

    *Seção III* Dos bens fungíveis e consumíveis, **44**

    *Seção IV* Dos bens divisíveis, **45**

    *Seção V* Dos bens singulares e coletivos, **45**

  **Capítulo II** Dos bens reciprocamente considerados, **45**

  **Capítulo III** Dos bens públicos, **46**

  **Livro III Dos Fatos Jurídicos, 47**

**TÍTULO I** Do Negócio Jurídico, **47**

  **Capítulo I** Disposições gerais, **47**

  **Capítulo II** Da representação, **49**

  **Capítulo III** Da condição, do termo e do encargo, **50**

  **Capítulo IV** Dos defeitos do negócio jurídico, **52**

    *Seção I* Do erro ou ignorância, **52**

    *Seção II* Do dolo, **53**

    *Seção III* Da coação, **54**

    *Seção IV* Do estado de perigo, **55**

    *Seção V* Da lesão, **55**

    *Seção VI* Da fraude contra credores, **56**

  **Capítulo V** Da invalidade do negócio jurídico, **57**

**TÍTULO II** Dos Atos Jurídicos Lícitos, **60**

**TÍTULO III** Dos Atos Ilícitos, **60**

**TÍTULO IV** Da Prescrição e da Decadência, **61**

  **Capítulo I** Da prescrição, **61**

    *Seção I* Disposições gerais, **61**

    *Seção II* Das causas que impedem ou suspendem a prescrição, **62**

*Seção III* Das causas que interrompem a prescrição, **63**

*Seção IV* Dos prazos da prescrição, **64**

**Capítulo II** Da decadência, **66**

**TÍTULO V** Da Prova, **67**

**PARTE ESPECIAL, 71**

**Livro I Do Direito das Obrigações, 71**

**TÍTULO I** Das Modalidades das Obrigações, **71**

**Capítulo I** Das obrigações de dar, **71**

*Seção I* Das obrigações de dar coisa certa, **71**

*Seção II* Das obrigações de dar coisa incerta, **72**

**Capítulo II** Das obrigações de fazer, **73**

**Capítulo III** Das obrigações de não fazer, **73**

**Capítulo IV** Das obrigações alternativas, **74**

**Capítulo V** Das obrigações divisíveis e indivisíveis, **75**

**Capítulo VI** Das obrigações solidárias, **76**

*Seção I* Disposições gerais, **76**

*Seção II* Da solidariedade ativa, **76**

*Seção III* Da solidariedade passiva, **77**

**TÍTULO II** Da Transmissão das Obrigações, **79**

**Capítulo I** Da cessão de crédito, **79**

**Capítulo II** Da assunção de dívida, **80**

**TÍTULO III** Do Adimplemento e Extinção das Obrigações, **81**

**Capítulo I** Do pagamento, **81**

*Seção I* De quem deve pagar, **81**

*Seção II* Daqueles a quem se deve pagar, **82**

*Seção III* Do objeto do pagamento e sua prova, **83**

*Seção IV* Do lugar do pagamento, **84**

*Seção V* Do tempo do pagamento, **85**

**Capítulo II** Do pagamento em consignação, **86**

**Capítulo III** Do pagamento com sub-rogação, **87**

**Capítulo IV** Da imputação do pagamento, **88**

**Capítulo V** Da dação em pagamento, **89**

**Capítulo VI** Da novação, **89**

**Capítulo VII** Da compensação, **90**

**Capítulo VIII** Da confusão, **92**

**Capítulo IX** Da remissão das dívidas, **92**

**TÍTULO IV** Do Inadimplemento das Obrigações, **93**

**Capítulo I** Disposições gerais, **93**

**Capítulo II** Da mora, **94**

**Capítulo III** Das perdas e danos, **95**

**Capítulo IV** Dos juros legais, **95**

**Capítulo V** Da cláusula penal, **96**

**Capítulo VI** Das arras ou sinal, **97**

**TÍTULO V** Dos Contratos em Geral, **98**

**Capítulo I** Disposições gerais, **98**

*Seção I* Preliminares, **98**

*Seção II* Da formação dos contratos, **99**

*Seção III* Da estipulação em favor de terceiro, **101**

*Seção IV* Da promessa de fato de terceiro, **101**

*Seção V* Dos vícios redibitórios, **101**

*Seção VI* Da evicção, **103**

*Seção VII* Dos contratos aleatórios, **104**

*Seção VIII* Do contrato preliminar, **105**

*Seção IX* Do contrato com pessoa a declarar, **105**

**Capítulo II** Da extinção do contrato, **106**

*Seção I* Do distrato, **106**

*Seção II* Da cláusula resolutiva, **107**

*Seção III* Da exceção de contrato não cumprido, **107**

*Seção IV* Da resolução por onerosidade excessiva, **107**

**TÍTULO VI** Das Várias Espécies de Contrato, **108**

**Capítulo I** Da compra e venda, **108**

*Seção I* Disposições gerais, **108**

*Seção II* Das cláusulas especiais à compra e venda, **112**

*Subseção I* Da retrovenda, **112**

*Subseção II* Da venda a contento e da sujeita a prova, **113**

*Subseção III* Da preempção ou preferência, **114**

*Subseção IV* Da venda com reserva de domínio, **115**

*Subseção V* Da venda sobre documentos, **116**

**Capítulo II** Da troca ou permuta, **117**

**Capítulo III** Do contrato estimatório, **117**

**Capítulo IV** Da doação, **118**

*Seção I* Disposições gerais, **118**

*Seção II* Da revogação da doação, **120**

**Capítulo V** Da locação de coisas, **121**

**Capítulo VI** Do empréstimo, **124**

*Seção I* Do comodato, **124**

*Seção II* Do mútuo, **125**

**Capítulo VII** Da prestação de serviço, **126**

**Capítulo VIII** Da empreitada, **129**

**Capítulo IX** Do depósito, **132**

*Seção I* Do depósito voluntário, **132**

*Seção II* Do depósito necessário, **135**

**Capítulo X** Do mandato, **136**

*Seção I* Disposições gerais, **136**

*Seção II* Das obrigações do mandatário, **138**

*Seção III* Das obrigações do mandante, **139**

*Seção IV* Da extinção do mandato, **140**

*Seção V* Do mandato judicial, **142**

**Capítulo XI** Da comissão, **142**

**Capítulo XII** Da agência e distribuição, **145**

**Capítulo XIII** Da corretagem, **146**

**Capítulo XIV** Do transporte, **148**

*Seção I* Disposições gerais, **148**

*Seção II* Do transporte de pessoas, **148**

*Seção III* Do transporte de coisas, **150**

**Capítulo XV** Do seguro, **153**

*Seção I* Disposições gerais, **153**

*Seção II* Do seguro de dano, **156**

*Seção III* Do seguro de pessoa, **159**

**Capítulo XVI** Da constituição de renda, **161**

**Capítulo XVII** Do jogo e da aposta, **163**

**Capítulo XVIII** Da fiança, **164**
   *Seção I* Disposições gerais, **164**
   *Seção II* Dos efeitos da fiança, **165**
   *Seção III* Da extinção da fiança, **166**
**Capítulo XIX** Da transação, **167**
**Capítulo XX** Do compromisso, **168**
**Capítulo XXI** Do contrato de administração fiduciária de garantias, **169**

**TÍTULO VII** Dos Atos Unilaterais, **171**
   **Capítulo I** Da promessa de recompensa, **171**
   **Capítulo II** Da gestão de negócios, **172**
   **Capítulo III** Do pagamento indevido, **175**
   **Capítulo IV** Do enriquecimento sem causa, **176**

**TÍTULO VIII** Dos Títulos de Crédito, **176**
   **Capítulo I** Disposições gerais, **176**
   **Capítulo II** Do título ao portador, **179**
   **Capítulo III** Do título à ordem, **180**
   **Capítulo IV** Do título nominativo, **182**

**TÍTULO IX** Da Responsabilidade Civil, **183**
   **Capítulo I** Da obrigação de indenizar, **183**
   **Capítulo II** Da indenização, **186**

**TÍTULO X** Das Preferências e Privilégios Creditórios, **188**

   **Livro II Do Direito de Empresa, 191**

**TÍTULO I** Do Empresário, **191**
   **Capítulo I** Da caracterização e da inscrição, **191**
   **Capítulo II** Da capacidade, **193**

**TÍTULO I-A** Da Empresa Individual de Responsabilidade Limitada, **195**

**TÍTULO II** Da Sociedade, **196**

  **Capítulo Único** Disposições gerais, **196**

  **Subtítulo I** Da Sociedade Não Personificada, **197**

  **Capítulo I** Da sociedade em comum, **197**

  **Capítulo II** Da sociedade em conta de participação, **198**

  **Subtítulo II** Da Sociedade Personificada, **199**

  **Capítulo I** Da sociedade simples, **199**

    *Seção I* Do contrato social, **199**

    *Seção II* Dos direitos e obrigações dos sócios, **201**

    *Seção III* Da administração, **202**

    *Seção IV* Das relações com terceiros, **205**

    *Seção V* Da resolução da sociedade em relação a um sócio, **206**

    *Seção VI* Da dissolução, **207**

  **Capítulo II** Da sociedade em nome coletivo, **209**

  **Capítulo III** Da sociedade em comandita simples, **210**

  **Capítulo IV** Da sociedade limitada, **211**

    *Seção I* Disposições preliminares, **211**

    *Seção II* Das quotas, **212**

    *Seção III* Da administração, **213**

    *Seção IV* Do conselho fiscal, **214**

    *Seção V* Das deliberações dos sócios, **216**

    *Seção VI* Do aumento e da redução do capital, **220**

*Seção VII* Da resolução da sociedade em relação a sócios minoritários, **222**

*Seção VIII* Da dissolução, **222**

**Capítulo V** Da sociedade anônima, **222**

*Seção Única* Da caracterização, **222**

**Capítulo VI** Da sociedade em comandita por ações, **223**

**Capítulo VII** Da sociedade cooperativa, **223**

**Capítulo VIII** Das sociedades coligadas, **225**

**Capítulo IX** Da liquidação da sociedade, **225**

**Capítulo X** Da transformação, da incorporação, da fusão e da cisão das sociedades, **228**

**Capítulo XI** Da sociedade dependente de autorização, **231**

*Seção I* Disposições gerais, **231**

*Seção II* Da sociedade nacional, **231**

*Seção III* Da sociedade estrangeira, **233**

**TÍTULO III** Do Estabelecimento, **236**

**Capítulo Único** Disposições gerais, **236**

**TÍTULO IV** Dos Institutos Complementares, **238**

**Capítulo I** Do registro, **238**

**Capítulo II** Do nome empresarial, **239**

**Capítulo III** Dos prepostos, **242**

*Seção I* Disposições gerais, **242**

*Seção II* Do gerente, **242**

*Seção III* Do contabilista e outros auxiliares, **243**

**Capítulo IV** Da escrituração, **244**

**Livro** Do Direito das Coisas, **248**
**TÍTULO I** Da Posse, **248**
  **Capítulo I** Da posse e sua classificação, **248**
  **Capítulo II** Da aquisição da posse, **249**
  **Capítulo III** Dos efeitos da posse, **250**
  **Capítulo IV** Da perda da posse, **252**
**TÍTULO II** Dos Direitos Reais, **252**
  **Capítulo Único** Disposições gerais, **252**
**TÍTULO III** Da Propriedade, **254**
  **Capítulo I** Da propriedade em geral, **254**
    *Seção I* Disposições preliminares, **254**
    *Seção II* Da descoberta, **255**
  **Capítulo II** Da aquisição da propriedade imóvel, **256**
    *Seção I* Da usucapião, **256**
    *Seção II* Da aquisição pelo registro do título, **258**
    *Seção III* Da aquisição por acessão, **259**
      *Subseção I* Das ilhas, **259**
      *Subseção II* Da aluvião, **260**
      *Subseção III* Da avulsão, **260**
      *Subseção IV* Do álveo abandonado, **260**
      *Subseção V* Das construções e plantações, **261**
  **Capítulo III** Da aquisição da propriedade móvel, **262**
    *Seção I* Da usucapião, **262**
    *Seção II* Da ocupação, **263**
    *Seção III* Do achado do tesouro, **263**
    *Seção IV* Da tradição, **263**

*Seção V* Da especificação, **264**

*Seção VI* Da confusão, da comissão e da adjunção, **265**

**Capítulo IV** Da perda da propriedade, **265**

**Capítulo V** Dos direitos de vizinhança, **266**

*Seção I* Do uso anormal da propriedade, **266**

*Seção II* Das árvores limítrofes, **267**

*Seção III* Da passagem forçada, **268**

*Seção IV* Da passagem de cabos e tubulações, **268**

*Seção V* Das águas, **269**

*Seção VI* Dos limites entre prédios e do direito de tapagem, **271**

*Seção VII* Do direito de construir, **271**

**Capítulo VI** Do condomínio geral, **275**

*Seção I* Do condomínio voluntário, **275**

*Subseção I* Dos direitos e deveres dos condôminos, **275**

*Subseção II* Da administração do condomínio, **277**

*Seção II* Do condomínio necessário, **277**

**Capítulo VII** Do condomínio edilício, **278**

*Seção I* Disposições gerais, **278**

*Seção II* Da administração do condomínio, **283**

*Seção III* Da extinção do condomínio, **287**

*Seção IV* Do condomínio de lotes, **288**

**Capítulo VII-A** Do condomínio em multipropriedade, **288**

*Seção I* Disposições gerais, **288**

*Seção II* Da instituição da multipropriedade, **289**

*Seção III* Dos direitos e das obrigações do multiproprietário, **291**

*Seção IV* Da transferência da multipropriedade, **293**

*Seção V* Da administração da multipropriedade, **294**

*Seção VI* Disposições específicas relativas às unidades autônomas de condomínios edilícios, **295**

**Capítulo VIII** Da propriedade resolúvel, **300**

**Capítulo IX** Da propriedade fiduciária, **300**

**CAPÍTULO X** Do fundo de investimento, **302**

**TÍTULO IV** Da Superfície, **304**

**TÍTULO V** Das Servidões, **305**

**Capítulo I** Da constituição das servidões, **305**

**Capítulo II** Do exercício das servidões, **306**

**Capítulo III** Da extinção das servidões, **307**

**TÍTULO VI** Do Usufruto, **308**

**Capítulo I** Disposições gerais, **308**

**Capítulo II** Dos direitos do usufrutuário, **309**

**Capítulo III** Dos deveres do usufrutuário, **310**

**Capítulo IV** Da extinção do usufruto, **311**

**TÍTULO VII** Do Uso, **312**

**TÍTULO VIII** Da Habitação, **313**

**TÍTULO IX** Do Direito do Promitente Comprador, **313**

**TÍTULO X** Do Penhor, da Hipoteca e da Anticrese, **313**

**Capítulo I** Disposições gerais, **313**

**Capítulo II** Do penhor, **316**

  *Seção I* Da constituição do penhor, **316**

  *Seção II* Dos direitos do credor pignoratício, **316**

  *Seção III* Das obrigações do credor pignoratício, **317**

  *Seção IV* Da extinção do penhor, **318**

  *Seção V* Do penhor rural, **318**

   *Subseção I* Disposições gerais, **318**

   *Subseção II* Do penhor agrícola, **319**

   *Subseção III* Do penhor pecuário, **320**

  *Seção VI* Do penhor industrial e mercantil, **320**

  *Seção VII* Do penhor de direitos e títulos de crédito, **321**

  *Seção VIII* Do penhor de veículos, **323**

  *Seção IX* Do penhor legal, **324**

**Capítulo III** Da hipoteca, **325**

  *Seção I* Disposições gerais, **325**

  *Seção II* Da hipoteca legal, **330**

  *Seção III* Do registro da hipoteca, **331**

  *Seção IV* Da extinção da hipoteca, **332**

  *Seção V* Da hipoteca de vias férreas, **333**

 **Capítulo IV** Da anticrese, **334**

**TÍTULO XI** Da Laje, **335**

 **Livro IV Do Direito de Família, 337**

**TÍTULO I** Do Direito Pessoal, **337**

 **Subtítulo I** Do Casamento, **337**

 **Capítulo I** Disposições gerais, **337**

**Capítulo II** Da capacidade para o casamento, **338**

**Capítulo III** Dos impedimentos, **339**

**Capítulo IV** Das causas suspensivas, **340**

**Capítulo V** Do processo de habilitação para o casamento, **340**

**Capítulo VI** Da celebração do casamento, **342**

**Capítulo VII** Das provas do casamento, **345**

**Capítulo VIII** Da invalidade do casamento, **346**

**Capítulo IX** Da eficácia do casamento, **350**

**Capítulo X** Da dissolução da sociedade e do vínculo conjugal, **351**

**Capítulo XI** Da proteção da pessoa dos filhos, **354**

**Subtítulo II** Das Relações de Parentesco, **357**

**Capítulo I** Disposições gerais, **357**

**Capítulo II** Da filiação, **358**

**Capítulo III** Do reconhecimento dos filhos, **360**

**Capítulo IV** Da adoção, **361**

**Capítulo V** Do poder familiar, **362**

*Seção I* Disposições gerais, **362**

*Seção II* Do exercício do poder familiar, **362**

*Seção III* Da suspensão e extinção do poder familiar, **363**

**TÍTULO II** Do Direito Patrimonial, **365**

**Subtítulo I** Do Regime de Bens entre os Cônjuges, **365**

**Capítulo I** Disposições gerais, **365**

**Capítulo II** Do pacto antenupcial, **368**

**Capítulo III** Do regime de comunhão parcial, **369**

**Capítulo IV** Do regime de comunhão universal, **371**

**Capítulo V** Do regime de participação final nos aquestos, **372**

**Capítulo VI** Do regime de separação de bens, **374**

**Subtítulo II** Do Usufruto e da Administração dos Bens de Filhos Menores, **374**

**Subtítulo III** Dos Alimentos, **375**

**Subtítulo IV** Do Bem de Família, **378**

**TÍTULO III** Da União Estável, **380**

**TÍTULO IV** Da Tutela, da Curatela e da Tomada de Decisão Apoiada, **381**

**Capítulo I** Da tutela, **381**

*Seção I* Dos tutores, **381**

*Seção II* Dos incapazes de exercer a tutela, **383**

*Seção III* Da escusa dos tutores, **383**

*Seção IV* Do exercício da tutela, **384**

*Seção V* Dos bens do tutelado, **387**

*Seção VI* Da prestação de contas, **388**

*Seção VII* da Cessação da Tutela, **389**

**Capítulo II** Da curatela, **390**

*Seção I* Dos interditos, **390**

*Seção II* Da curatela do nascituro e do enfermo ou portador de deficiência física, **392**

*Seção III* Do exercício da curatela, **392**

**Capítulo III** Da tomada de decisão apoiada, **392**

**Livro V Do Direito das Sucessões, 394**

**TÍTULO I** Da Sucessão em Geral, **394**

**Capítulo I** Disposições gerais, **394**

**Capítulo II** Da herança e de sua administração, **395**

**Capítulo III** Da vocação hereditária, **396**

**Capítulo IV** Da aceitação e renúncia da herança, **398**

**Capítulo V** Dos excluídos da sucessão, **400**

**Capítulo VI** Da herança jacente, **401**

**Capítulo VII** Da petição de herança, **402**

**TÍTULO II** Da Sucessão Legítima, **403**

**Capítulo I** Da ordem da vocação hereditária, **403**

**Capítulo II** Dos herdeiros necessários, **405**

**Capítulo III** Do direito de representação, **406**

**TÍTULO III** Da Sucessão Testamentária, **407**

**Capítulo I** Do testamento em geral, **407**

**Capítulo II** Da capacidade de testar, **407**

**Capítulo III** Das formas ordinárias do testamento, **408**

*Seção I* Disposições gerais, **408**

*Seção II* Do testamento público, **408**

*Seção III* Do testamento cerrado, **409**

*Seção IV* Do testamento particular, **411**

**Capítulo IV** Dos codicilos, **411**

**Capítulo V** Dos testamentos especiais, **412**

*Seção I* Disposições gerais, **412**

*Seção II* Do testamento marítimo e do testamento aeronáutico, **412**

*Seção III* Do testamento militar, **413**

**Capítulo VI** Das disposições testamentárias, **414**

**Capítulo VII** Dos legados, **417**

*Seção I* Disposições gerais, **417**

*Seção II* Dos efeitos do legado e do seu pagamento, **418**

*Seção III* Da caducidade dos legados, **420**

**Capítulo VIII** Do direito de acrescer entre herdeiros e legatários, **421**

**Capítulo IX** Das substituições, **422**

*Seção I* Da substituição vulgar e da recíproca, **422**

*Seção II* Da substituição fideicomissária, **423**

**Capítulo X** Da deserdação, **424**

**Capítulo XI** Da redução das disposições testamentárias, **425**

**Capítulo XII** Da revogação do testamento, **426**

**Capítulo XIII** Do rompimento do testamento, **427**

**Capítulo XIV** Do testamenteiro, **427**

**TÍTULO IV** Do Inventário e da Partilha, **429**

**Capítulo I** Do inventário, **429**

**Capítulo II** Dos sonegados, **430**

**Capítulo III** Do pagamento das dívidas, **430**

**Capítulo IV** Da colação, **431**

**Capítulo V** Da partilha, **434**

**Capítulo VI** Da garantia dos quinhões hereditários, **435**

**Capítulo VII** Da anulação da partilha, **436**

**Livro Complementar Das Disposições Finais e Transitórias, 436**

# Lei n. 10.406, de 10 de janeiro de 2002 ([1])

*Institui o Código Civil.*

O Presidente da República
Faço saber que o Congresso Nacional decreta e eu sanciono a seguinte Lei:

# PARTE GERAL

## LIVRO I
### DAS PESSOAS

## TÍTULO I
### DAS PESSOAS NATURAIS

#### Capítulo I
DA PERSONALIDADE E DA CAPACIDADE

**Art. 1.º** Toda pessoa é capaz de direitos e deveres na ordem civil.

**Art. 2.º** A personalidade civil da pessoa começa do nascimento com vida; mas a lei põe a salvo, desde a concepção, os direitos do nascituro.

---

(1) Publicada no *Diário Oficial da União*, de 11-1-2002.

**Art. 3.º** São absolutamente incapazes de exercer pessoalmente os atos da vida civil os menores de 16 (dezesseis) anos.

**I a III** – (*Revogados pela Lei n. 13.146, de 6-7-2015.*)

**Art. 4.º** São incapazes, relativamente a certos atos ou à maneira de os exercer:

I – os maiores de dezesseis e menores de dezoito anos;

II – os ébrios habituais e os viciados em tóxicos;

III – aqueles que, por causa transitória ou permanente, não puderem exprimir sua vontade;

IV – os pródigos.

**Parágrafo único.** A capacidade dos indígenas será regulada por legislação especial.

**Art. 5.º** A menoridade cessa aos dezoito anos completos, quando a pessoa fica habilitada à prática de todos os atos da vida civil.

**Parágrafo único.** Cessará, para os menores, a incapacidade:

I – pela concessão dos pais, ou de um deles na falta do outro, mediante instrumento público, independentemente de homologação judicial, ou por sentença do juiz, ouvido o tutor, se o menor tiver dezesseis anos completos;

II – pelo casamento;

III – pelo exercício de emprego público efetivo;

IV – pela colação de grau em curso de ensino superior;

V – pelo estabelecimento civil ou comercial, ou pela existência de relação de emprego, desde que, em função deles, o menor com dezesseis anos completos tenha economia própria.

**Art. 6.º** A existência da pessoa natural termina com a morte; presume-se esta, quanto aos ausentes, nos casos em que a lei autoriza a abertura de sucessão definitiva.

**Art. 7.º** Pode ser declarada a morte presumida, sem decretação de ausência:

**I** – se for extremamente provável a morte de quem estava em perigo de vida;

**II** – se alguém, desaparecido em campanha ou feito prisioneiro, não for encontrado até dois anos após o término da guerra.

**Parágrafo único.** A declaração da morte presumida, nesses casos, somente poderá ser requerida depois de esgotadas as buscas e averiguações, devendo a sentença fixar a data provável do falecimento.

**Art. 8.º** Se dois ou mais indivíduos falecerem na mesma ocasião, não se podendo averiguar se algum dos comorientes precedeu aos outros, presumir-se-ão simultaneamente mortos.

**Art. 9.º** Serão registrados em registro público:

**I** – os nascimentos, casamentos e óbitos;

**II** – a emancipação por outorga dos pais ou por sentença do juiz;

**III** – a interdição por incapacidade absoluta ou relativa;

**IV** – a sentença declaratória de ausência e de morte presumida.

**Art. 10.** Far-se-á averbação em registro público:

**I** – das sentenças que decretarem a nulidade ou anulação do casamento, o divórcio, a separação judicial e o restabelecimento da sociedade conjugal;

**II** – dos atos judiciais ou extrajudiciais que declararem ou reconhecerem a filiação;

**III** – *(Revogado pela Lei n. 12.010, de 3-8-2009.)*

## Capítulo II
DOS DIREITOS DA PERSONALIDADE

**Art. 11.** Com exceção dos casos previstos em lei, os direitos da personalidade são intransmissíveis e irrenunciáveis, não podendo o seu exercício sofrer limitação voluntária.

**Art. 12.** Pode-se exigir que cesse a ameaça, ou a lesão, a direito da personalidade, e reclamar perdas e danos, sem prejuízo de outras sanções previstas em lei.
**Parágrafo único.** Em se tratando de morto, terá legitimação para requerer a medida prevista neste artigo o cônjuge sobrevivente, ou qualquer parente em linha reta, ou colateral até o quarto grau.
**Art. 13.** Salvo por exigência médica, é defeso o ato de disposição do próprio corpo, quando importar diminuição permanente da integridade física, ou contrariar os bons costumes.
**Parágrafo único.** O ato previsto neste artigo será admitido para fins de transplante, na forma estabelecida em lei especial.
**Art. 14.** É válida, com objetivo científico, ou altruístico, a disposição gratuita do próprio corpo, no todo ou em parte, para depois da morte.
**Parágrafo único.** O ato de disposição pode ser livremente revogado a qualquer tempo.
**Art. 15.** Ninguém pode ser constrangido a submeter-se, com risco de vida, a tratamento médico ou a intervenção cirúrgica.
**Art. 16.** Toda pessoa tem direito ao nome, nele compreendidos o prenome e o sobrenome.
**Art. 17.** O nome da pessoa não pode ser empregado por outrem em publicações ou representações que a exponham ao desprezo público, ainda quando não haja intenção difamatória.
**Art. 18.** Sem autorização, não se pode usar o nome alheio em propaganda comercial.
**Art. 19.** O pseudônimo adotado para atividades lícitas goza da proteção que se dá ao nome.
**Art. 20.** Salvo se autorizadas, ou se necessárias à administração da justiça ou à manutenção da ordem pública, a divulgação de escritos, a transmissão da palavra, ou a publicação, a expo-

sição ou a utilização da imagem de uma pessoa poderão ser proibidas, a seu requerimento e sem prejuízo da indenização que couber, se lhe atingirem a honra, a boa fama ou a respeitabilidade, ou se se destinarem a fins comerciais.

**Parágrafo único.** Em se tratando de morto ou de ausente, são partes legítimas para requerer essa proteção o cônjuge, os ascendentes ou os descendentes.

**Art. 21.** A vida privada da pessoa natural é inviolável, e o juiz, a requerimento do interessado, adotará as providências necessárias para impedir ou fazer cessar ato contrário a esta norma.

## Capítulo III
DA AUSÊNCIA

### Seção I
Da Curadoria dos Bens do Ausente

**Art. 22.** Desaparecendo uma pessoa do seu domicílio sem dela haver notícia, se não houver deixado representante ou procurador a quem caiba administrar-lhe os bens, o juiz, a requerimento de qualquer interessado ou do Ministério Público, declarará a ausência, e nomear-lhe-á curador.

**Art. 23.** Também se declarará a ausência, e se nomeará curador, quando o ausente deixar mandatário que não queira ou não possa exercer ou continuar o mandato, ou se os seus poderes forem insuficientes.

**Art. 24.** O juiz, que nomear o curador, fixar-lhe-á os poderes e obrigações, conforme as circunstâncias, observando, no que for aplicável, o disposto a respeito dos tutores e curadores.

**Art. 25.** O cônjuge do ausente, sempre que não esteja separado judicialmente, ou de fato por mais de dois anos antes da declaração da ausência, será o seu legítimo curador.

**§ 1.º** Em falta do cônjuge, a curadoria dos bens do ausente incumbe aos pais ou aos descendentes, nesta ordem, não havendo impedimento que os iniba de exercer o cargo.

**§ 2.º** Entre os descendentes, os mais próximos precedem os mais remotos.

**§ 3.º** Na falta das pessoas mencionadas, compete ao juiz a escolha do curador.

*Seção II*
Da Sucessão Provisória

**Art. 26.** Decorrido um ano da arrecadação dos bens do ausente, ou, se ele deixou representante ou procurador, em se passando três anos, poderão os interessados requerer que se declare a ausência e se abra provisoriamente a sucessão.

**Art. 27.** Para o efeito previsto no artigo anterior, somente se consideram interessados:

**I** – o cônjuge não separado judicialmente;

**II** – os herdeiros presumidos, legítimos ou testamentários;

**III** – os que tiverem sobre os bens do ausente direito dependente de sua morte;

**IV** – os credores de obrigações vencidas e não pagas.

**Art. 28.** A sentença que determinar a abertura da sucessão provisória só produzirá efeito cento e oitenta dias depois de publicada pela imprensa; mas, logo que passe em julgado, proceder-se-á à abertura do testamento, se houver, e ao inventário e partilha dos bens, como se o ausente fosse falecido.

**§ 1.º** Findo o prazo a que se refere o art. 26, e não havendo interessados na sucessão provisória, cumpre ao Ministério Público requerê-la ao juízo competente.

**§ 2.º** Não comparecendo herdeiro ou interessado para requerer o inventário até trinta dias depois de passar em julgado a sentença que mandar abrir a sucessão provisória, proceder-se-á à arrecadação dos bens do ausente pela forma estabelecida nos arts. 1.819 a 1.823.

**Art. 29.** Antes da partilha, o juiz, quando julgar conveniente, ordenará a conversão dos bens móveis, sujeitos a deterioração ou a extravio, em imóveis ou em títulos garantidos pela União.

**Art. 30.** Os herdeiros, para se imitirem na posse dos bens do ausente, darão garantias da restituição deles, mediante penhores ou hipotecas equivalentes aos quinhões respectivos.

§ 1.º Aquele que tiver direito à posse provisória, mas não puder prestar a garantia exigida neste artigo, será excluído, mantendo-se os bens que lhe deviam caber sob a administração do curador, ou de outro herdeiro designado pelo juiz, e que preste essa garantia.

§ 2.º Os ascendentes, os descendentes e o cônjuge, uma vez provada a sua qualidade de herdeiros, poderão, independentemente de garantia, entrar na posse dos bens do ausente.

**Art. 31.** Os imóveis do ausente só se poderão alienar, não sendo por desapropriação, ou hipotecar, quando o ordene o juiz, para lhes evitar a ruína.

**Art. 32.** Empossados nos bens, os sucessores provisórios ficarão representando ativa e passivamente o ausente, de modo que contra eles correrão as ações pendentes e as que de futuro àquele forem movidas.

**Art. 33.** O descendente, ascendente ou cônjuge que for sucessor provisório do ausente, fará seus todos os frutos e rendimentos dos bens que a este couberem; os outros sucessores, porém, deverão capitalizar metade desses frutos e rendimentos, segundo o disposto no art. 29, de acordo com o representante do Ministério Público, e prestar anualmente contas ao juiz competente.

**Parágrafo único.** Se o ausente aparecer, e ficar provado que a ausência foi voluntária e injustificada, perderá ele, em favor do sucessor, sua parte nos frutos e rendimentos.

**Art. 34.** O excluído, segundo o art. 30, da posse provisória poderá, justificando falta de meios, requerer lhe seja entregue metade dos rendimentos do quinhão que lhe tocaria.

**Art. 35.** Se durante a posse provisória se provar a época exata do falecimento do ausente, considerar-se-á, nessa data, aberta a sucessão em favor dos herdeiros, que o eram àquele tempo.

**Art. 36.** Se o ausente aparecer, ou se lhe provar a existência, depois de estabelecida a posse provisória, cessarão para logo as vantagens dos sucessores nela imitidos, ficando, todavia, obrigados a tomar as medidas assecuratórias precisas, até a entrega dos bens a seu dono.

*Seção III*
Da Sucessão Definitiva

**Art. 37.** Dez anos depois de passada em julgado a sentença que concede a abertura da sucessão provisória, poderão os interessados requerer a sucessão definitiva e o levantamento das cauções prestadas.

**Art. 38.** Pode-se requerer a sucessão definitiva, também, provando-se que o ausente conta oitenta anos de idade, e que de cinco datam as últimas notícias dele.

**Art. 39.** Regressando o ausente nos dez anos seguintes à abertura da sucessão definitiva, ou algum de seus descendentes ou ascendentes, aquele ou estes haverão só os bens existentes no estado em que se acharem, os sub-rogados em seu lugar, ou o preço que os herdeiros e demais interessados houverem recebido pelos bens alienados depois daquele tempo.

**Parágrafo único.** Se, nos dez anos a que se refere este artigo, o ausente não regressar, e nenhum interessado promover a sucessão definitiva, os bens arrecadados passarão ao domínio do Município ou do Distrito Federal, se localizados nas respectivas circunscrições, incorporando-se ao domínio da União, quando situados em território federal.

# TÍTULO II
## DAS PESSOAS JURÍDICAS

### Capítulo I
DISPOSIÇÕES GERAIS

**Art. 40.** As pessoas jurídicas são de direito público, interno ou externo, e de direito privado.

**Art. 41.** São pessoas jurídicas de direito público interno:

**I** – a União;

**II** – os Estados, o Distrito Federal e os Territórios;

**III** – os Municípios;

**IV** – as autarquias; inclusive as associações públicas;

**V** – as demais entidades de caráter público criadas por lei.

**Parágrafo único.** Salvo disposição em contrário, as pessoas jurídicas de direito público, a que se tenha dado estrutura de direito privado, regem-se, no que couber, quanto ao seu funcionamento, pelas normas deste Código.

**Art. 42.** São pessoas jurídicas de direito público externo os Estados estrangeiros e todas as pessoas que forem regidas pelo direito internacional público.

**Art. 43.** As pessoas jurídicas de direito público interno são civilmente responsáveis por atos dos seus agentes que nessa qualidade causem danos a terceiros, ressalvado direito regressivo contra os causadores do dano, se houver, por parte destes, culpa ou dolo.

**Art. 44.** São pessoas jurídicas de direito privado:

**I** – as associações;

**II** – as sociedades;

**III** – as fundações.

**IV** – as organizações religiosas;

**V** – os partidos políticos;

**VI** – (*Revogado pela Lei n. 14.382, de 27-6-2022.*)

§ 1.º São livres a criação, a organização, a estruturação interna e o funcionamento das organizações religiosas, sendo vedado ao poder público negar-lhes reconhecimento ou registro dos atos constitutivos e necessários ao seu funcionamento.

§ 2.º As disposições concernentes às associações aplicam-se subsidiariamente às sociedades que são objeto do Livro II da Parte Especial deste Código.

§ 3.º Os partidos políticos serão organizados e funcionarão conforme o disposto em lei específica.

**Art. 45.** Começa a existência legal das pessoas jurídicas de direito privado com a inscrição do ato constitutivo no respectivo registro, precedida, quando necessário, de autorização ou aprovação do Poder Executivo, averbando-se no registro todas as alterações por que passar o ato constitutivo.

**Parágrafo único.** Decai em três anos o direito de anular a constituição das pessoas jurídicas de direito privado, por defeito do ato respectivo, contado o prazo da publicação de sua inscrição no registro.

**Art. 46.** O registro declarará:

**I** – a denominação, os fins, a sede, o tempo de duração e o fundo social, quando houver;

**II** – o nome e a individualização dos fundadores ou instituidores, e dos diretores;

**III** – o modo por que se administra e representa, ativa e passivamente, judicial e extrajudicialmente;

**IV** – se o ato constitutivo é reformável no tocante à administração, e de que modo;

**V** – se os membros respondem, ou não, subsidiariamente, pelas obrigações sociais;

**VI** – as condições de extinção da pessoa jurídica e o destino do seu patrimônio, nesse caso.

**Art. 47.** Obrigam a pessoa jurídica os atos dos administradores, exercidos nos limites de seus poderes definidos no ato constitutivo.

**Art. 48.** Se a pessoa jurídica tiver administração coletiva, as decisões se tomarão pela maioria de votos dos presentes, salvo se o ato constitutivo dispuser de modo diverso.

**Parágrafo único.** Decai em três anos o direito de anular as decisões a que se refere este artigo, quando violarem a lei ou estatuto, ou forem eivadas de erro, dolo, simulação ou fraude.

**Art. 48-A.** As pessoas jurídicas de direito privado, sem prejuízo do previsto em legislação especial e em seus atos constitutivos, poderão realizar suas assembleias gerais por meio eletrônico, inclusive para os fins do disposto no art. 59 deste Código, respeitados os direitos previstos de participação e de manifestação.

**Art. 49.** Se a administração da pessoa jurídica vier a faltar, o juiz, a requerimento de qualquer interessado, nomear-lhe-á administrador provisório.

**Art. 49-A.** A pessoa jurídica não se confunde com os seus sócios, associados, instituidores ou administradores.

**Parágrafo único.** A autonomia patrimonial das pessoas jurídicas é um instrumento lícito de alocação e segregação de riscos, estabelecido pela lei com a finalidade de estimular empreendimentos, para a geração de empregos, tributo, renda e inovação em benefício de todos.

**Art. 50.** Em caso de abuso da personalidade jurídica, caracterizado pelo desvio de finalidade ou pela confusão patrimonial, pode o juiz, a requerimento da parte, ou do Ministério Público quando lhe couber intervir no processo, desconsiderá-la para que os efeitos de certas e determinadas relações de obrigações sejam estendidos aos bens particulares de administradores ou de sócios da pessoa jurídica beneficiados direta ou indiretamente pelo abuso.

§ 1.º Para os fins do disposto neste artigo, desvio de finalidade é a utilização da pessoa jurídica com o propósito de lesar credores e para a prática de atos ilícitos de qualquer natureza.

§ 2.º Entende-se por confusão patrimonial a ausência de separação de fato entre os patrimônios, caracterizada por:

**I** – cumprimento repetitivo pela sociedade de obrigações do sócio ou do administrador ou vice-versa;

**II** – transferência de ativos ou de passivos sem efetivas contraprestações, exceto os de valor proporcionalmente insignificante; e

**III** – outros atos de descumprimento da autonomia patrimonial.

§ 3.º O disposto no *caput* e nos §§ 1.º e 2.º deste artigo também se aplica à extensão das obrigações de sócios ou de administradores à pessoa jurídica.

§ 4.º A mera existência de grupo econômico sem a presença dos requisitos de que trata o *caput* deste artigo não autoriza a desconsideração da personalidade da pessoa jurídica.

**§ 5.º** Não constitui desvio de finalidade a mera expansão ou a alteração da finalidade original da atividade econômica específica da pessoa jurídica.

**Art. 51.** Nos casos de dissolução da pessoa jurídica ou cassada a autorização para seu funcionamento, ela subsistirá para os fins de liquidação, até que esta se conclua.

**§ 1.º** Far-se-á, no registro onde a pessoa jurídica estiver inscrita, a averbação de sua dissolução.

**§ 2.º** As disposições para a liquidação das sociedades aplicam-se, no que couber, às demais pessoas jurídicas de direito privado.

**§ 3.º** Encerrada a liquidação, promover-se-á o cancelamento da inscrição da pessoa jurídica.

**Art. 52.** Aplica-se às pessoas jurídicas, no que couber, a proteção dos direitos da personalidade.

## Capítulo II
### DAS ASSOCIAÇÕES

**Art. 53.** Constituem-se as associações pela união de pessoas que se organizem para fins não econômicos.

**Parágrafo único.** Não há, entre os associados, direitos e obrigações recíprocos.

**Art. 54.** Sob pena de nulidade, o estatuto das associações conterá:

**I** – a denominação, os fins e a sede da associação;

**II** – os requisitos para a admissão, demissão e exclusão dos associados;

**III** – os direitos e deveres dos associados;

**IV** – as fontes de recursos para sua manutenção;

**V** – o modo de constituição e de funcionamento dos órgãos deliberativos;

**VI** – as condições para a alteração das disposições estatutárias e para a dissolução;

**VII** – a forma de gestão administrativa e de aprovação das respectivas contas.

**Art. 55.** Os associados devem ter iguais direitos, mas o estatuto poderá instituir categorias com vantagens especiais.

**Art. 56.** A qualidade de associado é intransmissível, se o estatuto não dispuser o contrário.

**Parágrafo único.** Se o associado for titular de quota ou fração ideal do patrimônio da associação, a transferência daquela não importará, *de per si*, na atribuição da qualidade de associado ao adquirente ou ao herdeiro, salvo disposição diversa do estatuto.

**Art. 57.** A exclusão do associado só é admissível havendo justa causa, assim reconhecida em procedimento que assegure direito de defesa e de recurso, nos termos previstos no estatuto.

**Parágrafo único.** (*Revogado pela Lei n. 11.127, de 28-6-2005.*)

**Art. 58.** Nenhum associado poderá ser impedido de exercer direito ou função que lhe tenha sido legitimamente conferido, a não ser nos casos e pela forma previstos na lei ou no estatuto.

**Art. 59.** Compete privativamente à assembleia geral:

I – destituir os administradores;

II – alterar o estatuto.

**Parágrafo único.** Para as deliberações a que se referem os incisos I e II deste artigo é exigido deliberação da assembleia especialmente convocada para esse fim, cujo *quorum* será o estabelecido no estatuto, bem como os critérios de eleição dos administradores.

**Art. 60.** A convocação dos órgãos deliberativos far-se-á na forma do estatuto, garantido a 1/5 (um quinto) dos associados o direito de promovê-la.

**Art. 61.** Dissolvida a associação, o remanescente do seu patrimônio líquido, depois de deduzidas, se for o caso, as quotas ou frações ideais referidas no parágrafo único do art. 56, será destinado à entidade de fins não econômicos designada no estatuto, ou, omisso este, por deliberação dos associados, a instituição municipal, estadual ou federal, de fins idênticos ou semelhantes.

**§ 1.º** Por cláusula do estatuto ou, no seu silêncio, por deliberação dos associados, podem estes, antes da destinação do remanescente referida neste artigo, receber em restituição, atualizado o respectivo valor, as contribuições que tiverem prestado ao patrimônio da associação.

**§ 2.º** Não existindo no Município, no Estado, no Distrito Federal ou no Território, em que a associação tiver sede, instituição nas condições indicadas neste artigo, o que remanescer do seu patrimônio se devolverá à Fazenda do Estado, do Distrito Federal ou da União.

### Capítulo III
DAS FUNDAÇÕES

**Art. 62.** Para criar uma fundação, o seu instituidor fará, por escritura pública ou testamento, dotação especial de bens livres, especificando o fim a que se destina, e declarando, se quiser, a maneira de administrá-la.

**Parágrafo único.** A fundação somente poderá constituir-se para fins de:

**I** – assistência social;

**II** – cultura, defesa e conservação do patrimônio histórico e artístico;

**III** – educação;

**IV** – saúde;

**V** – segurança alimentar e nutricional;

**VI** – defesa, preservação e conservação do meio ambiente e promoção do desenvolvimento sustentável;

**VII** – pesquisa científica, desenvolvimento de tecnologias alternativas, modernização de sistemas de gestão, produção e divulgação de informações e conhecimentos técnicos e científicos;

**VIII** – promoção da ética, da cidadania, da democracia e dos direitos humanos;

**IX** – atividades religiosas; e

**X** – (*Vetado*.)

**Art. 63.** Quando insuficientes para constituir a fundação, os bens a ela destinados serão, se de outro modo não dispuser o instituidor, incorporados em outra fundação que se proponha a fim igual ou semelhante.

**Art. 64.** Constituída a fundação por negócio jurídico entre vivos, o instituidor é obrigado a transferir-lhe a propriedade, ou outro direito real, sobre os bens dotados, e, se não o fizer, serão registrados, em nome dela, por mandado judicial.

**Art. 65.** Aqueles a quem o instituidor cometer a aplicação do patrimônio, em tendo ciência do encargo, formularão logo, de acordo com as suas bases (art. 62), o estatuto da fundação projetada, submetendo-o, em seguida, à aprovação da autoridade competente, com recurso ao juiz.

**Parágrafo único.** Se o estatuto não for elaborado no prazo assinado pelo instituidor, ou, não havendo prazo, em 180 (cento e oitenta) dias, a incumbência caberá ao Ministério Público.

**Art. 66.** Velará pelas fundações o Ministério Público do Estado onde situadas.

**§ 1.º** Se funcionarem no Distrito Federal ou em Território, caberá o encargo ao Ministério Público do Distrito Federal e Territórios.

**§ 2.º** Se estenderem a atividade por mais de um Estado, caberá o encargo, em cada um deles, ao respectivo Ministério Público.

**Art. 67.** Para que se possa alterar o estatuto da fundação é mister que a reforma:

**I** – seja deliberada por dois terços dos competentes para gerir e representar a fundação;

**II** – não contrarie ou desvirtue o fim desta;

**III** – seja aprovada pelo órgão do Ministério Público no prazo máximo de 45 (quarenta e cinco) dias, findo o qual ou no caso de o Ministério Público a denegar, poderá o juiz supri-la, a requerimento do interessado.

**Art. 68.** Quando a alteração não houver sido aprovada por votação unânime, os administradores da fundação, ao submeterem o estatuto ao órgão do Ministério Público, requererão que se dê ciência à minoria vencida para impugná-la, se quiser, em dez dias.

**Art. 69.** Tornando-se ilícita, impossível ou inútil a finalidade a que visa a fundação, ou vencido o prazo de sua existência, o órgão do Ministério Público, ou qualquer interessado, lhe promoverá a extinção, incorporando-se o seu patrimônio, salvo disposição em contrário no ato constitutivo, ou no estatuto, em outra fundação, designada pelo juiz, que se proponha a fim igual ou semelhante.

# TÍTULO III
## DO DOMICÍLIO

**Art. 70.** O domicílio da pessoa natural é o lugar onde ela estabelece a sua residência com ânimo definitivo.

**Art. 71.** Se, porém, a pessoa natural tiver diversas residências, onde, alternadamente, viva, considerar-se-á domicílio seu qualquer delas.

**Art. 72.** É também domicílio da pessoa natural, quanto às relações concernentes à profissão, o lugar onde esta é exercida.

**Parágrafo único.** Se a pessoa exercitar profissão em lugares diversos, cada um deles constituirá domicílio para as relações que lhe corresponderem.

**Art. 73.** Ter-se-á por domicílio da pessoa natural, que não tenha residência habitual, o lugar onde for encontrada.

**Art. 74.** Muda-se o domicílio, transferindo a residência, com a intenção manifesta de o mudar.

**Parágrafo único.** A prova da intenção resultará do que declarar a pessoa às municipalidades dos lugares, que deixa, e para onde vai, ou, se tais declarações não fizer, da própria mudança, com as circunstâncias que a acompanharem.

**Art. 75.** Quanto às pessoas jurídicas, o domicílio é:

I – da União, o Distrito Federal;

II – dos Estados e Territórios, as respectivas capitais;

III – do Município, o lugar onde funcione a administração municipal;

IV – das demais pessoas jurídicas, o lugar onde funcionarem as respectivas diretorias e administrações, ou onde elegerem domicílio especial no seu estatuto ou atos constitutivos.

§ 1.º Tendo a pessoa jurídica diversos estabelecimentos em lugares diferentes, cada um deles será considerado domicílio para os atos nele praticados.

§ 2.º Se a administração, ou diretoria, tiver a sede no estrangeiro, haver-se-á por domicílio da pessoa jurídica, no tocante às obrigações contraídas por cada uma das suas agências, o lugar do estabelecimento, sito no Brasil, a que ela corresponder.

**Art. 76.** Têm domicílio necessário o incapaz, o servidor público, o militar, o marítimo e o preso.

**Parágrafo único.** O domicílio do incapaz é o do seu representante ou assistente; o do servidor público, o lugar em que exercer permanentemente suas funções; o do militar, onde servir, e, sendo da Marinha ou da Aeronáutica, a sede do comando a que se encontrar imediatamente subordinado; o do marítimo, onde o navio estiver matriculado; e o do preso, o lugar em que cumprir a sentença.

**Art. 77.** O agente diplomático do Brasil, que, citado no estrangeiro, alegar extraterritorialidade sem designar onde tem, no país, o seu domicílio, poderá ser demandado no Distrito Federal ou no último ponto do território brasileiro onde o teve.

**Art. 78.** Nos contratos escritos, poderão os contratantes especificar domicílio onde se exercitem e cumpram os direitos e obrigações deles resultantes.

# LIVRO II
## DOS BENS

## TÍTULO ÚNICO
### DAS DIFERENTES CLASSES DE BENS

### Capítulo I
DOS BENS CONSIDERADOS EM SI MESMOS

*Seção I*
Dos Bens Imóveis

**Art. 79.** São bens imóveis o solo e tudo quanto se lhe incorporar natural ou artificialmente.

**Art. 80.** Consideram-se imóveis para os efeitos legais:

I – os direitos reais sobre imóveis e as ações que os asseguram;

II – o direito à sucessão aberta.

**Art. 81.** Não perdem o caráter de imóveis:

I – as edificações que, separadas do solo, mas conservando sua unidade, forem removidas para outro local;

II – os materiais provisoriamente separados de um prédio, para nele se reempregarem.

*Seção II*
Dos Bens Móveis

**Art. 82.** São móveis os bens suscetíveis de movimento próprio, ou de remoção por força alheia, sem alteração da substância ou da destinação econômico-social.

**Art. 83.** Consideram-se móveis para os efeitos legais:

I – as energias que tenham valor econômico;

II – os direitos reais sobre objetos móveis e as ações correspondentes;

III – os direitos pessoais de caráter patrimonial e respectivas ações.

**Art. 84.** Os materiais destinados a alguma construção, enquanto não forem empregados, conservam sua qualidade de móveis; readquirem essa qualidade os provenientes da demolição de algum prédio.

*Seção III*
Dos Bens Fungíveis e Consumíveis

**Art. 85.** São fungíveis os móveis que podem substituir-se por outros da mesma espécie, qualidade e quantidade.

**Art. 86.** São consumíveis os bens móveis cujo uso importa destruição imediata da própria substância, sendo também considerados tais os destinados à alienação.

*Seção IV*
Dos Bens Divisíveis

**Art. 87.** Bens divisíveis são os que se podem fracionar sem alteração na sua substância, diminuição considerável de valor, ou prejuízo do uso a que se destinam.

**Art. 88.** Os bens naturalmente divisíveis podem tornar-se indivisíveis por determinação da lei ou por vontade das partes.

*Seção V*
Dos Bens Singulares e Coletivos

**Art. 89.** São singulares os bens que, embora reunidos, se consideram *de per si*, independentemente dos demais.

**Art. 90.** Constitui universalidade de fato a pluralidade de bens singulares que, pertinentes à mesma pessoa, tenham destinação unitária.

**Parágrafo único.** Os bens que formam essa universalidade podem ser objeto de relações jurídicas próprias.

**Art. 91.** Constitui universalidade de direito o complexo de relações jurídicas, de uma pessoa, dotadas de valor econômico.

## Capítulo II
DOS BENS RECIPROCAMENTE CONSIDERADOS

**Art. 92.** Principal é o bem que existe sobre si, abstrata ou concretamente; acessório, aquele cuja existência supõe a do principal.

**Art. 93.** São pertenças os bens que, não constituindo partes integrantes, se destinam, de modo duradouro, ao uso, ao serviço ou ao aformoseamento de outro.

**Art. 94.** Os negócios jurídicos que dizem respeito ao bem principal não abrangem as pertenças, salvo se o contrário resultar da lei, da manifestação de vontade, ou das circunstâncias do caso.

**Art. 95.** Apesar de ainda não separados do bem principal, os frutos e produtos podem ser objeto de negócio jurídico.

**Art. 96.** As benfeitorias podem ser voluptuárias, úteis ou necessárias.

§ 1.º São voluptuárias as de mero deleite ou recreio, que não aumentam o uso habitual do bem, ainda que o tornem mais agradável ou sejam de elevado valor.

§ 2.º São úteis as que aumentam ou facilitam o uso do bem.

§ 3.º São necessárias as que têm por fim conservar o bem ou evitar que se deteriore.

**Art. 97.** Não se consideram benfeitorias os melhoramentos ou acréscimos sobrevindos ao bem sem a intervenção do proprietário, possuidor ou detentor.

### Capítulo III
### DOS BENS PÚBLICOS

**Art. 98.** São públicos os bens do domínio nacional pertencentes às pessoas jurídicas de direito público interno; todos os outros são particulares, seja qual for a pessoa a que pertencerem.

**Art. 99.** São bens públicos:

I – os de uso comum do povo, tais como rios, mares, estradas, ruas e praças;

II – os de uso especial, tais como edifícios ou terrenos destinados a serviço ou estabelecimento da administração federal, estadual, territorial ou municipal, inclusive os de suas autarquias;

**III** – os dominicais, que constituem o patrimônio das pessoas jurídicas de direito público, como objeto de direito pessoal, ou real, de cada uma dessas entidades.

**Parágrafo único.** Não dispondo a lei em contrário, consideram-se dominicais os bens pertencentes às pessoas jurídicas de direito público a que se tenha dado estrutura de direito privado.

**Art. 100.** Os bens públicos de uso comum do povo e os de uso especial são inalienáveis, enquanto conservarem a sua qualificação, na forma que a lei determinar.

**Art. 101.** Os bens públicos dominicais podem ser alienados, observadas as exigências da lei.

**Art. 102.** Os bens públicos não estão sujeitos a usucapião.

**Art. 103.** O uso comum dos bens públicos pode ser gratuito ou retribuído, conforme for estabelecido legalmente pela entidade a cuja administração pertencerem.

# LIVRO III
## DOS FATOS JURÍDICOS

# TÍTULO I
## DO NEGÓCIO JURÍDICO

### Capítulo I
DISPOSIÇÕES GERAIS

**Art. 104.** A validade do negócio jurídico requer:
  **I** – agente capaz;
  **II** – objeto lícito, possível, determinado ou determinável;
  **III** – forma prescrita ou não defesa em lei.

**Art. 105.** A incapacidade relativa de uma das partes não pode ser invocada pela outra em benefício próprio, nem aproveita aos cointeressados capazes, salvo se, neste caso, for indivisível o objeto do direito ou da obrigação comum.

**Art. 106.** A impossibilidade inicial do objeto não invalida o negócio jurídico se for relativa, ou se cessar antes de realizada a condição a que ele estiver subordinado.

**Art. 107.** A validade da declaração de vontade não dependerá de forma especial, senão quando a lei expressamente a exigir.

**Art. 108.** Não dispondo a lei em contrário, a escritura pública é essencial à validade dos negócios jurídicos que visem à constituição, transferência, modificação ou renúncia de direitos reais sobre imóveis de valor superior a trinta vezes o maior salário mínimo vigente no País.

**Art. 109.** No negócio jurídico celebrado com a cláusula de não valer sem instrumento público, este é da substância do ato.

**Art. 110.** A manifestação de vontade subsiste ainda que o seu autor haja feito a reserva mental de não querer o que manifestou, salvo se dela o destinatário tinha conhecimento.

**Art. 111.** O silêncio importa anuência, quando as circunstâncias ou os usos o autorizarem, e não for necessária a declaração de vontade expressa.

**Art. 112.** Nas declarações de vontade se atenderá mais à intenção nelas consubstanciada do que ao sentido literal da linguagem.

**Art. 113.** Os negócios jurídicos devem ser interpretados conforme a boa-fé e os usos do lugar de sua celebração.

§ 1.º A interpretação do negócio jurídico deve lhe atribuir o sentido que:

**I** – for confirmado pelo comportamento das partes posterior à celebração do negócio;

**II** – corresponder aos usos, costumes e práticas do mercado relativas ao tipo de negócio;

**III** – corresponder à boa-fé;

**IV** – for mais benéfico à parte que não redigiu o dispositivo, se identificável; e

**V** – corresponder a qual seria a razoável negociação das partes sobre a questão discutida, inferida das demais disposições do negócio e da racionalidade econômica das partes, consideradas as informações disponíveis no momento de sua celebração.

**§ 2.º** As partes poderão livremente pactuar regras de interpretação, de preenchimento de lacunas e de integração dos negócios jurídicos diversas daquelas previstas em lei.

**Art. 114.** Os negócios jurídicos benéficos e a renúncia interpretam-se estritamente.

## Capítulo II
### DA REPRESENTAÇÃO

**Art. 115.** Os poderes de representação conferem-se por lei ou pelo interessado.

**Art. 116.** A manifestação de vontade pelo representante, nos limites de seus poderes, produz efeitos em relação ao representado.

**Art. 117.** Salvo se o permitir a lei ou o representado, é anulável o negócio jurídico que o representante, no seu interesse ou por conta de outrem, celebrar consigo mesmo.

**Parágrafo único.** Para esse efeito, tem-se como celebrado pelo representante o negócio realizado por aquele em quem os poderes houverem sido subestabelecidos.

**Art. 118.** O representante é obrigado a provar às pessoas, com quem tratar em nome do representado, a sua qualidade e a extensão de seus poderes, sob pena de, não o fazendo, responder pelos atos que a estes excederem.

**Art. 119.** É anulável o negócio concluído pelo representante em conflito de interesses com o representado, se tal fato era ou devia ser do conhecimento de quem com aquele tratou.
**Parágrafo único.** É de cento e oitenta dias, a contar da conclusão do negócio ou da cessação da incapacidade, o prazo de decadência para pleitear-se a anulação prevista neste artigo.
**Art. 120.** Os requisitos e os efeitos da representação legal são os estabelecidos nas normas respectivas; os da representação voluntária são os da Parte Especial deste Código.

## Capítulo III
DA CONDIÇÃO, DO TERMO E DO ENCARGO

**Art. 121.** Considera-se condição a cláusula que, derivando exclusivamente da vontade das partes, subordina o efeito do negócio jurídico a evento futuro e incerto.
**Art. 122.** São lícitas, em geral, todas as condições não contrárias à lei, à ordem pública ou aos bons costumes; entre as condições defesas se incluem as que privarem de todo efeito o negócio jurídico, ou o sujeitarem ao puro arbítrio de uma das partes.
**Art. 123.** Invalidam os negócios jurídicos que lhes são subordinados:

I – as condições física ou juridicamente impossíveis, quando suspensivas;

II – as condições ilícitas, ou de fazer coisa ilícita;

III – as condições incompreensíveis ou contraditórias.

**Art. 124.** Têm-se por inexistentes as condições impossíveis, quando resolutivas, e as de não fazer coisa impossível.
**Art. 125.** Subordinando-se a eficácia do negócio jurídico à condição suspensiva, enquanto esta se não verificar, não se terá adquirido o direito, a que ele visa.

**Art. 126.** Se alguém dispuser de uma coisa sob condição suspensiva, e, pendente esta, fizer quanto àquela novas disposições, estas não terão valor, realizada a condição, se com ela forem incompatíveis.

**Art. 127.** Se for resolutiva a condição, enquanto esta se não realizar, vigorará o negócio jurídico, podendo exercer-se desde a conclusão deste o direito por ele estabelecido.

**Art. 128.** Sobrevindo a condição resolutiva, extingue-se, para todos os efeitos, o direito a que ela se opõe; mas, se aposta a um negócio de execução continuada ou periódica, a sua realização, salvo disposição em contrário, não tem eficácia quanto aos atos já praticados, desde que compatíveis com a natureza da condição pendente e conforme aos ditames de boa-fé.

**Art. 129.** Reputa-se verificada, quanto aos efeitos jurídicos, a condição cujo implemento for maliciosamente obstado pela parte a quem desfavorecer, considerando-se, ao contrário, não verificada a condição maliciosamente levada a efeito por aquele a quem aproveita o seu implemento.

**Art. 130.** Ao titular do direito eventual, nos casos de condição suspensiva ou resolutiva, é permitido praticar os atos destinados a conservá-lo.

**Art. 131.** O termo inicial suspende o exercício, mas não a aquisição do direito.

**Art. 132.** Salvo disposição legal ou convencional em contrário, computam-se os prazos, excluído o dia do começo, e incluído o do vencimento.

§ 1.º Se o dia do vencimento cair em feriado, considerar-se-á prorrogado o prazo até o seguinte dia útil.

§ 2.º Meado considera-se, em qualquer mês, o seu décimo quinto dia.

**§ 3.º** Os prazos de meses e anos expiram no dia de igual número do de início, ou no imediato, se faltar exata correspondência.

**§ 4.º** Os prazos fixados por hora contar-se-ão de minuto a minuto.

**Art. 133.** Nos testamentos, presume-se o prazo em favor do herdeiro, e, nos contratos, em proveito do devedor, salvo, quanto a esses, se do teor do instrumento, ou das circunstâncias, resultar que se estabeleceu a benefício do credor, ou de ambos os contratantes.

**Art. 134.** Os negócios jurídicos entre vivos, sem prazo, são exequíveis desde logo, salvo se a execução tiver de ser feita em lugar diverso ou depender de tempo.

**Art. 135.** Ao termo inicial e final aplicam-se, no que couber, as disposições relativas à condição suspensiva e resolutiva.

**Art. 136.** O encargo não suspende a aquisição nem o exercício do direito, salvo quando expressamente imposto no negócio jurídico, pelo disponente, como condição suspensiva.

**Art. 137.** Considera-se não escrito o encargo ilícito ou impossível, salvo se constituir o motivo determinante da liberalidade, caso em que se invalida o negócio jurídico.

## Capítulo IV
DOS DEFEITOS DO NEGÓCIO JURÍDICO

### Seção I
Do Erro ou Ignorância

**Art. 138.** São anuláveis os negócios jurídicos, quando as declarações de vontade emanarem de erro substancial que poderia ser percebido por pessoa de diligência normal, em face das circunstâncias do negócio.

**Art. 139.** O erro é substancial quando:

**I** – interessa à natureza do negócio, ao objeto principal da declaração, ou a alguma das qualidades a ele essenciais;

**II** – concerne à identidade ou à qualidade essencial da pessoa a quem se refira a declaração de vontade, desde que tenha influído nesta de modo relevante;

**III** – sendo de direito e não implicando recusa à aplicação da lei, for o motivo único ou principal do negócio jurídico.

**Art. 140.** O falso motivo só vicia a declaração de vontade quando expresso como razão determinante.

**Art. 141.** A transmissão errônea da vontade por meios interpostos é anulável nos mesmos casos em que o é a declaração direta.

**Art. 142.** O erro de indicação da pessoa ou da coisa, a que se referir a declaração de vontade, não viciará o negócio quando, por seu contexto e pelas circunstâncias, se puder identificar a coisa ou pessoa cogitada.

**Art. 143.** O erro de cálculo apenas autoriza a retificação da declaração de vontade.

**Art. 144.** O erro não prejudica a validade do negócio jurídico quando a pessoa, a quem a manifestação de vontade se dirige, se oferecer para executá-la na conformidade da vontade real do manifestante.

*Seção II*
Do Dolo

**Art. 145.** São os negócios jurídicos anuláveis por dolo, quando este for a sua causa.

**Art. 146.** O dolo acidental só obriga à satisfação das perdas e danos, e é acidental quando, a seu despeito, o negócio seria realizado, embora por outro modo.

**Art. 147.** Nos negócios jurídicos bilaterais, o silêncio intencional de uma das partes a respeito de fato ou qualidade que a outra parte haja ignorado, constitui omissão dolosa, provando-se que sem ela o negócio não se teria celebrado.

**Art. 148.** Pode também ser anulado o negócio jurídico por dolo de terceiro, se a parte a quem aproveite dele tivesse ou devesse ter conhecimento; em caso contrário, ainda que subsista o negócio jurídico, o terceiro responderá por todas as perdas e danos da parte a quem ludibriou.

**Art. 149.** O dolo do representante legal de uma das partes só obriga o representado a responder civilmente até a importância do proveito que teve; se, porém, o dolo for do representante convencional, o representado responderá solidariamente com ele por perdas e danos.

**Art. 150.** Se ambas as partes procederem com dolo, nenhuma pode alegá-lo para anular o negócio, ou reclamar indenização.

*Seção III*
Da Coação

**Art. 151.** A coação, para viciar a declaração da vontade, há de ser tal que incuta ao paciente fundado temor de dano iminente e considerável à sua pessoa, à sua família, ou aos seus bens.

**Parágrafo único.** Se disser respeito a pessoa não pertencente à família do paciente, o juiz, com base nas circunstâncias, decidirá se houve coação.

**Art. 152.** No apreciar a coação, ter-se-ão em conta o sexo, a idade, a condição, a saúde, o temperamento do paciente e todas as demais circunstâncias que possam influir na gravidade dela.

**Art. 153.** Não se considera coação a ameaça do exercício normal de um direito, nem o simples temor reverencial.

**Art. 154.** Vicia o negócio jurídico a coação exercida por terceiro, se dela tivesse ou devesse ter conhecimento a parte a que aproveite, e esta responderá solidariamente com aquele por perdas e danos.

**Art. 155.** Subsistirá o negócio jurídico, se a coação decorrer de terceiro, sem que a parte a que aproveite dela tivesse ou devesse ter conhecimento; mas o autor da coação responderá por todas as perdas e danos que houver causado ao coacto.

*Seção IV*
Do Estado de Perigo

**Art. 156.** Configura-se o estado de perigo quando alguém, premido da necessidade de salvar-se, ou a pessoa de sua família, de grave dano conhecido pela outra parte, assume obrigação excessivamente onerosa.

**Parágrafo único.** Tratando-se de pessoa não pertencente à família do declarante, o juiz decidirá segundo as circunstâncias.

*Seção V*
Da Lesão

**Art. 157.** Ocorre a lesão quando uma pessoa, sob premente necessidade, ou por inexperiência, se obriga a prestação manifestamente desproporcional ao valor da prestação oposta.

**§ 1.º** Aprecia-se a desproporção das prestações segundo os valores vigentes ao tempo em que foi celebrado o negócio jurídico.

**§ 2.º** Não se decretará a anulação do negócio, se for oferecido suplemento suficiente, ou se a parte favorecida concordar com a redução do proveito.

*Seção VI*
Da Fraude contra Credores

**Art. 158.** Os negócios de transmissão gratuita de bens ou remissão de dívida, se os praticar o devedor já insolvente, ou por eles reduzido à insolvência, ainda quando o ignore, poderão ser anulados pelos credores quirografários, como lesivos dos seus direitos.

§ 1.º Igual direito assiste aos credores cuja garantia se tornar insuficiente.

§ 2.º Só os credores que já o eram ao tempo daqueles atos podem pleitear a anulação deles.

**Art. 159.** Serão igualmente anuláveis os contratos onerosos do devedor insolvente, quando a insolvência for notória, ou houver motivo para ser conhecida do outro contratante.

**Art. 160.** Se o adquirente dos bens do devedor insolvente ainda não tiver pago o preço e este for, aproximadamente, o corrente, desobrigar-se-á depositando-o em juízo, com a citação de todos os interessados.

**Parágrafo único.** Se inferior, o adquirente, para conservar os bens, poderá depositar o preço que lhes corresponda ao valor real.

**Art. 161.** A ação, nos casos dos arts. 158 e 159, poderá ser intentada contra o devedor insolvente, a pessoa que com ele celebrou a estipulação considerada fraudulenta, ou terceiros adquirentes que hajam procedido de má-fé.

**Art. 162.** O credor quirografário, que receber do devedor insolvente o pagamento da dívida ainda não vencida, ficará obrigado a repor, em proveito do acervo sobre que se tenha de efetuar o concurso de credores, aquilo que recebeu.

**Art. 163.** Presumem-se fraudatórias dos direitos dos outros credores as garantias de dívidas que o devedor insolvente tiver dado a algum credor.

**Art. 164.** Presumem-se, porém, de boa-fé e valem os negócios ordinários indispensáveis à manutenção de estabelecimento mercantil, rural, ou industrial, ou à subsistência do devedor e de sua família.

**Art. 165.** Anulados os negócios fraudulentos, a vantagem resultante reverterá em proveito do acervo sobre que se tenha de efetuar o concurso de credores.

**Parágrafo único.** Se esses negócios tinham por único objeto atribuir direitos preferenciais, mediante hipoteca, penhor ou anticrese, sua invalidade importará somente na anulação da preferência ajustada.

## Capítulo V
### DA INVALIDADE DO NEGÓCIO JURÍDICO

**Art. 166.** É nulo o negócio jurídico quando:

**I** – celebrado por pessoa absolutamente incapaz;

**II** – for ilícito, impossível ou indeterminável o seu objeto;

**III** – o motivo determinante, comum a ambas as partes, for ilícito;

**IV** – não revestir a forma prescrita em lei;

**V** – for preterida alguma solenidade que a lei considere essencial para a sua validade;

**VI** – tiver por objetivo fraudar lei imperativa;

**VII** – a lei taxativamente o declarar nulo, ou proibir-lhe a prática, sem cominar sanção.

**Art. 167.** É nulo o negócio jurídico simulado, mas subsistirá o que se dissimulou, se válido for na substância e na forma.

**§ 1.º** Haverá simulação nos negócios jurídicos quando:

I – aparentarem conferir ou transmitir direitos a pessoas diversas daquelas às quais realmente se conferem, ou transmitem;

II – contiverem declaração, confissão, condição ou cláusula não verdadeira;

III – os instrumentos particulares forem antedatados, ou pós-datados.

**§ 2.º** Ressalvam-se os direitos de terceiros de boa-fé em face dos contraentes do negócio jurídico simulado.

**Art. 168.** As nulidades dos artigos antecedentes podem ser alegadas por qualquer interessado, ou pelo Ministério Público, quando lhe couber intervir.

**Parágrafo único.** As nulidades devem ser pronunciadas pelo juiz, quando conhecer do negócio jurídico ou dos seus efeitos e as encontrar provadas, não lhe sendo permitido supri-las, ainda que a requerimento das partes.

**Art. 169.** O negócio jurídico nulo não é suscetível de confirmação, nem convalesce pelo decurso do tempo.

**Art. 170.** Se, porém, o negócio jurídico nulo contiver os requisitos de outro, subsistirá este quando o fim a que visavam as partes permitir supor que o teriam querido, se houvessem previsto a nulidade.

**Art. 171.** Além dos casos expressamente declarados na lei, é anulável o negócio jurídico:

I – por incapacidade relativa do agente;

II – por vício resultante de erro, dolo, coação, estado de perigo, lesão ou fraude contra credores.

**Art. 172.** O negócio anulável pode ser confirmado pelas partes, salvo direito de terceiro.

**Art. 173.** O ato de confirmação deve conter a substância do negócio celebrado e a vontade expressa de mantê-lo.

**Art. 174.** É escusada a confirmação expressa, quando o negócio já foi cumprido em parte pelo devedor, ciente do vício que o inquinava.

**Art. 175.** A confirmação expressa, ou a execução voluntária de negócio anulável, nos termos dos arts. 172 a 174, importa a extinção de todas as ações, ou exceções, de que contra ele dispusesse o devedor.

**Art. 176.** Quando a anulabilidade do ato resultar da falta de autorização de terceiro, será validado se este a der posteriormente.

**Art. 177.** A anulabilidade não tem efeito antes de julgada por sentença, nem se pronuncia de ofício; só os interessados a podem alegar, e aproveita exclusivamente aos que a alegarem, salvo o caso de solidariedade ou indivisibilidade.

**Art. 178.** É de quatro anos o prazo de decadência para pleitear-se a anulação do negócio jurídico, contado:

**I** – no caso de coação, do dia em que ela cessar;

**II** – no de erro, dolo, fraude contra credores, estado de perigo ou lesão, do dia em que se realizou o negócio jurídico;

**III** – no de atos de incapazes, do dia em que cessar a incapacidade.

**Art. 179.** Quando a lei dispuser que determinado ato é anulável, sem estabelecer prazo para pleitear-se a anulação, será este de dois anos, a contar da data da conclusão do ato.

**Art. 180.** O menor, entre dezesseis e dezoito anos, não pode, para eximir-se de uma obrigação, invocar a sua idade se dolosamente a ocultou quando inquirido pela outra parte, ou se, no ato de obrigar-se, declarou-se maior.

**Art. 181.** Ninguém pode reclamar o que, por uma obrigação anulada, pagou a um incapaz, se não provar que reverteu em proveito dele a importância paga.

**Art. 182.** Anulado o negócio jurídico, restituir-se-ão as partes ao estado em que antes dele se achavam, e, não sendo possível restituí-las, serão indenizadas com o equivalente.

**Art. 183.** A invalidade do instrumento não induz a do negócio jurídico sempre que este puder provar-se por outro meio.

**Art. 184.** Respeitada a intenção das partes, a invalidade parcial de um negócio jurídico não o prejudicará na parte válida, se esta for separável; a invalidade da obrigação principal implica a das obrigações acessórias, mas a destas não induz a da obrigação principal.

## TÍTULO II
### DOS ATOS JURÍDICOS LÍCITOS

**Art. 185.** Aos atos jurídicos lícitos, que não sejam negócios jurídicos, aplicam-se, no que couber, as disposições do Título anterior.

## TÍTULO III
### DOS ATOS ILÍCITOS

**Art. 186.** Aquele que, por ação ou omissão voluntária, negligência ou imprudência, violar direito e causar dano a outrem, ainda que exclusivamente moral, comete ato ilícito.

**Art. 187.** Também comete ato ilícito o titular de um direito que, ao exercê-lo, excede manifestamente os limites impostos pelo seu fim econômico ou social, pela boa-fé ou pelos bons costumes.

**Art. 188.** Não constituem atos ilícitos:

I – os praticados em legítima defesa ou no exercício regular de um direito reconhecido;

**II –** a deterioração ou destruição da coisa alheia, ou a lesão a pessoa, a fim de remover perigo iminente.

**Parágrafo único.** No caso do inciso II, o ato será legítimo somente quando as circunstâncias o tornarem absolutamente necessário, não excedendo os limites do indispensável para a remoção do perigo.

# TÍTULO IV
## DA PRESCRIÇÃO E DA DECADÊNCIA

### Capítulo I
DA PRESCRIÇÃO

*Seção I*
Disposições Gerais

**Art. 189.** Violado o direito, nasce para o titular a pretensão, a qual se extingue, pela prescrição, nos prazos a que aludem os arts. 205 e 206.

**Art. 190.** A exceção prescreve no mesmo prazo em que a pretensão.

**Art. 191.** A renúncia da prescrição pode ser expressa ou tácita, e só valerá, sendo feita, sem prejuízo de terceiro, depois que a prescrição se consumar; tácita é a renúncia quando se presume de fatos do interessado, incompatíveis com a prescrição.

**Art. 192.** Os prazos de prescrição não podem ser alterados por acordo das partes.

**Art. 193.** A prescrição pode ser alegada em qualquer grau de jurisdição, pela parte a quem aproveita.

**Art. 194.** (*Revogado pela Lei n. 11.280, de 16-2-2006.*)

**Art. 195.** Os relativamente incapazes e as pessoas jurídicas têm ação contra os seus assistentes ou representantes legais, que derem causa à prescrição, ou não a alegarem oportunamente.

**Art. 196.** A prescrição iniciada contra uma pessoa continua a correr contra o seu sucessor.

*Seção II*
Das Causas que Impedem ou Suspendem a Prescrição

**Art. 197.** Não corre a prescrição:

**I** – entre os cônjuges, na constância da sociedade conjugal;

**II** – entre ascendentes e descendentes, durante o poder familiar;

**III** – entre tutelados ou curatelados e seus tutores ou curadores, durante a tutela ou curatela.

**Art. 198.** Também não corre a prescrição:

**I** – contra os incapazes de que trata o art. 3.º;

**II** – contra os ausentes do País em serviço público da União, dos Estados ou dos Municípios;

**III** – contra os que se acharem servindo nas Forças Armadas, em tempo de guerra.

**Art. 199.** Não corre igualmente a prescrição:

**I** – pendendo condição suspensiva;

**II** – não estando vencido o prazo;

**III** – pendendo ação de evicção.

**Art. 200.** Quando a ação se originar de fato que deva ser apurado no juízo criminal, não correrá a prescrição antes da respectiva sentença definitiva.

**Art. 201.** Suspensa a prescrição em favor de um dos credores solidários, só aproveitam os outros se a obrigação for indivisível.

## Seção III
### Das Causas que Interrompem a Prescrição

**Art. 202.** A interrupção da prescrição, que somente poderá ocorrer uma vez, dar-se-á:

**I** – por despacho do juiz, mesmo incompetente, que ordenar a citação, se o interessado a promover no prazo e na forma da lei processual;

**II** – por protesto, nas condições do inciso antecedente;

**III** – por protesto cambial;

**IV** – pela apresentação do título de crédito em juízo de inventário ou em concurso de credores;

**V** – por qualquer ato judicial que constitua em mora o devedor;

**VI** – por qualquer ato inequívoco, ainda que extrajudicial, que importe reconhecimento do direito pelo devedor.

**Parágrafo único.** A prescrição interrompida recomeça a correr da data do ato que a interrompeu, ou do último ato do processo para a interromper.

**Art. 203.** A prescrição pode ser interrompida por qualquer interessado.

**Art. 204.** A interrupção da prescrição por um credor não aproveita aos outros; semelhantemente, a interrupção operada contra o codevedor, ou seu herdeiro, não prejudica aos demais coobrigados.

§ 1.º A interrupção por um dos credores solidários aproveita aos outros; assim como a interrupção efetuada contra o devedor solidário envolve os demais e seus herdeiros.

§ 2.º A interrupção operada contra um dos herdeiros do devedor solidário não prejudica os outros herdeiros ou devedores, senão quando se trate de obrigações e direitos indivisíveis.

§ 3.º A interrupção produzida contra o principal devedor prejudica o fiador.

*Seção IV*
Dos Prazos da Prescrição

**Art. 205.** A prescrição ocorre em dez anos, quando a lei não lhe haja fixado prazo menor.

**Art. 206.** Prescreve:

§ 1.º Em um ano:

**I** – a pretensão dos hospedeiros ou fornecedores de víveres destinados a consumo no próprio estabelecimento, para o pagamento da hospedagem ou dos alimentos;

**II** – a pretensão do segurado contra o segurador, ou a deste contra aquele, contado o prazo:

**a)** para o segurado, no caso de seguro de responsabilidade civil, da data em que é citado para responder à ação de indenização proposta pelo terceiro prejudicado, ou da data que a este indeniza, com a anuência do segurador;

**b)** quanto aos demais seguros, da ciência do fato gerador da pretensão;

**III** – a pretensão dos tabeliães, auxiliares da justiça, serventuários judiciais, árbitros e peritos, pela percepção de emolumentos, custas e honorários;

**IV** – a pretensão contra os peritos, pela avaliação dos bens que entraram para a formação do capital de sociedade anônima, contado da publicação da ata da assembleia que aprovar o laudo;

**V** – a pretensão dos credores não pagos contra os sócios ou acionistas e os liquidantes, contado o prazo da publicação da ata de encerramento da liquidação da sociedade.

§ 2.º Em dois anos, a pretensão para haver prestações alimentares, a partir da data em que se vencerem.

**§ 3.º** Em três anos:

**I** – a pretensão relativa a aluguéis de prédios urbanos ou rústicos;

**II** – a pretensão para receber prestações vencidas de rendas temporárias ou vitalícias;

**III** – a pretensão para haver juros, dividendos ou quaisquer prestações acessórias, pagáveis, em períodos não maiores de um ano, com capitalização ou sem ela;

**IV** – a pretensão de ressarcimento de enriquecimento sem causa;

**V** – a pretensão de reparação civil;

**VI** – a pretensão de restituição dos lucros ou dividendos recebidos de má-fé, correndo o prazo da data em que foi deliberada a distribuição;

**VII** – a pretensão contra as pessoas em seguida indicadas por violação da lei ou do estatuto, contado o prazo:

**a)** para os fundadores, da publicação dos atos constitutivos da sociedade anônima;

**b)** para os administradores, ou fiscais, da apresentação, aos sócios, do balanço referente ao exercício em que a violação tenha sido praticada, ou da reunião ou assembleia geral que dela deva tomar conhecimento;

**c)** para os liquidantes, da primeira assembleia semestral posterior à violação;

**VIII** – a pretensão para haver o pagamento de título de crédito, a contar do vencimento, ressalvadas as disposições de lei especial;

**IX** – a pretensão do beneficiário contra o segurador, e a do terceiro prejudicado, no caso de seguro de responsabilidade civil obrigatório.

**§ 4.º** Em quatro anos, a pretensão relativa à tutela, a contar da data da aprovação das contas.

**§ 5.º** Em cinco anos:

**I** – a pretensão de cobrança de dívidas líquidas constantes de instrumento público ou particular;

**II** – a pretensão dos profissionais liberais em geral, procuradores judiciais, curadores e professores pelos seus honorários, contado o prazo da conclusão dos serviços, da cessação dos respectivos contratos ou mandato;

**III** – a pretensão do vencedor para haver do vencido o que despendeu em juízo.

**Art. 206-A.** A prescrição intercorrente observará o mesmo prazo de prescrição da pretensão, observadas as causas de impedimento, de suspensão e de interrupção da prescrição previstas neste Código e observado o disposto no art. 921 da Lei n. 13.105, de 16 de março de 2015 (Código de Processo Civil).

## Capítulo II
### DA DECADÊNCIA

**Art. 207.** Salvo disposição legal em contrário, não se aplicam à decadência as normas que impedem, suspendem ou interrompem a prescrição.

**Art. 208.** Aplica-se à decadência o disposto nos arts. 195 e 198, I.

**Art. 209.** É nula a renúncia à decadência fixada em lei.

**Art. 210.** Deve o juiz, de ofício, conhecer da decadência, quando estabelecida por lei.

**Art. 211.** Se a decadência for convencional, a parte a quem aproveita pode alegá-la em qualquer grau de jurisdição, mas o juiz não pode suprir a alegação.

# TÍTULO V
## DA PROVA

**Art. 212.** Salvo o negócio a que se impõe forma especial, o fato jurídico pode ser provado mediante:

**I** – confissão;

**II** – documento;

**III** – testemunha;

**IV** – presunção;

**V** – perícia.

**Art. 213.** Não tem eficácia a confissão se provém de quem não é capaz de dispor do direito a que se referem os fatos confessados.

**Parágrafo único.** Se feita a confissão por um representante, somente é eficaz nos limites em que este pode vincular o representado.

**Art. 214.** A confissão é irrevogável, mas pode ser anulada se decorreu de erro de fato ou de coação.

**Art. 215.** A escritura pública, lavrada em notas de tabelião, é documento dotado de fé pública, fazendo prova plena.

**§ 1.º** Salvo quando exigidos por lei outros requisitos, a escritura pública deve conter:

**I** – data e local de sua realização;

**II** – reconhecimento da identidade e capacidade das partes e de quantos hajam comparecido ao ato, por si, como representantes, intervenientes ou testemunhas;

**III** – nome, nacionalidade, estado civil, profissão, domicílio e residência das partes e demais comparecentes, com a indicação, quando necessário, do regime de bens do casamento, nome do outro cônjuge e filiação;

**IV** – manifestação clara da vontade das partes e dos intervenientes;

**V** – referência ao cumprimento das exigências legais e fiscais inerentes à legitimidade do ato;

**VI** – declaração de ter sido lida na presença das partes e demais comparecentes, ou de que todos a leram;

**VII** – assinatura das partes e dos demais comparecentes, bem como a do tabelião ou seu substituto legal, encerrando o ato.

§ 2.º Se algum comparecente não puder ou não souber escrever, outra pessoa capaz assinará por ele, a seu rogo.

§ 3.º A escritura será redigida na língua nacional.

§ 4.º Se qualquer dos comparecentes não souber a língua nacional e o tabelião não entender o idioma em que se expressa, deverá comparecer tradutor público para servir de intérprete, ou, não o havendo na localidade, outra pessoa capaz que, a juízo do tabelião, tenha idoneidade e conhecimento bastantes.

§ 5.º Se algum dos comparecentes não for conhecido do tabelião, nem puder identificar-se por documento, deverão participar do ato pelo menos duas testemunhas que o conheçam e atestem sua identidade.

**Art. 216.** Farão a mesma prova que os originais as certidões textuais de qualquer peça judicial, do protocolo das audiências, ou de outro qualquer livro a cargo do escrivão, sendo extraídas por ele, ou sob a sua vigilância, e por ele subscritas, assim como os traslados de autos, quando por outro escrivão consertados.

**Art. 217.** Terão a mesma força probante os traslados e as certidões, extraídos por tabelião ou oficial de registro, de instrumentos ou documentos lançados em suas notas.

**Art. 218.** Os traslados e as certidões considerar-se-ão instrumentos públicos, se os originais se houverem produzido em juízo como prova de algum ato.

**Art. 219.** As declarações constantes de documentos assinados presumem-se verdadeiras em relação aos signatários.

**Parágrafo único.** Não tendo relação direta, porém, com as disposições principais ou com a legitimidade das partes, as declarações enunciativas não eximem os interessados em sua veracidade do ônus de prová-las.

**Art. 220.** A anuência ou a autorização de outrem, necessária à validade de um ato, provar-se-á do mesmo modo que este, e constará, sempre que se possa, do próprio instrumento.

**Art. 221.** O instrumento particular, feito e assinado, ou somente assinado por quem esteja na livre disposição e administração de seus bens, prova as obrigações convencionais de qualquer valor; mas os seus efeitos, bem como os da cessão, não se operam, a respeito de terceiros, antes de registrado no registro público.

**Parágrafo único.** A prova do instrumento particular pode suprir-se pelas outras de caráter legal.

**Art. 222.** O telegrama, quando lhe for contestada a autenticidade, faz prova mediante conferência com o original assinado.

**Art. 223.** A cópia fotográfica de documento, conferida por tabelião de notas, valerá como prova de declaração da vontade, mas, impugnada sua autenticidade, deverá ser exibido o original.

**Parágrafo único.** A prova não supre a ausência do título de crédito, ou do original, nos casos em que a lei ou as circunstâncias condicionarem o exercício do direito à sua exibição.

**Art. 224.** Os documentos redigidos em língua estrangeira serão traduzidos para o português para ter efeitos legais no País.

**Art. 225.** As reproduções fotográficas, cinematográficas, os registros fonográficos e, em geral, quaisquer outras reproduções mecânicas ou eletrônicas de fatos ou de coisas fazem prova plena destes, se a parte, contra quem forem exibidos, não lhes impugnar a exatidão.

**Art. 226.** Os livros e fichas dos empresários e sociedades provam contra as pessoas a que pertencem, e, em seu favor, quando, escriturados sem vício extrínseco ou intrínseco, forem confirmados por outros subsídios.

**Parágrafo único.** A prova resultante dos livros e fichas não é bastante nos casos em que a lei exige escritura pública, ou escrito particular revestido de requisitos especiais, e pode ser ilidida pela comprovação da falsidade ou inexatidão dos lançamentos.

**Art. 227.** (*Revogado pela Lei n. 13.105, de 16-3-2015.*)

**Parágrafo único.** Qualquer que seja o valor do negócio jurídico, a prova testemunhal é admissível como subsidiária ou complementar da prova por escrito.

**Art. 228.** Não podem ser admitidos como testemunhas:

　**I** – os menores de dezesseis anos;

　**II e III** – (*Revogados pela Lei n. 13.146, de 6-7-2015.*)

　**IV** – o interessado no litígio, o amigo íntimo ou o inimigo capital das partes;

　**V** – os cônjuges, os ascendentes, os descendentes e os colaterais, até o terceiro grau de alguma das partes, por consanguinidade, ou afinidade.

§ **1.º** Para a prova de fatos que só elas conheçam, pode o juiz admitir o depoimento das pessoas a que se refere este artigo.

§ **2.º** A pessoa com deficiência poderá testemunhar em igualdade de condições com as demais pessoas, sendo-lhe assegurados todos os recursos de tecnologia assistiva.

**Arts. 229 e 230.** (*Revogados pela Lei n. 13.105, de 16-3-2015.*)

**Art. 231.** Aquele que se nega a submeter-se a exame médico necessário não poderá aproveitar-se de sua recusa.

**Art. 232.** A recusa à perícia médica ordenada pelo juiz poderá suprir a prova que se pretendia obter com o exame.

# PARTE ESPECIAL

# LIVRO I
## DO DIREITO DAS OBRIGAÇÕES

# TÍTULO I
## DAS MODALIDADES DAS OBRIGAÇÕES

### Capítulo I
DAS OBRIGAÇÕES DE DAR

*Seção I*
Das Obrigações de Dar Coisa Certa

**Art. 233.** A obrigação de dar coisa certa abrange os acessórios dela embora não mencionados, salvo se o contrário resultar do título ou das circunstâncias do caso.

**Art. 234.** Se, no caso do artigo antecedente, a coisa se perder, sem culpa do devedor, antes da tradição, ou pendente a condição suspensiva, fica resolvida a obrigação para ambas as partes; se a perda resultar de culpa do devedor, responderá este pelo equivalente e mais perdas e danos.

**Art. 235.** Deteriorada a coisa, não sendo o devedor culpado, poderá o credor resolver a obrigação, ou aceitar a coisa, abatido de seu preço o valor que perdeu.

**Art. 236.** Sendo culpado o devedor, poderá o credor exigir o equivalente, ou aceitar a coisa no estado em que se acha, com direito a reclamar, em um ou em outro caso, indenização das perdas e danos.

**Art. 237.** Até a tradição pertence ao devedor a coisa, com os seus melhoramentos e acrescidos, pelos quais poderá exigir aumento no preço; se o credor não anuir, poderá o devedor resolver a obrigação.

**Parágrafo único.** Os frutos percebidos são do devedor, cabendo ao credor os pendentes.

**Art. 238.** Se a obrigação for de restituir coisa certa, e esta, sem culpa do devedor, se perder antes da tradição, sofrerá o credor a perda, e a obrigação se resolverá, ressalvados os seus direitos até o dia da perda.

**Art. 239.** Se a coisa se perder por culpa do devedor, responderá este pelo equivalente, mais perdas e danos.

**Art. 240.** Se a coisa restituível se deteriorar sem culpa do devedor, recebê-la-á o credor, tal qual se ache, sem direito a indenização; se por culpa do devedor, observar-se-á o disposto no art. 239.

**Art. 241.** Se, no caso do art. 238, sobrevier melhoramento ou acréscimo à coisa, sem despesa ou trabalho do devedor, lucrará o credor, desobrigado de indenização.

**Art. 242.** Se para o melhoramento, ou aumento, empregou o devedor trabalho ou dispêndio, o caso se regulará pelas normas deste Código atinentes às benfeitorias realizadas pelo possuidor de boa-fé ou de má-fé.

**Parágrafo único.** Quanto aos frutos percebidos, observar-se-á, do mesmo modo, o disposto neste Código, acerca do possuidor de boa-fé ou de má-fé.

*Seção II*
Das Obrigações de Dar Coisa Incerta

**Art. 243.** A coisa incerta será indicada, ao menos, pelo gênero e pela quantidade.

**Art. 244.** Nas coisas determinadas pelo gênero e pela quantidade, a escolha pertence ao devedor, se o contrário não resultar do título da obrigação; mas não poderá dar a coisa pior, nem será obrigado a prestar a melhor.

**Art. 245.** Cientificado da escolha o credor, vigorará o disposto na Seção antecedente.

**Art. 246.** Antes da escolha, não poderá o devedor alegar perda ou deterioração da coisa, ainda que por força maior ou caso fortuito.

## Capítulo II
### DAS OBRIGAÇÕES DE FAZER

**Art. 247.** Incorre na obrigação de indenizar perdas e danos o devedor que recusar a prestação a ele só imposta, ou só por ele exequível.

**Art. 248.** Se a prestação do fato tornar-se impossível sem culpa do devedor, resolver-se-á a obrigação; se por culpa dele, responderá por perdas e danos.

**Art. 249.** Se o fato puder ser executado por terceiro, será livre ao credor mandá-lo executar à custa do devedor, havendo recusa ou mora deste, sem prejuízo da indenização cabível.

**Parágrafo único.** Em caso de urgência, pode o credor, independentemente de autorização judicial, executar ou mandar executar o fato, sendo depois ressarcido.

## Capítulo III
### DAS OBRIGAÇÕES DE NÃO FAZER

**Art. 250.** Extingue-se a obrigação de não fazer, desde que, sem culpa do devedor, se lhe torne impossível abster-se do ato, que se obrigou a não praticar.

**Art. 251.** Praticado pelo devedor o ato, a cuja abstenção se obrigara, o credor pode exigir dele que o desfaça, sob pena de se desfazer à sua custa, ressarcindo o culpado perdas e danos.
**Parágrafo único.** Em caso de urgência, poderá o credor desfazer ou mandar desfazer, independentemente de autorização judicial, sem prejuízo do ressarcimento devido.

## Capítulo IV
### DAS OBRIGAÇÕES ALTERNATIVAS

**Art. 252.** Nas obrigações alternativas, a escolha cabe ao devedor, se outra coisa não se estipulou.

§ 1.º Não pode o devedor obrigar o credor a receber parte em uma prestação e parte em outra.

§ 2.º Quando a obrigação for de prestações periódicas, a faculdade de opção poderá ser exercida em cada período.

§ 3.º No caso de pluralidade de optantes, não havendo acordo unânime entre eles, decidirá o juiz, findo o prazo por este assinado para a deliberação.

§ 4.º Se o título deferir a opção a terceiro, e este não quiser, ou não puder exercê-la, caberá ao juiz a escolha se não houver acordo entre as partes.

**Art. 253.** Se uma das duas prestações não puder ser objeto de obrigação ou se tornada inexequível, subsistirá o débito quanto à outra.

**Art. 254.** Se, por culpa do devedor, não se puder cumprir nenhuma das prestações, não competindo ao credor a escolha, ficará aquele obrigado a pagar o valor da que por último se impossibilitou, mais as perdas e danos que o caso determinar.

**Art. 255.** Quando a escolha couber ao credor e uma das prestações tornar-se impossível por culpa do devedor, o credor terá direito de exigir a prestação subsistente ou o valor da outra, com perdas e danos; se, por culpa do devedor, ambas as prestações se tornarem inexequíveis, poderá o credor reclamar o valor de qualquer das duas, além da indenização por perdas e danos.

**Art. 256.** Se todas as prestações se tornarem impossíveis sem culpa do devedor, extinguir-se-á a obrigação.

## Capítulo V
### DAS OBRIGAÇÕES DIVISÍVEIS E INDIVISÍVEIS

**Art. 257.** Havendo mais de um devedor ou mais de um credor em obrigação divisível, esta presume-se dividida em tantas obrigações, iguais e distintas, quantos os credores ou devedores.

**Art. 258.** A obrigação é indivisível quando a prestação tem por objeto uma coisa ou um fato não suscetíveis de divisão, por sua natureza, por motivo de ordem econômica, ou dada a razão determinante do negócio jurídico.

**Art. 259.** Se, havendo dois ou mais devedores, a prestação não for divisível, cada um será obrigado pela dívida toda.

**Parágrafo único.** O devedor, que paga a dívida, sub-roga-se no direito do credor em relação aos outros coobrigados.

**Art. 260.** Se a pluralidade for dos credores, poderá cada um destes exigir a dívida inteira; mas o devedor ou devedores se desobrigarão, pagando:

**I** – a todos conjuntamente;

**II** – a um, dando este caução de ratificação dos outros credores.

**Art. 261.** Se um só dos credores receber a prestação por inteiro, a cada um dos outros assistirá o direito de exigir dele em dinheiro a parte que lhe caiba no total.

**Art. 262.** Se um dos credores remitir a dívida, a obrigação não ficará extinta para com os outros; mas estes só a poderão exigir, descontada a quota do credor remitente.

**Parágrafo único.** O mesmo critério se observará no caso de transação, novação, compensação ou confusão.

**Art. 263.** Perde a qualidade de indivisível a obrigação que se resolver em perdas e danos.

§ 1.º Se, para efeito do disposto neste artigo, houver culpa de todos os devedores, responderão todos por partes iguais.

§ 2.º Se for de um só a culpa, ficarão exonerados os outros, respondendo só esse pelas perdas e danos.

### Capítulo VI
DAS OBRIGAÇÕES SOLIDÁRIAS

*Seção I*
Disposições Gerais

**Art. 264.** Há solidariedade, quando na mesma obrigação concorre mais de um credor, ou mais de um devedor, cada um com direito, ou obrigado, à dívida toda.

**Art. 265.** A solidariedade não se presume; resulta da lei ou da vontade das partes.

**Art. 266.** A obrigação solidária pode ser pura e simples para um dos cocredores ou codevedores, e condicional, ou a prazo, ou pagável em lugar diferente, para o outro.

*Seção II*
Da Solidariedade Ativa

**Art. 267.** Cada um dos credores solidários tem direito a exigir do devedor o cumprimento da prestação por inteiro.

**Art. 268.** Enquanto alguns dos credores solidários não demandarem o devedor comum, a qualquer daqueles poderá este pagar.

**Art. 269.** O pagamento feito a um dos credores solidários extingue a dívida até o montante do que foi pago.

**Art. 270.** Se um dos credores solidários falecer deixando herdeiros, cada um destes só terá direito a exigir e receber a quota do crédito que corresponder ao seu quinhão hereditário, salvo se a obrigação for indivisível.

**Art. 271.** Convertendo-se a prestação em perdas e danos, subsiste, para todos os efeitos, a solidariedade.

**Art. 272.** O credor que tiver remitido a dívida ou recebido o pagamento responderá aos outros pela parte que lhes caiba.

**Art. 273.** A um dos credores solidários não pode o devedor opor as exceções pessoais oponíveis aos outros.

**Art. 274.** O julgamento contrário a um dos credores solidários não atinge os demais, mas o julgamento favorável aproveita-lhes, sem prejuízo de exceção pessoal que o devedor tenha direito de invocar em relação a qualquer deles.

*Seção III*
Da Solidariedade Passiva

**Art. 275.** O credor tem direito a exigir e receber de um ou de alguns dos devedores, parcial ou totalmente, a dívida comum; se o pagamento tiver sido parcial, todos os demais devedores continuam obrigados solidariamente pelo resto.

**Parágrafo único.** Não importará renúncia da solidariedade a propositura de ação pelo credor contra um ou alguns dos devedores.

**Art. 276.** Se um dos devedores solidários falecer deixando herdeiros, nenhum destes será obrigado a pagar senão a quota que corresponder ao seu quinhão hereditário, salvo se a obrigação for indivisível; mas todos reunidos serão considerados como um devedor solidário em relação aos demais devedores.

**Art. 277.** O pagamento parcial feito por um dos devedores e a remissão por ele obtida não aproveitam aos outros devedores, senão até à concorrência da quantia paga ou relevada.

**Art. 278.** Qualquer cláusula, condição ou obrigação adicional, estipulada entre um dos devedores solidários e o credor, não poderá agravar a posição dos outros sem consentimento destes.

**Art. 279.** Impossibilitando-se a prestação por culpa de um dos devedores solidários, subsiste para todos o encargo de pagar o equivalente; mas pelas perdas e danos só responde o culpado.

**Art. 280.** Todos os devedores respondem pelos juros da mora, ainda que a ação tenha sido proposta somente contra um; mas o culpado responde aos outros pela obrigação acrescida.

**Art. 281.** O devedor demandado pode opor ao credor as exceções que lhe forem pessoais e as comuns a todos; não lhe aproveitando as exceções pessoais a outro codevedor.

**Art. 282.** O credor pode renunciar à solidariedade em favor de um, de alguns ou de todos os devedores.

**Parágrafo único.** Se o credor exonerar da solidariedade um ou mais devedores, subsistirá a dos demais.

**Art. 283.** O devedor que satisfez a dívida por inteiro tem direito a exigir de cada um dos codevedores a sua quota, dividindo-se igualmente por todos a do insolvente, se o houver, presumindo-se iguais, no débito, as partes de todos os codevedores.

**Art. 284.** No caso de rateio entre os codevedores, contribuirão também os exonerados da solidariedade pelo credor, pela parte que na obrigação incumbia ao insolvente.

**Art. 285.** Se a dívida solidária interessar exclusivamente a um dos devedores, responderá este por toda ela para com aquele que pagar.

# TÍTULO II
# DA TRANSMISSÃO DAS OBRIGAÇÕES

## Capítulo I
## DA CESSÃO DE CRÉDITO

**Art. 286.** O credor pode ceder o seu crédito, se a isso não se opuser a natureza da obrigação, a lei, ou a convenção com o devedor; a cláusula proibitiva da cessão não poderá ser oposta ao cessionário de boa-fé, se não constar do instrumento da obrigação.

**Art. 287.** Salvo disposição em contrário, na cessão de um crédito abrangem-se todos os seus acessórios.

**Art. 288.** É ineficaz, em relação a terceiros, a transmissão de um crédito, se não celebrar-se mediante instrumento público, ou instrumento particular revestido das solenidades do § 1.º do art. 654.

**Art. 289.** O cessionário de crédito hipotecário tem o direito de fazer averbar a cessão no registro do imóvel.

**Art. 290.** A cessão do crédito não tem eficácia em relação ao devedor, senão quando a este notificada; mas por notificado se tem o devedor que, em escrito público ou particular, se declarou ciente da cessão feita.

**Art. 291.** Ocorrendo várias cessões do mesmo crédito, prevalece a que se completar com a tradição do título do crédito cedido.

**Art. 292.** Fica desobrigado o devedor que, antes de ter conhecimento da cessão, paga ao credor primitivo, ou que, no caso de mais de uma cessão notificada, paga ao cessionário que lhe apresenta, com o título de cessão, o da obrigação cedida; quando o crédito constar de escritura pública, prevalecerá a prioridade da notificação.

**Art. 293.** Independentemente do conhecimento da cessão pelo devedor, pode o cessionário exercer os atos conservatórios do direito cedido.

**Art. 294.** O devedor pode opor ao cessionário as exceções que lhe competirem, bem como as que, no momento em que veio a ter conhecimento da cessão, tinha contra o cedente.

**Art. 295.** Na cessão por título oneroso, o cedente, ainda que não se responsabilize, fica responsável ao cessionário pela existência do crédito ao tempo em que lhe cedeu; a mesma responsabilidade lhe cabe nas cessões por título gratuito, se tiver procedido de má-fé.

**Art. 296.** Salvo estipulação em contrário, o cedente não responde pela solvência do devedor.

**Art. 297.** O cedente, responsável ao cessionário pela solvência do devedor, não responde por mais do que daquele recebeu, com os respectivos juros; mas tem de ressarcir-lhe as despesas da cessão e as que o cessionário houver feito com a cobrança.

**Art. 298.** O crédito, uma vez penhorado, não pode mais ser transferido pelo credor que tiver conhecimento da penhora; mas o devedor que o pagar, não tendo notificação dela, fica exonerado, subsistindo somente contra o credor os direitos de terceiro.

## Capítulo II
DA ASSUNÇÃO DE DÍVIDA

**Art. 299.** É facultado a terceiro assumir a obrigação do devedor, com o consentimento expresso do credor, ficando exonerado o devedor primitivo, salvo se aquele, ao tempo da assunção, era insolvente e o credor o ignorava.

**Parágrafo único.** Qualquer das partes pode assinar prazo ao credor para que consinta na assunção da dívida, interpretando-se o seu silêncio como recusa.

**Art. 300.** Salvo assentimento expresso do devedor primitivo, consideram-se extintas, a partir da assunção da dívida, as garantias especiais por ele originariamente dadas ao credor.

**Art. 301.** Se a substituição do devedor vier a ser anulada, restaura-se o débito, com todas as suas garantias, salvo as garantias prestadas por terceiros, exceto se este conhecia o vício que inquinava a obrigação.

**Art. 302.** O novo devedor não pode opor ao credor as exceções pessoais que competiam ao devedor primitivo.

**Art. 303.** O adquirente de imóvel hipotecado pode tomar a seu cargo o pagamento do crédito garantido; se o credor, notificado, não impugnar em 30 (trinta) dias a transferência do débito, entender-se-á dado o assentimento.

# TÍTULO III
## DO ADIMPLEMENTO E EXTINÇÃO DAS OBRIGAÇÕES

### Capítulo I
DO PAGAMENTO

*Seção I*
De Quem Deve Pagar

**Art. 304.** Qualquer interessado na extinção da dívida pode pagá-la, usando, se o credor se opuser, dos meios conducentes à exoneração do devedor.

**Parágrafo único.** Igual direito cabe ao terceiro não interessado, se o fizer em nome e à conta do devedor, salvo oposição deste.

**Art. 305.** O terceiro não interessado, que paga a dívida em seu próprio nome, tem direito a reembolsar-se do que pagar; mas não se sub-roga nos direitos do credor.

**Parágrafo único.** Se pagar antes de vencida a dívida, só terá direito ao reembolso no vencimento.

**Art. 306.** O pagamento feito por terceiro, com desconhecimento ou oposição do devedor, não obriga a reembolsar aquele que pagou, se o devedor tinha meios para ilidir a ação.

**Art. 307.** Só terá eficácia o pagamento que importar transmissão da propriedade, quando feito por quem possa alienar o objeto em que ele consistiu.

**Parágrafo único.** Se se der em pagamento coisa fungível, não se poderá mais reclamar do credor que, de boa-fé, a recebeu e consumiu, ainda que o solvente não tivesse o direito de aliená-la.

*Seção II*
Daqueles a Quem se Deve Pagar

**Art. 308.** O pagamento deve ser feito ao credor ou a quem de direito o represente, sob pena de só valer depois de por ele ratificado, ou tanto quanto reverter em seu proveito.

**Art. 309.** O pagamento feito de boa-fé ao credor putativo é válido, ainda provado depois que não era credor.

**Art. 310.** Não vale o pagamento cientemente feito ao credor incapaz de quitar, se o devedor não provar que em benefício dele efetivamente reverteu.

**Art. 311.** Considera-se autorizado a receber o pagamento o portador da quitação, salvo se as circunstâncias contrariarem a presunção daí resultante.

**Art. 312.** Se o devedor pagar ao credor, apesar de intimado da penhora feita sobre o crédito, ou da impugnação a ele oposta por terceiros, o pagamento não valerá contra estes, que poderão constranger o devedor a pagar de novo, ficando-lhe ressalvado o regresso contra o credor.

*Seção III*
Do Objeto do Pagamento e Sua Prova

**Art. 313.** O credor não é obrigado a receber prestação diversa da que lhe é devida, ainda que mais valiosa.

**Art. 314.** Ainda que a obrigação tenha por objeto prestação divisível, não pode o credor ser obrigado a receber, nem o devedor a pagar, por partes, se assim não se ajustou.

**Art. 315.** As dívidas em dinheiro deverão ser pagas no vencimento, em moeda corrente e pelo valor nominal, salvo o disposto nos artigos subsequentes.

**Art. 316.** É lícito convencionar o aumento progressivo de prestações sucessivas.

**Art. 317.** Quando, por motivos imprevisíveis, sobrevier desproporção manifesta entre o valor da prestação devida e o do momento de sua execução, poderá o juiz corrigi-lo, a pedido da parte, de modo que assegure, quanto possível, o valor real da prestação.

**Art. 318.** São nulas as convenções de pagamento em ouro ou em moeda estrangeira, bem como para compensar a diferença entre o valor desta e o da moeda nacional, excetuados os casos previstos na legislação especial.

**Art. 319.** O devedor que paga tem direito a quitação regular, e pode reter o pagamento, enquanto não lhe seja dada.

**Art. 320.** A quitação, que sempre poderá ser dada por instrumento particular, designará o valor e a espécie da dívida quitada, o nome do devedor, ou quem por este pagou, o tempo e o lugar do pagamento, com a assinatura do credor, ou do seu representante.

**Parágrafo único.** Ainda sem os requisitos estabelecidos neste artigo valerá a quitação, se de seus termos ou das circunstâncias resultar haver sido paga a dívida.

**Art. 321.** Nos débitos, cuja quitação consista na devolução do título, perdido este, poderá o devedor exigir, retendo o pagamento, declaração do credor que inutilize o título desaparecido.

**Art. 322.** Quando o pagamento for em quotas periódicas, a quitação da última estabelece, até prova em contrário, a presunção de estarem solvidas as anteriores.

**Art. 323.** Sendo a quitação do capital sem reserva dos juros, estes presumem-se pagos.

**Art. 324.** A entrega do título ao devedor firma a presunção do pagamento.

**Parágrafo único.** Ficará sem efeito a quitação assim operada se o credor provar, em sessenta dias, a falta do pagamento.

**Art. 325.** Presumem-se a cargo do devedor as despesas com o pagamento e a quitação; se ocorrer aumento por fato do credor, suportará este a despesa acrescida.

**Art. 326.** Se o pagamento se houver de fazer por medida, ou peso, entender-se-á, no silêncio das partes, que aceitaram os do lugar da execução.

*Seção IV*
Do Lugar do Pagamento

**Art. 327.** Efetuar-se-á o pagamento no domicílio do devedor, salvo se as partes convencionarem diversamente, ou se o contrário resultar da lei, da natureza da obrigação ou das circunstâncias.

**Parágrafo único.** Designados dois ou mais lugares, cabe ao credor escolher entre eles.

**Art. 328.** Se o pagamento consistir na tradição de um imóvel, ou em prestações relativas a imóvel, far-se-á no lugar onde situado o bem.

**Art. 329.** Ocorrendo motivo grave para que se não efetue o pagamento no lugar determinado, poderá o devedor fazê-lo em outro, sem prejuízo para o credor.

**Art. 330.** O pagamento reiteradamente feito em outro local faz presumir renúncia do credor relativamente ao previsto no contrato.

*Seção V*
Do Tempo do Pagamento

**Art. 331.** Salvo disposição legal em contrário, não tendo sido ajustada época para o pagamento, pode o credor exigi-lo imediatamente.

**Art. 332.** As obrigações condicionais cumprem-se na data do implemento da condição, cabendo ao credor a prova de que deste teve ciência o devedor.

**Art. 333.** Ao credor assistirá o direito de cobrar a dívida antes de vencido o prazo estipulado no contrato ou marcado neste Código:

**I** – no caso de falência do devedor, ou de concurso de credores;

**II** – se os bens, hipotecados ou empenhados, forem penhorados em execução por outro credor;

**III** – se cessarem, ou se se tornarem insuficientes, as garantias do débito, fidejussórias, ou reais, e o devedor, intimado, se negar a reforçá-las.

**Parágrafo único.** Nos casos deste artigo, se houver, no débito, solidariedade passiva, não se reputará vencido quanto aos outros devedores solventes.

## Capítulo II
### DO PAGAMENTO EM CONSIGNAÇÃO

**Art. 334.** Considera-se pagamento, e extingue a obrigação, o depósito judicial ou em estabelecimento bancário da coisa devida, nos casos e forma legais.

**Art. 335.** A consignação tem lugar:

**I** – se o credor não puder, ou, sem justa causa, recusar receber o pagamento, ou dar quitação na devida forma;

**II** – se o credor não for, nem mandar receber a coisa no lugar, tempo e condição devidos;

**III** – se o credor for incapaz de receber, for desconhecido, declarado ausente, ou residir em lugar incerto ou de acesso perigoso ou difícil;

**IV** – se ocorrer dúvida sobre quem deva legitimamente receber o objeto do pagamento;

**V** – se pender litígio sobre o objeto do pagamento.

**Art. 336.** Para que a consignação tenha força de pagamento, será mister concorram, em relação às pessoas, ao objeto, modo e tempo, todos os requisitos sem os quais não é válido o pagamento.

**Art. 337.** O depósito requerer-se-á no lugar do pagamento, cessando, tanto que se efetue, para o depositante, os juros da dívida e os riscos, salvo se for julgado improcedente.

**Art. 338.** Enquanto o credor não declarar que aceita o depósito, ou não o impugnar, poderá o devedor requerer o levantamento, pagando as respectivas despesas, e subsistindo a obrigação para todas as consequências de direito.

**Art. 339.** Julgado procedente o depósito, o devedor já não poderá levantá-lo, embora o credor consinta, senão de acordo com os outros devedores e fiadores.

**Art. 340.** O credor que, depois de contestar a lide ou aceitar o depósito, aquiescer no levantamento, perderá a preferência e a garantia que lhe competiam com respeito à coisa consignada, ficando para logo desobrigados os codevedores e fiadores que não tenham anuído.

**Art. 341.** Se a coisa devida for imóvel ou corpo certo que deva ser entregue no mesmo lugar onde está, poderá o devedor citar o credor para vir ou mandar recebê-la, sob pena de ser depositada.

**Art. 342.** Se a escolha da coisa indeterminada competir ao credor, será ele citado para esse fim, sob cominação de perder o direito e de ser depositada a coisa que o devedor escolher; feita a escolha pelo devedor, proceder-se-á como no artigo antecedente.

**Art. 343.** As despesas com o depósito, quando julgado procedente, correrão à conta do credor, e, no caso contrário, à conta do devedor.

**Art. 344.** O devedor de obrigação litigiosa exonerar-se-á mediante consignação, mas, se pagar a qualquer dos pretendidos credores, tendo conhecimento do litígio, assumirá o risco do pagamento.

**Art. 345.** Se a dívida se vencer, pendendo litígio entre credores que se pretendem mutuamente excluir, poderá qualquer deles requerer a consignação.

## Capítulo III
DO PAGAMENTO COM SUB-ROGAÇÃO

**Art. 346.** A sub-rogação opera-se, de pleno direito, em favor:

  **I –** do credor que paga a dívida do devedor comum;

**II** – do adquirente do imóvel hipotecado, que paga a credor hipotecário, bem como do terceiro que efetiva o pagamento para não ser privado de direito sobre imóvel;

**III** – do terceiro interessado, que paga a dívida pela qual era ou podia ser obrigado, no todo ou em parte.

**Art. 347.** A sub-rogação é convencional:

**I** – quando o credor recebe o pagamento de terceiro e expressamente lhe transfere todos os seus direitos;

**II** – quando terceira pessoa empresta ao devedor a quantia precisa para solver a dívida, sob a condição expressa de ficar o mutuante sub-rogado nos direitos do credor satisfeito.

**Art. 348.** Na hipótese do inciso I do artigo antecedente, vigorará o disposto quanto à cessão do crédito.

**Art. 349.** A sub-rogação transfere ao novo credor todos os direitos, ações, privilégios e garantias do primitivo, em relação à dívida, contra o devedor principal e os fiadores.

**Art. 350.** Na sub-rogação legal o sub-rogado não poderá exercer os direitos e as ações do credor, senão até à soma que tiver desembolsado para desobrigar o devedor.

**Art. 351.** O credor originário, só em parte reembolsado, terá preferência ao sub-rogado, na cobrança da dívida restante, se os bens do devedor não chegarem para saldar inteiramente o que a um e outro dever.

## Capítulo IV
### DA IMPUTAÇÃO DO PAGAMENTO

**Art. 352.** A pessoa obrigada, por dois ou mais débitos da mesma natureza, a um só credor, tem o direito de indicar a qual deles oferece pagamento, se todos forem líquidos e vencidos.

**Art. 353.** Não tendo o devedor declarado em qual das dívidas líquidas e vencidas quer imputar o pagamento, se aceitar a quitação de uma delas, não terá direito a reclamar contra a imputação feita pelo credor, salvo provando haver ele cometido violência ou dolo.
**Art. 354.** Havendo capital e juros, o pagamento imputar-se-á primeiro nos juros vencidos, e depois no capital, salvo estipulação em contrário, ou se o credor passar a quitação por conta do capital.
**Art. 355.** Se o devedor não fizer a indicação do art. 352, e a quitação for omissa quanto à imputação, esta se fará nas dívidas líquidas e vencidas em primeiro lugar. Se as dívidas forem todas líquidas e vencidas ao mesmo tempo, a imputação far-se-á na mais onerosa.

## Capítulo V
DA DAÇÃO EM PAGAMETO

**Art. 356.** O credor pode consentir em receber prestação diversa da que lhe é devida.
**Art. 357.** Determinado o preço da coisa dada em pagamento, as relações entre as partes regular-se-ão pelas normas do contrato de compra e venda.
**Art. 358.** Se for título de crédito a coisa dada em pagamento, a transferência importará em cessão.
**Art. 359.** Se o credor for evicto da coisa recebida em pagamento, restabelecer-se- á a obrigação primitiva, ficando sem efeito a quitação dada, ressalvados os direitos de terceiros.

## Capítulo VI
DA NOVAÇÃO

**Art. 360.** Dá-se a novação:
**I** – quando o devedor contrai com o credor nova dívida para extinguir e substituir a anterior;

**II** – quando novo devedor sucede ao antigo, ficando este quite com o credor;

**III** – quando, em virtude de obrigação nova, outro credor é substituído ao antigo, ficando o devedor quite com este.

**Art. 361.** Não havendo ânimo de novar, expresso ou tácito mas inequívoco, a segunda obrigação confirma simplesmente a primeira.

**Art. 362.** A novação por substituição do devedor pode ser efetuada independentemente de consentimento deste.

**Art. 363.** Se o novo devedor for insolvente, não tem o credor, que o aceitou, ação regressiva contra o primeiro, salvo se este obteve por má-fé a substituição.

**Art. 364.** A novação extingue os acessórios e garantias da dívida, sempre que não houver estipulação em contrário. Não aproveitará, contudo, ao credor ressalvar o penhor, a hipoteca ou a anticrese, se os bens dados em garantia pertencerem a terceiro que não foi parte na novação.

**Art. 365.** Operada a novação entre o credor e um dos devedores solidários, somente sobre os bens do que contrair a nova obrigação subsistem as preferências e garantias do crédito novado. Os outros devedores solidários ficam por esse fato exonerados.

**Art. 366.** Importa exoneração do fiador a novação feita sem seu consenso com o devedor principal.

**Art. 367.** Salvo as obrigações simplesmente anuláveis, não podem ser objeto de novação obrigações nulas ou extintas.

## Capítulo VII
### DA COMPENSAÇÃO

**Art. 368.** Se duas pessoas forem ao mesmo tempo credor e devedor uma da outra, as duas obrigações extinguem-se, até onde se compensarem.

**Art. 369.** A compensação efetua-se entre dívidas líquidas, vencidas e de coisas fungíveis.

**Art. 370.** Embora sejam do mesmo gênero as coisas fungíveis, objeto das duas prestações, não se compensarão, verificando-se que diferem na qualidade, quando especificada no contrato.

**Art. 371.** O devedor somente pode compensar com o credor o que este lhe dever; mas o fiador pode compensar sua dívida com a de seu credor ao afiançado.

**Art. 372.** Os prazos de favor, embora consagrados pelo uso geral, não obstam a compensação.

**Art. 373.** A diferença de causa nas dívidas não impede a compensação, exceto:

**I –** se provier de esbulho, furto ou roubo;

**II –** se uma se originar de comodato, depósito ou alimentos;

**III –** se uma for de coisa não suscetível de penhora.

**Art. 374.** (*Revogado pela Lei n. 10.677, de 22-5-2003.*)

**Art. 375.** Não haverá compensação quando as partes, por mútuo acordo, a excluírem, ou no caso de renúncia prévia de uma delas.

**Art. 376.** Obrigando-se por terceiro uma pessoa, não pode compensar essa dívida com a que o credor dele lhe dever.

**Art. 377.** O devedor que, notificado, nada opõe à cessão que o credor faz a terceiros dos seus direitos, não pode opor ao cessionário a compensação, que antes da cessão teria podido opor ao cedente. Se, porém, a cessão lhe não tiver sido notificada, poderá opor ao cessionário compensação do crédito que antes tinha contra o cedente.

**Art. 378.** Quando as duas dívidas não são pagáveis no mesmo lugar, não se podem compensar sem dedução das despesas necessárias à operação.

**Art. 379.** Sendo a mesma pessoa obrigada por várias dívidas compensáveis, serão observadas, no compensá-las, as regras estabelecidas quanto à imputação do pagamento.

**Art. 380.** Não se admite a compensação em prejuízo de direito de terceiro. O devedor que se torne credor do seu credor, depois de penhorado o crédito deste, não pode opor ao exequente a compensação, de que contra o próprio credor disporia.

## Capítulo VIII
DA CONFUSÃO

**Art. 381.** Extingue-se a obrigação, desde que na mesma pessoa se confundam as qualidades de credor e devedor.

**Art. 382.** A confusão pode verificar-se a respeito de toda a dívida, ou só de parte dela.

**Art. 383.** A confusão operada na pessoa do credor ou devedor solidário só extingue a obrigação até a concorrência da respectiva parte no crédito, ou na dívida, subsistindo quanto ao mais a solidariedade.

**Art. 384.** Cessando a confusão, para logo se restabelece, com todos os seus acessórios, a obrigação anterior.

## Capítulo IX
DA REMISSÃO DAS DÍVIDAS

**Art. 385.** A remissão da dívida, aceita pelo devedor, extingue a obrigação, mas sem prejuízo de terceiro.

**Art. 386.** A devolução voluntária do título da obrigação, quando por escrito particular, prova desoneração do devedor e seus coobrigados, se o credor for capaz de alienar, e o devedor capaz de adquirir.

**Art. 387.** A restituição voluntária do objeto empenhado prova a renúncia do credor à garantia real, não a extinção da dívida.

**Art. 388.** A remissão concedida a um dos codevedores extingue a dívida na parte a ele correspondente; de modo que, ainda reservando o credor a solidariedade contra os outros, já lhes não pode cobrar o débito sem dedução da parte remitida.

# TÍTULO IV
## DO INADIMPLEMENTO DAS OBRIGAÇÕES

### Capítulo I
DISPOSIÇÕES GERAIS

**Art. 389.** Não cumprida a obrigação, responde o devedor por perdas e danos, mais juros e atualização monetária segundo índices oficiais regularmente estabelecidos, e honorários de advogado.

**Art. 390.** Nas obrigações negativas o devedor é havido por inadimplente desde o dia em que executou o ato de que se devia abster.

**Art. 391.** Pelo inadimplemento das obrigações respondem todos os bens do devedor.

**Art. 392.** Nos contratos benéficos, responde por simples culpa o contratante, a quem o contrato aproveite, e por dolo aquele a quem não favoreça. Nos contratos onerosos, responde cada uma das partes por culpa, salvo as exceções previstas em lei.

**Art. 393.** O devedor não responde pelos prejuízos resultantes de caso fortuito ou força maior, se expressamente não se houver por eles responsabilizado.

**Parágrafo único.** O caso fortuito ou de força maior verifica-se no fato necessário, cujos efeitos não era possível evitar ou impedir.

## Capítulo II
## DA MORA

**Art. 394.** Considera-se em mora o devedor que não efetuar o pagamento e o credor que não quiser recebê-lo no tempo, lugar e forma que a lei ou a convenção estabelecer.

**Art. 395.** Responde o devedor pelos prejuízos a que sua mora der causa, mais juros, atualização dos valores monetários segundo índices oficiais regularmente estabelecidos, e honorários de advogado.

**Parágrafo único.** Se a prestação, devido à mora, se tornar inútil ao credor, este poderá enjeitá-la, e exigir a satisfação das perdas e danos.

**Art. 396.** Não havendo fato ou omissão imputável ao devedor, não incorre este em mora.

**Art. 397.** O inadimplemento da obrigação, positiva e líquida, no seu termo, constitui de pleno direito em mora o devedor.

**Parágrafo único.** Não havendo termo, a mora se constitui mediante interpelação judicial ou extrajudicial.

**Art. 398.** Nas obrigações provenientes de ato ilícito, considera-se o devedor em mora, desde que o praticou.

**Art. 399.** O devedor em mora responde pela impossibilidade da prestação, embora essa impossibilidade resulte de caso fortuito ou de força maior, se estes ocorrerem durante o atraso; salvo se provar isenção de culpa, ou que o dano sobreviria ainda quando a obrigação fosse oportunamente desempenhada.

**Art. 400.** A mora do credor subtrai o devedor isento de dolo à responsabilidade pela conservação da coisa, obriga o credor a ressarcir as despesas empregadas em conservá-la, e sujeita-o a recebê-la pela estimação mais favorável ao devedor, se o seu valor oscilar entre o dia estabelecido para o pagamento e o da sua efetivação.

**Art. 401.** Purga-se a mora:

**I** – por parte do devedor, oferecendo este a prestação mais a importância dos prejuízos decorrentes do dia da oferta;

**II** – por parte do credor, oferecendo-se este a receber o pagamento e sujeitando-se aos efeitos da mora até a mesma data.

## Capítulo III
DAS PERDAS E DANOS

**Art. 402.** Salvo as exceções expressamente previstas em lei, as perdas e danos devidas ao credor abrangem, além do que ele efetivamente perdeu, o que razoavelmente deixou de lucrar.

**Art. 403.** Ainda que a inexecução resulte de dolo do devedor, as perdas e danos só incluem os prejuízos efetivos e os lucros cessantes por efeito dela direto e imediato, sem prejuízo do disposto na lei processual.

**Art. 404.** As perdas e danos, nas obrigações de pagamento em dinheiro, serão pagas com atualização monetária segundo índices oficiais regularmente estabelecidos, abrangendo juros, custas e honorários de advogado, sem prejuízo da pena convencional.

**Parágrafo único.** Provado que os juros da mora não cobrem o prejuízo, e não havendo pena convencional, pode o juiz conceder ao credor indenização suplementar.

**Art. 405.** Contam-se os juros de mora desde a citação inicial.

## Capítulo IV
DOS JUROS LEGAIS

**Art. 406.** Quando os juros moratórios não forem convencionados, ou o forem sem taxa estipulada, ou quando provierem de determinação da lei, serão fixados segundo a taxa que estiver em vigor para a mora do pagamento de impostos devidos à Fazenda Nacional.

**Art. 407.** Ainda que se não alegue prejuízo, é obrigado o devedor aos juros da mora que se contarão assim às dívidas em dinheiro, como às prestações de outra natureza, uma vez que lhes esteja fixado o valor pecuniário por sentença judicial, arbitramento, ou acordo entre as partes.

### Capítulo V
### DA CLÁUSULA PENAL

**Art. 408.** Incorre de pleno direito o devedor na cláusula penal, desde que, culposamente, deixe de cumprir a obrigação ou se constitua em mora.

**Art. 409.** A cláusula penal estipulada conjuntamente com a obrigação, ou em ato posterior, pode referir-se à inexecução completa da obrigação, à de alguma cláusula especial ou simplesmente à mora.

**Art. 410.** Quando se estipular a cláusula penal para o caso de total inadimplemento da obrigação, esta converter-se-á em alternativa a benefício do credor.

**Art. 411.** Quando se estipular a cláusula penal para o caso de mora, ou em segurança especial de outra cláusula determinada, terá o credor o arbítrio de exigir a satisfação da pena cominada, juntamente com o desempenho da obrigação principal.

**Art. 412.** O valor da cominação imposta na cláusula penal não pode exceder o da obrigação principal.

**Art. 413.** A penalidade deve ser reduzida equitativamente pelo juiz se a obrigação principal tiver sido cumprida em parte, ou se o montante da penalidade for manifestamente excessivo, tendo-se em vista a natureza e a finalidade do negócio.

**Art. 414.** Sendo indivisível a obrigação, todos os devedores, caindo em falta um deles, incorrerão na pena; mas esta só se poderá demandar integralmente do culpado, respondendo cada um dos outros somente pela sua quota.

**Parágrafo único.** Aos não culpados fica reservada a ação regressiva contra aquele que deu causa à aplicação da pena.

**Art. 415.** Quando a obrigação for divisível, só incorre na pena o devedor ou o herdeiro do devedor que a infringir, e proporcionalmente à sua parte na obrigação.

**Art. 416.** Para exigir a pena convencional, não é necessário que o credor alegue prejuízo.

**Parágrafo único.** Ainda que o prejuízo exceda ao previsto na cláusula penal, não pode o credor exigir indenização suplementar se assim não foi convencionado. Se o tiver sido, a pena vale como mínimo da indenização, competindo ao credor provar o prejuízo excedente.

## Capítulo VI
### DAS ARRAS OU SINAL

**Art. 417.** Se, por ocasião da conclusão do contrato, uma parte der à outra, a título de arras, dinheiro ou outro bem móvel, deverão as arras, em caso de execução, ser restituídas ou computadas na prestação devida, se do mesmo gênero da principal.

**Art. 418.** Se a parte que deu as arras não executar o contrato, poderá a outra tê-lo por desfeito, retendo-as; se a inexecução for de quem recebeu as arras, poderá quem as deu haver o contrato por desfeito, e exigir sua devolução mais o equivalente, com atualização monetária segundo índices oficiais regularmente estabelecidos, juros e honorários de advogado.

**Art. 419.** A parte inocente pode pedir indenização suplementar, se provar maior prejuízo, valendo as arras como taxa mínima. Pode, também, a parte inocente exigir a execução do contrato, com as perdas e danos, valendo as arras como o mínimo da indenização.

**Art. 420.** Se no contrato for estipulado o direito de arrependimento para qualquer das partes, as arras ou sinal terão função unicamente indenizatória. Neste caso, quem as deu perdê-las-á em benefício da outra parte; e quem as recebeu devolvê-las-á, mais o equivalente. Em ambos os casos não haverá direito a indenização suplementar.

# TÍTULO V
## DOS CONTRATOS EM GERAL

### Capítulo I
DISPOSIÇÕES GERAIS

*Seção I*
Preliminares

**Art. 421.** A liberdade contratual será exercida nos limites da função social do contrato.

**Parágrafo único.** Nas relações contratuais privadas, prevalecerão o princípio da intervenção mínima e a excepcionalidade da revisão contratual.

**Art. 421-A.** Os contratos civis e empresariais presumem-se paritários e simétricos até a presença de elementos concretos que justifiquem o afastamento dessa presunção, ressalvados os regimes jurídicos previstos em leis especiais, garantido também que:

**I –** as partes negociantes poderão estabelecer parâmetros objetivos para a interpretação das cláusulas negociais e de seus pressupostos de revisão ou de resolução;

**II –** a alocação de riscos definida pelas partes deve ser respeitada e observada; e

**III –** a revisão contratual somente ocorrerá de maneira excepcional e limitada.

**Art. 422.** Os contratantes são obrigados a guardar, assim na conclusão do contrato, como em sua execução, os princípios de probidade e boa-fé.

**Art. 423.** Quando houver no contrato de adesão cláusulas ambíguas ou contraditórias, dever-se-á adotar a interpretação mais favorável ao aderente.

**Art. 424.** Nos contratos de adesão, são nulas as cláusulas que estipulem a renúncia antecipada do aderente a direito resultante da natureza do negócio.

**Art. 425.** É lícito às partes estipular contratos atípicos, observadas as normas gerais fixadas neste Código.

**Art. 426.** Não pode ser objeto de contrato a herança de pessoa viva.

*Seção II*

Da Formação dos Contratos

**Art. 427.** A proposta de contrato obriga o proponente, se o contrário não resultar dos termos dela, da natureza do negócio, ou das circunstâncias do caso.

**Art. 428.** Deixa de ser obrigatória a proposta:

**I –** se, feita sem prazo a pessoa presente, não foi imediatamente aceita. Considera-se também presente a pessoa que contrata por telefone ou por meio de comunicação semelhante;

**II** – se, feita sem prazo a pessoa ausente, tiver decorrido tempo suficiente para chegar a resposta ao conhecimento do proponente;

**III** – se, feita a pessoa ausente, não tiver sido expedida a resposta dentro do prazo dado;

**IV** – se, antes dela, ou simultaneamente, chegar ao conhecimento da outra parte a retratação do proponente.

**Art. 429.** A oferta ao público equivale a proposta quando encerra os requisitos essenciais ao contrato, salvo se o contrário resultar das circunstâncias ou dos usos.

**Parágrafo único.** Pode revogar-se a oferta pela mesma via de sua divulgação, desde que ressalvada esta faculdade na oferta realizada.

**Art. 430.** Se a aceitação, por circunstância imprevista, chegar tarde ao conhecimento do proponente, este comunicá-lo-á imediatamente ao aceitante, sob pena de responder por perdas e danos.

**Art. 431.** A aceitação fora do prazo, com adições, restrições, ou modificações, importará nova proposta.

**Art. 432.** Se o negócio for daqueles em que não seja costume a aceitação expressa, ou o proponente a tiver dispensado, reputar-se-á concluído o contrato, não chegando a tempo a recusa.

**Art. 433.** Considera-se inexistente a aceitação, se antes dela ou com ela chegar ao proponente a retratação do aceitante.

**Art. 434.** Os contratos entre ausentes tornam-se perfeitos desde que a aceitação é expedida, exceto:

**I** – no caso do artigo antecedente;

**II** – se o proponente se houver comprometido a esperar resposta;

**III** – se ela não chegar no prazo convencionado.

**Art. 435.** Reputar-se-á celebrado o contrato no lugar em que foi proposto.

### Seção III
#### Da Estipulação em Favor de Terceiro

**Art. 436.** O que estipula em favor de terceiro pode exigir o cumprimento da obrigação.

**Parágrafo único.** Ao terceiro, em favor de quem se estipulou a obrigação, também é permitido exigi-la, ficando, todavia, sujeito às condições e normas do contrato, se a ele anuir, e o estipulante não o inovar nos termos do art. 438.

**Art. 437.** Se ao terceiro, em favor de quem se fez o contrato, se deixar o direito de reclamar-lhe a execução, não poderá o estipulante exonerar o devedor.

**Art. 438.** O estipulante pode reservar-se o direito de substituir o terceiro designado no contrato, independentemente da sua anuência e da do outro contratante.

**Parágrafo único.** A substituição pode ser feita por ato entre vivos ou por disposição de última vontade.

### Seção IV
#### Da Promessa de Fato de Terceiro

**Art. 439.** Aquele que tiver prometido fato de terceiro responderá por perdas e danos, quando este o não executar.

**Parágrafo único.** Tal responsabilidade não existirá se o terceiro for o cônjuge do promitente, dependendo da sua anuência o ato a ser praticado, e desde que, pelo regime do casamento, a indenização, de algum modo, venha a recair sobre os seus bens.

**Art. 440.** Nenhuma obrigação haverá para quem se comprometer por outrem, se este, depois de se ter obrigado, faltar à prestação.

### Seção V
#### Dos Vícios Redibitórios

**Art. 441.** A coisa recebida em virtude de contrato comutativo pode ser enjeitada por vícios ou defeitos ocultos, que a tornem imprópria ao uso a que é destinada, ou lhe diminuam o valor.

**Parágrafo único.** É aplicável a disposição deste artigo às doações onerosas.

**Art. 442.** Em vez de rejeitar a coisa, redibindo o contrato (art. 441), pode o adquirente reclamar abatimento no preço.

**Art. 443.** Se o alienante conhecia o vício ou defeito da coisa, restituirá o que recebeu com perdas e danos; se o não conhecia, tão somente restituirá o valor recebido, mais as despesas do contrato.

**Art. 444.** A responsabilidade do alienante subsiste ainda que a coisa pereça em poder do alienatário, se perecer por vício oculto, já existente ao tempo da tradição.

**Art. 445.** O adquirente decai do direito de obter a redibição ou abatimento no preço no prazo de trinta dias se a coisa for móvel, e de um ano se for imóvel, contado da entrega efetiva; se já estava na posse, o prazo conta-se da alienação, reduzido à metade.

§ 1.º Quando o vício, por sua natureza, só puder ser conhecido mais tarde, o prazo contar-se-á do momento em que dele tiver ciência, até o prazo máximo de cento e oitenta dias, em se tratando de bens móveis; e de um ano, para os imóveis.

§ 2.º Tratando-se de venda de animais, os prazos de garantia por vícios ocultos serão os estabelecidos em lei especial, ou, na falta desta, pelos usos locais, aplicando-se o disposto no parágrafo antecedente se não houver regras disciplinando a matéria.

**Art. 446.** Não correrão os prazos do artigo antecedente na constância de cláusula de garantia; mas o adquirente deve denunciar o defeito ao alienante nos trinta dias seguintes ao seu descobrimento, sob pena de decadência.

## Seção VI
### Da Evicção

**Art. 447.** Nos contratos onerosos, o alienante responde pela evicção. Subsiste esta garantia ainda que a aquisição se tenha realizado em hasta pública.

**Art. 448.** Podem as partes, por cláusula expressa, reforçar, diminuir ou excluir a responsabilidade pela evicção.

**Art. 449.** Não obstante a cláusula que exclui a garantia contra a evicção, se esta se der, tem direito o evicto a receber o preço que pagou pela coisa evicta, se não soube do risco da evicção, ou, dele informado, não o assumiu.

**Art. 450.** Salvo estipulação em contrário, tem direito o evicto, além da restituição integral do preço ou das quantias que pagou:

**I** – à indenização dos frutos que tiver sido obrigado a restituir;

**II** – à indenização pelas despesas dos contratos e pelos prejuízos que diretamente resultarem da evicção;

**III** – às custas judiciais e aos honorários do advogado por ele constituído.

**Parágrafo único.** O preço, seja a evicção total ou parcial, será o do valor da coisa, na época em que se evenceu, e proporcional ao desfalque sofrido, no caso de evicção parcial.

**Art. 451.** Subsiste para o alienante esta obrigação, ainda que a coisa alienada esteja deteriorada, exceto havendo dolo do adquirente.

**Art. 452.** Se o adquirente tiver auferido vantagens das deteriorações, e não tiver sido condenado a indenizá-las, o valor das vantagens será deduzido da quantia que lhe houver de dar o alienante.

**Art. 453.** As benfeitorias necessárias ou úteis, não abonadas ao que sofreu a evicção, serão pagas pelo alienante.

**Art. 454.** Se as benfeitorias abonadas ao que sofreu a evicção tiverem sido feitas pelo alienante, o valor delas será levado em conta na restituição devida.

**Art. 455.** Se parcial, mas considerável, for a evicção, poderá o evicto optar entre a rescisão do contrato e a restituição da parte do preço correspondente ao desfalque sofrido. Se não for considerável, caberá somente direito a indenização.

**Art. 456.** (*Revogado pela Lei n. 13.105, de 16-3-2015.*)

**Art. 457.** Não pode o adquirente demandar pela evicção, se sabia que a coisa era alheia ou litigiosa.

*Seção VII*
Dos Contratos Aleatórios

**Art. 458.** Se o contrato for aleatório, por dizer respeito a coisas ou fatos futuros, cujo risco de não virem a existir um dos contratantes assuma, terá o outro direito de receber integralmente o que lhe foi prometido, desde que de sua parte não tenha havido dolo ou culpa, ainda que nada do avençado venha a existir.

**Art. 459.** Se for aleatório, por serem objeto dele coisas futuras, tomando o adquirente a si o risco de virem a existir em qualquer quantidade, terá também direito o alienante a todo o preço, desde que de sua parte não tiver concorrido culpa, ainda que a coisa venha a existir em quantidade inferior à esperada.

**Parágrafo único.** Mas, se da coisa nada vier a existir, alienação não haverá, e o alienante restituirá o preço recebido.

**Art. 460.** Se for aleatório o contrato, por se referir a coisas existentes, mas expostas a risco, assumido pelo adquirente, terá igualmente direito o alienante a todo o preço, posto que a coisa já não existisse, em parte, ou de todo, no dia do contrato.

**Art. 461.** A alienação aleatória a que se refere o artigo antecedente poderá ser anulada como dolosa pelo prejudicado, se provar que o outro contratante não ignorava a consumação do risco, a que no contrato se considerava exposta a coisa.

*Seção VIII*
Do Contrato Preliminar

**Art. 462.** O contrato preliminar, exceto quanto à forma, deve conter todos os requisitos essenciais ao contrato a ser celebrado.

**Art. 463.** Concluído o contrato preliminar, com observância do disposto no artigo antecedente, e desde que dele não conste cláusula de arrependimento, qualquer das partes terá o direito de exigir a celebração do definitivo, assinando prazo à outra para que o efetive.

**Parágrafo único.** O contrato preliminar deverá ser levado ao registro competente.

**Art. 464.** Esgotado o prazo, poderá o juiz, a pedido do interessado, suprir a vontade da parte inadimplente, conferindo caráter definitivo ao contrato preliminar, salvo se a isto se opuser a natureza da obrigação.

**Art. 465.** Se o estipulante não der execução ao contrato preliminar, poderá a outra parte considerá-lo desfeito, e pedir perdas e danos.

**Art. 466.** Se a promessa de contrato for unilateral, o credor, sob pena de ficar a mesma sem efeito, deverá manifestar-se no prazo nela previsto, ou, inexistindo este, no que lhe for razoavelmente assinado pelo devedor.

*Seção IX*
Do Contrato com Pessoa a Declarar

**Art. 467.** No momento da conclusão do contrato, pode uma das partes reservar-se a faculdade de indicar a pessoa que deve adquirir os direitos e assumir as obrigações dele decorrentes.

**Art. 468.** Essa indicação deve ser comunicada à outra parte no prazo de cinco dias da conclusão do contrato, se outro não tiver sido estipulado.

**Parágrafo único.** A aceitação da pessoa nomeada não será eficaz se não se revestir da mesma forma que as partes usaram para o contrato.

**Art. 469.** A pessoa, nomeada de conformidade com os artigos antecedentes, adquire os direitos e assume as obrigações decorrentes do contrato, a partir do momento em que este foi celebrado.

**Art. 470.** O contrato será eficaz somente entre os contratantes originários:

I – se não houver indicação de pessoa, ou se o nomeado se recusar a aceitá-la;

II – se a pessoa nomeada era insolvente, e a outra pessoa o desconhecia no momento da indicação.

**Art. 471.** Se a pessoa a nomear era incapaz ou insolvente no momento da nomeação, o contrato produzirá seus efeitos entre os contratantes originários.

## Capítulo II
DA EXTINÇÃO DO CONTRATO

### *Seção I*
Do Distrato

**Art. 472.** O distrato faz-se pela mesma forma exigida para o contrato.

**Art. 473.** A resilição unilateral, nos casos em que a lei expressa ou implicitamente o permita, opera mediante denúncia notificada à outra parte.

**Parágrafo único.** Se, porém, dada a natureza do contrato, uma das partes houver feito investimentos consideráveis para a sua execução, a denúncia unilateral só produzirá efeito depois de transcorrido prazo compatível com a natureza e o vulto dos investimentos.

### *Seção II*
### Da Cláusula Resolutiva

**Art. 474.** A cláusula resolutiva expressa opera de pleno direito; a tácita depende de interpelação judicial.

**Art. 475.** A parte lesada pelo inadimplemento pode pedir a resolução do contrato, se não preferir exigir-lhe o cumprimento, cabendo, em qualquer dos casos, indenização por perdas e danos.

### *Seção III*
### Da Exceção de Contrato Não Cumprido

**Art. 476.** Nos contratos bilaterais, nenhum dos contratantes, antes de cumprida a sua obrigação, pode exigir o implemento da do outro.

**Art. 477.** Se, depois de concluído o contrato, sobrevier a uma das partes contratantes diminuição em seu patrimônio capaz de comprometer ou tornar duvidosa a prestação pela qual se obrigou, pode a outra recusar-se à prestação que lhe incumbe, até que aquela satisfaça a que lhe compete ou dê garantia bastante de satisfazê-la.

### *Seção IV*
### Da Resolução por
### Onerosidade Excessiva

**Art. 478.** Nos contratos de execução continuada ou diferida, se a prestação de uma das partes se tornar excessivamente onerosa, com extrema vantagem para a outra, em virtude de acontecimentos extraordinários e imprevisíveis, poderá o devedor pedir a resolução do contrato. Os efeitos da sentença que a decretar retroagirão à data da citação.

**Art. 479.** A resolução poderá ser evitada, oferecendo-se o réu a modificar equitativamente as condições do contrato.

**Art. 480.** Se no contrato as obrigações couberem a apenas uma das partes, poderá ela pleitear que a sua prestação seja reduzida, ou alterado o modo de executá-la, a fim de evitar a onerosidade excessiva.

# TÍTULO VI
## DAS VÁRIAS ESPÉCIES DE CONTRATO

### Capítulo I
DA COMPRA E VENDA

*Seção I*
Disposições Gerais

**Art. 481.** Pelo contrato de compra e venda, um dos contratantes se obriga a transferir o domínio de certa coisa, e o outro, a pagar-lhe certo preço em dinheiro.

**Art. 482.** A compra e venda, quando pura, considerar-se-á obrigatória e perfeita, desde que as partes acordarem no objeto e no preço.

**Art. 483.** A compra e venda pode ter por objeto coisa atual ou futura. Neste caso, ficará sem efeito o contrato se esta não vier a existir, salvo se a intenção das partes era de concluir contrato aleatório.

**Art. 484.** Se a venda se realizar à vista de amostras, protótipos ou modelos, entender-se-á que o vendedor assegura ter a coisa as qualidades que a elas correspondem.

**Parágrafo único.** Prevalece a amostra, o protótipo ou o modelo, se houver contradição ou diferença com a maneira pela qual se descreveu a coisa no contrato.

**Art. 485.** A fixação do preço pode ser deixada ao arbítrio de terceiro, que os contratantes logo designarem ou prometerem designar. Se o terceiro não aceitar a incumbência, ficará sem efeito o contrato, salvo quando acordarem os contratantes designar outra pessoa.

**Art. 486.** Também se poderá deixar a fixação do preço à taxa de mercado ou de bolsa, em certo e determinado dia e lugar.

**Art. 487.** É lícito às partes fixar o preço em função de índices ou parâmetros, desde que suscetíveis de objetiva determinação.

**Art. 488.** Convencionada a venda sem fixação de preço ou de critérios para a sua determinação, se não houver tabelamento oficial, entende-se que as partes se sujeitaram ao preço corrente nas vendas habituais do vendedor.

**Parágrafo único.** Na falta de acordo, por ter havido diversidade de preço, prevalecerá o termo médio.

**Art. 489.** Nulo é o contrato de compra e venda, quando se deixa ao arbítrio exclusivo de uma das partes a fixação do preço.

**Art. 490.** Salvo cláusula em contrário, ficarão as despesas de escritura e registro a cargo do comprador, e a cargo do vendedor as da tradição.

**Art. 491.** Não sendo a venda a crédito, o vendedor não é obrigado a entregar a coisa antes de receber o preço.

**Art. 492.** Até o momento da tradição, os riscos da coisa correm por conta do vendedor, e os do preço por conta do comprador.

**§ 1.º** Todavia, os casos fortuitos, ocorrentes no ato de contar, marcar ou assinalar coisas, que comumente se recebem, contando, pesando, medindo ou assinalando, e que já tiverem sido postas à disposição do comprador, correrão por conta deste.

**§ 2.º** Correrão também por conta do comprador os riscos das referidas coisas, se estiver em mora de as receber, quando postas à sua disposição no tempo, lugar e pelo modo ajustados.

**Art. 493.** A tradição da coisa vendida, na falta de estipulação expressa, dar-se-á no lugar onde ela se encontrava, ao tempo da venda.

**Art. 494.** Se a coisa for expedida para lugar diverso, por ordem do comprador, por sua conta correrão os riscos, uma vez entregue a quem haja de transportá-la, salvo se das instruções dele se afastar o vendedor.

**Art. 495.** Não obstante o prazo ajustado para o pagamento, se antes da tradição o comprador cair em insolvência, poderá o vendedor sobrestar na entrega da coisa, até que o comprador lhe dê caução de pagar no tempo ajustado.

**Art. 496.** É anulável a venda de ascendente a descendente, salvo se os outros descendentes e o cônjuge do alienante expressamente houverem consentido.

**Parágrafo único.** Em ambos os casos, dispensa-se o consentimento do cônjuge se o regime de bens for o da separação obrigatória.

**Art. 497.** Sob pena de nulidade, não podem ser comprados, ainda que em hasta pública:

**I** – pelos tutores, curadores, testamenteiros e administradores, os bens confiados à sua guarda ou administração;

**II** – pelos servidores públicos, em geral, os bens ou direitos da pessoa jurídica a que servirem, ou que estejam sob sua administração direta ou indireta;

**III** – pelos juízes, secretários de tribunais, arbitradores, peritos e outros serventuários ou auxiliares da justiça, os bens ou direitos sobre que se litigar em tribunal, juízo ou conselho, no lugar onde servirem, ou a que se estender a sua autoridade;

**IV –** pelos leiloeiros e seus prepostos, os bens de cuja venda estejam encarregados.

**Parágrafo único.** As proibições deste artigo estendem-se à cessão de crédito.

**Art. 498.** A proibição contida no inciso III do artigo antecedente, não compreende os casos de compra e venda ou cessão entre coerdeiros, ou em pagamento de dívida, ou para garantia de bens já pertencentes a pessoas designadas no referido inciso.

**Art. 499.** É lícita a compra e venda entre cônjuges, com relação a bens excluídos da comunhão.

**Art. 500.** Se, na venda de um imóvel, se estipular o preço por medida de extensão, ou se determinar a respectiva área, e esta não corresponder, em qualquer dos casos, às dimensões dadas, o comprador terá o direito de exigir o complemento da área, e, não sendo isso possível, o de reclamar a resolução do contrato ou abatimento proporcional ao preço.

§ 1.º Presume-se que a referência às dimensões foi simplesmente enunciativa, quando a diferença encontrada não exceder de um vigésimo da área total enunciada, ressalvado ao comprador o direito de provar que, em tais circunstâncias, não teria realizado o negócio.

§ 2.º Se em vez de falta houver excesso, e o vendedor provar que tinha motivos para ignorar a medida exata da área vendida, caberá ao comprador, à sua escolha, completar o valor correspondente ao preço ou devolver o excesso.

§ 3.º Não haverá complemento de área, nem devolução de excesso, se o imóvel for vendido como coisa certa e discriminada, tendo sido apenas enunciativa a referência às suas dimensões, ainda que não conste, de modo expresso, ter sido a venda *ad corpus*.

**Art. 501.** Decai do direito de propor as ações previstas no artigo antecedente o vendedor ou o comprador que não o fizer no prazo de um ano, a contar do registro do título.

**Parágrafo único.** Se houver atraso na imissão de posse no imóvel, atribuível ao alienante, a partir dela fluirá o prazo de decadência.

**Art. 502.** O vendedor, salvo convenção em contrário, responde por todos os débitos que gravem a coisa até o momento da tradição.

**Art. 503.** Nas coisas vendidas conjuntamente, o defeito oculto de uma não autoriza a rejeição de todas.

**Art. 504.** Não pode um condômino em coisa indivisível vender a sua parte a estranhos, se outro consorte a quiser, tanto por tanto. O condômino, a quem não se der conhecimento da venda, poderá, depositando o preço, haver para si a parte vendida a estranhos, se o requerer no prazo de cento e oitenta dias, sob pena de decadência.

**Parágrafo único.** Sendo muitos os condôminos, preferirá o que tiver benfeitorias de maior valor e, na falta de benfeitorias, o de quinhão maior. Se as partes forem iguais, haverão a parte vendida os comproprietários, que a quiserem, depositando previamente o preço.

*Seção II*
Das Cláusulas Especiais à Compra e Venda

*Subseção I*
Da retrovenda

**Art. 505.** O vendedor de coisa imóvel pode reservar-se o direito de recobrá-la no prazo máximo de decadência de três anos, restituindo o preço recebido e reembolsando as despesas do comprador, inclusive as que, durante o período de resgate, se efetuaram com a sua autorização escrita, ou para a realização de benfeitorias necessárias.

**Art. 506.** Se o comprador se recusar a receber as quantias a que faz jus, o vendedor, para exercer o direito de resgate, as depositará judicialmente.

**Parágrafo único.** Verificada a insuficiência do depósito judicial, não será o vendedor restituído no domínio da coisa, até e enquanto não for integralmente pago o comprador.

**Art. 507.** O direito de retrato, que é cessível e transmissível a herdeiros e legatários, poderá ser exercido contra o terceiro adquirente.

**Art. 508.** Se a duas ou mais pessoas couber o direito de retrato sobre o mesmo imóvel, e só uma o exercer, poderá o comprador intimar as outras para nele acordarem, prevalecendo o pacto em favor de quem haja efetuado o depósito, contanto que seja integral.

*Subseção II*
Da venda a contento e da sujeita a prova

**Art. 509.** A venda feita a contento do comprador entende-se realizada sob condição suspensiva, ainda que a coisa lhe tenha sido entregue; e não se reputará perfeita, enquanto o adquirente não manifestar seu agrado.

**Art. 510.** Também a venda sujeita a prova presume-se feita sob a condição suspensiva de que a coisa tenha as qualidades asseguradas pelo vendedor e seja idônea para o fim a que se destina.

**Art. 511.** Em ambos os casos, as obrigações do comprador, que recebeu, sob condição suspensiva, a coisa comprada, são as de mero comodatário, enquanto não manifeste aceitá-la.

**Art. 512.** Não havendo prazo estipulado para a declaração do comprador, o vendedor terá direito de intimá-lo, judicial ou extrajudicialmente, para que o faça em prazo improrrogável.

*Subseção III*
Da preempção ou preferência

**Art. 513.** A preempção, ou preferência, impõe ao comprador a obrigação de oferecer ao vendedor a coisa que aquele vai vender, ou dar em pagamento, para que este use de seu direito de prelação na compra, tanto por tanto.

**Parágrafo único.** O prazo para exercer o direito de preferência não poderá exceder a cento e oitenta dias, se a coisa for móvel, ou a dois anos, se imóvel.

**Art. 514.** O vendedor pode também exercer o seu direito de prelação, intimando o comprador, quando lhe constar que este vai vender a coisa.

**Art. 515.** Aquele que exerce a preferência está, sob pena de a perder, obrigado a pagar, em condições iguais, o preço encontrado, ou o ajustado.

**Art. 516.** Inexistindo prazo estipulado, o direito de preempção caducará, se a coisa for móvel, não se exercendo nos três dias, e, se for imóvel, não se exercendo nos sessenta dias subsequentes à data em que o comprador tiver notificado o vendedor.

**Art. 517.** Quando o direito de preempção for estipulado a favor de dois ou mais indivíduos em comum, só pode ser exercido em relação à coisa no seu todo. Se alguma das pessoas, a quem ele toque, perder ou não exercer o seu direito, poderão as demais utilizá-lo na forma sobredita.

**Art. 518.** Responderá por perdas e danos o comprador, se alienar a coisa sem ter dado ao vendedor ciência do preço e das vantagens que por ela lhe oferecem. Responderá solidariamente o adquirente, se tiver procedido de má-fé.

**Art. 519.** Se a coisa expropriada para fins de necessidade ou utilidade pública, ou por interesse social, não tiver o destino para que se desapropriou, ou não for utilizada em obras ou serviços públicos, caberá ao expropriado direito de preferência, pelo preço atual da coisa.

**Art. 520.** O direito de preferência não se pode ceder nem passa aos herdeiros.

*Subseção IV*
Da venda com reserva de domínio

**Art. 521.** Na venda de coisa móvel, pode o vendedor reservar para si a propriedade, até que o preço esteja integralmente pago.

**Art. 522.** A cláusula de reserva de domínio será estipulada por escrito e depende de registro no domicílio do comprador para valer contra terceiros.

**Art. 523.** Não pode ser objeto de venda com reserva de domínio a coisa insuscetível de caracterização perfeita, para estremá-la de outras congêneres. Na dúvida, decide-se a favor do terceiro adquirente de boa-fé.

**Art. 524.** A transferência de propriedade ao comprador dá-se no momento em que o preço esteja integralmente pago. Todavia, pelos riscos da coisa responde o comprador, a partir de quando lhe foi entregue.

**Art. 525.** O vendedor somente poderá executar a cláusula de reserva de domínio após constituir o comprador em mora, mediante protesto do título ou interpelação judicial.

**Art. 526.** Verificada a mora do comprador, poderá o vendedor mover contra ele a competente ação de cobrança das prestações vencidas e vincendas e o mais que lhe for devido; ou poderá recuperar a posse da coisa vendida.

**Art. 527.** Na segunda hipótese do artigo antecedente, é facultado ao vendedor reter as prestações pagas até o necessário para cobrir a depreciação da coisa, as despesas feitas e o mais que de direito lhe for devido. O excedente será devolvido ao comprador; e o que faltar lhe será cobrado, tudo na forma da lei processual.

**Art. 528.** Se o vendedor receber o pagamento à vista, ou, posteriormente, mediante financiamento de instituição do mercado de capitais, a esta caberá exercer os direitos e ações decorrentes do contrato, a benefício de qualquer outro. A operação financeira e a respectiva ciência do comprador constarão do registro do contrato.

*Subseção V*
Da venda sobre documentos

**Art. 529.** Na venda sobre documentos, a tradição da coisa é substituída pela entrega do seu título representativo e dos outros documentos exigidos pelo contrato ou, no silêncio deste, pelos usos.

**Parágrafo único.** Achando-se a documentação em ordem, não pode o comprador recusar o pagamento, a pretexto de defeito de qualidade ou do estado da coisa vendida, salvo se o defeito já houver sido comprovado.

**Art. 530.** Não havendo estipulação em contrário, o pagamento deve ser efetuado na data e no lugar da entrega dos documentos.

**Art. 531.** Se entre os documentos entregues ao comprador figurar apólice de seguro que cubra os riscos do transporte, correm estes à conta do comprador, salvo se, ao ser concluído o contrato, tivesse o vendedor ciência da perda ou avaria da coisa.

**Art. 532.** Estipulado o pagamento por intermédio de estabelecimento bancário, caberá a este efetuá-lo contra a entrega dos documentos, sem obrigação de verificar a coisa vendida, pela qual não responde.

**Parágrafo único.** Nesse caso, somente após a recusa do estabelecimento bancário a efetuar o pagamento, poderá o vendedor pretendê-lo, diretamente do comprador.

## Capítulo II
### DA TROCA OU PERMUTA

**Art. 533.** Aplicam-se à troca as disposições referentes à compra e venda, com as seguintes modificações:

**I** – salvo disposição em contrário, cada um dos contratantes pagará por metade as despesas com o instrumento da troca;

**II** – é anulável a troca de valores desiguais entre ascendentes e descendentes, sem consentimento dos outros descendentes e do cônjuge do alienante.

## Capítulo III
### DO CONTRATO ESTIMATÓRIO

**Art. 534.** Pelo contrato estimatório, o consignante entrega bens móveis ao consignatário, que fica autorizado a vendê-los, pagando àquele o preço ajustado, salvo se preferir, no prazo estabelecido, restituir-lhe a coisa consignada.

**Art. 535.** O consignatário não se exonera da obrigação de pagar o preço, se a restituição da coisa, em sua integridade, se tornar impossível, ainda que por fato a ele não imputável.

**Art. 536.** A coisa consignada não pode ser objeto de penhora ou sequestro pelos credores do consignatário, enquanto não pago integralmente o preço.

**Art. 537.** O consignante não pode dispor da coisa antes de lhe ser restituída ou de lhe ser comunicada a restituição.

## Capítulo IV
DA DOAÇÃO

### Seção I
Disposições Gerais

**Art. 538.** Considera-se doação o contrato em que uma pessoa, por liberalidade, transfere do seu patrimônio bens ou vantagens para o de outra.

**Art. 539.** O doador pode fixar prazo ao donatário, para declarar se aceita ou não a liberalidade. Desde que o donatário, ciente do prazo, não faça, dentro dele, a declaração, entender-se-á que aceitou, se a doação não for sujeita a encargo.

**Art. 540.** A doação feita em contemplação do merecimento do donatário não perde o caráter de liberalidade, como não o perde a doação remuneratória, ou a gravada, no excedente ao valor dos serviços remunerados ou ao encargo imposto.

**Art. 541.** A doação far-se-á por escritura pública ou instrumento particular.

**Parágrafo único.** A doação verbal será válida, se, versando sobre bens móveis e de pequeno valor, se lhe seguir *incontinenti* a tradição.

**Art. 542.** A doação feita ao nascituro valerá, sendo aceita pelo seu representante legal.

**Art. 543.** Se o donatário for absolutamente incapaz, dispensa-se a aceitação, desde que se trate de doação pura.

**Art. 544.** A doação de ascendentes a descendentes, ou de um cônjuge a outro, importa adiantamento do que lhes cabe por herança.

**Art. 545.** A doação em forma de subvenção periódica ao beneficiado extingue-se morrendo o doador, salvo se este outra coisa dispuser, mas não poderá ultrapassar a vida do donatário.

**Art. 546.** A doação feita em contemplação de casamento futuro com certa e determinada pessoa, quer pelos nubentes entre si, quer por terceiro a um deles, a ambos, ou aos filhos que, de futuro, houverem um do outro, não pode ser impugnada por falta de aceitação, e só ficará sem efeito se o casamento não se realizar.

**Art. 547.** O doador pode estipular que os bens doados voltem ao seu patrimônio, se sobreviver ao donatário.

**Parágrafo único.** Não prevalece cláusula de reversão em favor de terceiro.

**Art. 548.** É nula a doação de todos os bens sem reserva de parte, ou renda suficiente para a subsistência do doador.

**Art. 549.** Nula é também a doação quanto à parte que exceder à de que o doador, no momento da liberalidade, poderia dispor em testamento.

**Art. 550.** A doação do cônjuge adúltero ao seu cúmplice pode ser anulada pelo outro cônjuge, ou por seus herdeiros necessários, até dois anos depois de dissolvida a sociedade conjugal.

**Art. 551.** Salvo declaração em contrário, a doação em comum a mais de uma pessoa entende-se distribuída entre elas por igual.

**Parágrafo único.** Se os donatários, em tal caso, forem marido e mulher, subsistirá na totalidade a doação para o cônjuge sobrevivo.

**Art. 552.** O doador não é obrigado a pagar juros moratórios, nem é sujeito às consequências da evicção ou do vício redibitório. Nas doações para casamento com certa e determinada pessoa, o doador ficará sujeito à evicção, salvo convenção em contrário.

**Art. 553.** O donatário é obrigado a cumprir os encargos da doação, caso forem a benefício do doador, de terceiro, ou do interesse geral.

**Parágrafo único.** Se desta última espécie for o encargo, o Ministério Público poderá exigir sua execução, depois da morte do doador, se este não tiver feito.

**Art. 554.** A doação a entidade futura caducará se, em dois anos, esta não estiver constituída regularmente.

*Seção II*
Da Revogação da Doação

**Art. 555.** A doação pode ser revogada por ingratidão do donatário, ou por inexecução do encargo.

**Art. 556.** Não se pode renunciar antecipadamente o direito de revogar a liberalidade por ingratidão do donatário.

**Art. 557.** Podem ser revogadas por ingratidão as doações:

I – se o donatário atentou contra a vida do doador ou cometeu crime de homicídio doloso contra ele;

II – se cometeu contra ele ofensa física;

III – se o injuriou gravemente ou o caluniou;

IV – se, podendo ministrá-los, recusou ao doador os alimentos de que este necessitava.

**Art. 558.** Pode ocorrer também a revogação quando o ofendido, nos casos do artigo anterior, for o cônjuge, ascendente, descendente, ainda que adotivo, ou irmão do doador.

**Art. 559.** A revogação por qualquer desses motivos deverá ser pleiteada dentro de 1 (um) ano, a contar de quando chegue ao conhecimento do doador o fato que a autorizar, e de ter sido o donatário o seu autor.

**Art. 560.** O direito de revogar a doação não se transmite aos herdeiros do doador, nem prejudica os do donatário. Mas aqueles podem prosseguir na ação iniciada pelo doador, continuando-a contra os herdeiros do donatário, se este falecer depois de ajuizada a lide.

**Art. 561.** No caso de homicídio doloso do doador, a ação caberá aos seus herdeiros, exceto se aquele houver perdoado.

**Art. 562.** A doação onerosa pode ser revogada por inexecução do encargo, se o donatário incorrer em mora. Não havendo prazo para o cumprimento, o doador poderá notificar judicialmente o donatário, assinando-lhe prazo razoável para que cumpra a obrigação assumida.

**Art. 563.** A revogação por ingratidão não prejudica os direitos adquiridos por terceiros, nem obriga o donatário a restituir os frutos percebidos antes da citação válida; mas sujeita-o a pagar os posteriores, e, quando não possa restituir em espécie as coisas doadas, a indenizá-la pelo meio termo do seu valor.

**Art. 564.** Não se revogam por ingratidão:

**I –** as doações puramente remuneratórias;

**II –** as oneradas com encargo já cumprido;

**III –** as que se fizerem em cumprimento de obrigação natural;

**IV –** as feitas para determinado casamento.

## Capítulo V
### DA LOCAÇÃO DE COISAS

**Art. 565.** Na locação de coisas, uma das partes se obriga a ceder à outra, por tempo determinado ou não, o uso e gozo de coisa não fungível, mediante certa retribuição.

**Art. 566.** O locador é obrigado:

I – a entregar ao locatário a coisa alugada, com suas pertenças, em estado de servir ao uso a que se destina, e a mantê-la nesse estado, pelo tempo do contrato, salvo cláusula expressa em contrário;

II – a garantir-lhe, durante o tempo do contrato, o uso pacífico da coisa.

**Art. 567.** Se, durante a locação, se deteriorar a coisa alugada, sem culpa do locatário, a este caberá pedir redução proporcional do aluguel, ou resolver o contrato, caso já não sirva a coisa para o fim a que se destinava.

**Art. 568.** O locador resguardará o locatário dos embaraços e turbações de terceiros, que tenham ou pretendam ter direitos sobre a coisa alugada, e responderá pelos seus vícios, ou defeitos, anteriores à locação.

**Art. 569.** O locatário é obrigado:

I – a servir-se da coisa alugada para os usos convencionados ou presumidos, conforme a natureza dela e as circunstâncias, bem como tratá-la com o mesmo cuidado como se sua fosse;

II – a pagar pontualmente o aluguel nos prazos ajustados, e, em falta de ajuste, segundo o costume do lugar;

III – a levar ao conhecimento do locador as turbações de terceiros, que se pretendam fundadas em direito;

IV – a restituir a coisa, finda a locação, no estado em que a recebeu, salvas as deteriorações naturais ao uso regular.

**Art. 570.** Se o locatário empregar a coisa em uso diverso do ajustado, ou do a que se destina, ou se ela se danificar por abuso do locatário, poderá o locador, além de rescindir o contrato, exigir perdas e danos.

**Art. 571.** Havendo prazo estipulado à duração do contrato, antes do vencimento não poderá o locador reaver a coisa alugada, senão ressarcindo ao locatário as perdas e danos resultantes, nem o locatário devolvê-la ao locador, senão pagando, proporcionalmente, a multa prevista no contrato.

**Parágrafo único.** O locatário gozará do direito de retenção, enquanto não for ressarcido.

**Art. 572.** Se a obrigação de pagar o aluguel pelo tempo que faltar constituir indenização excessiva, será facultado ao juiz fixá-la em bases razoáveis.

**Art. 573.** A locação por tempo determinado cessa de pleno direito findo o prazo estipulado, independentemente de notificação ou aviso.

**Art. 574.** Se, findo o prazo, o locatário continuar na posse da coisa alugada, sem oposição do locador, presumir-se-á prorrogada a locação pelo mesmo aluguel, mas sem prazo determinado.

**Art. 575.** Se, notificado o locatário, não restituir a coisa, pagará, enquanto a tiver em seu poder, o aluguel que o locador arbitrar, e responderá pelo dano que ela venha a sofrer, embora proveniente de caso fortuito.

**Parágrafo único.** Se o aluguel arbitrado for manifestamente excessivo, poderá o juiz reduzi-lo, mas tendo sempre em conta o seu caráter de penalidade.

**Art. 576.** Se a coisa for alienada durante a locação, o adquirente não ficará obrigado a respeitar o contrato, se nele não for consignada a cláusula da sua vigência no caso de alienação, e não constar de registro.

§ 1.º O registro a que se refere este artigo será o de Títulos e Documentos do domicílio do locador, quando a coisa for móvel; e será o Registro de Imóveis da respectiva circunscrição, quando imóvel.

**§ 2.º** Em se tratando de imóvel, e ainda no caso em que o locador não esteja obrigado a respeitar o contrato, não poderá ele despedir o locatário, senão observado o prazo de noventa dias após a notificação.

**Art. 577.** Morrendo o locador ou o locatário, transfere-se aos seus herdeiros a locação por tempo determinado.

**Art. 578.** Salvo disposição em contrário, o locatário goza do direito de retenção, no caso de benfeitorias necessárias, ou no de benfeitorias úteis, se estas houverem sido feitas com expresso consentimento do locador.

## Capítulo VI
DO EMPRÉSTIMO

### Seção I
Do Comodato

**Art. 579.** O comodato é o empréstimo gratuito de coisas não fungíveis. Perfaz-se com a tradição do objeto.

**Art. 580.** Os tutores, curadores e em geral todos os administradores de bens alheios não poderão dar em comodato, sem autorização especial, os bens confiados à sua guarda.

**Art. 581.** Se o comodato não tiver prazo convencional, presumir-se-lhe-á o necessário para o uso concedido; não podendo o comodante, salvo necessidade imprevista e urgente, reconhecida pelo juiz, suspender o uso e gozo da coisa emprestada, antes de findo o prazo convencional, ou o que se determine pelo uso outorgado.

**Art. 582.** O comodatário é obrigado a conservar, como se sua própria fora, a coisa emprestada, não podendo usá-la senão de acordo com o contrato ou a natureza dela, sob pena de responder por perdas e danos. O comodatário constituído em mora, além de por ela responder, pagará, até restituí-la, o aluguel da coisa que for arbitrado pelo comodante.

**Art. 583.** Se, correndo risco o objeto do comodato juntamente com outros do comodatário, antepuser este a salvação dos seus abandonando o do comodante, responderá pelo dano ocorrido, ainda que se possa atribuir a caso fortuito, ou força maior.

**Art. 584.** O comodatário não poderá jamais recobrar do comodante as despesas feitas com o uso e gozo da coisa emprestada.

**Art. 585.** Se duas ou mais pessoas forem simultaneamente comodatárias de uma coisa, ficarão solidariamente responsáveis para com o comodante.

*Seção II*
Do Mútuo

**Art. 586.** O mútuo é o empréstimo de coisas fungíveis. O mutuário é obrigado a restituir ao mutuante o que dele recebeu em coisa do mesmo gênero, qualidade e quantidade.

**Art. 587.** Este empréstimo transfere o domínio da coisa emprestada ao mutuário, por cuja conta correm todos os riscos dela desde a tradição.

**Art. 588.** O mútuo feito a pessoa menor, sem prévia autorização daquele sob cuja guarda estiver, não pode ser reavido nem do mutuário, nem de seus fiadores.

**Art. 589.** Cessa a disposição do artigo antecedente:

**I** – se a pessoa, de cuja autorização necessitava o mutuário para contrair o empréstimo, o ratificar posteriormente;

**II** – se o menor, estando ausente essa pessoa, se viu obrigado a contrair o empréstimo para os seus alimentos habituais;

**III** – se o menor tiver bens ganhos com o seu trabalho. Mas, em tal caso a execução do credor não lhes poderá ultrapassar as forças;

**IV** – se o empréstimo reverteu em benefício do menor;

**V** – se o menor obteve o empréstimo maliciosamente.

**Art. 590.** O mutuante pode exigir garantia da restituição, se antes do vencimento o mutuário sofrer notória mudança em sua situação econômica.

**Art. 591.** Destinando-se o mútuo a fins econômicos, presumem-se devidos juros, os quais, sob pena de redução, não poderão exceder a taxa a que se refere o art. 406, permitida a capitalização anual.

**Art. 592.** Não se tendo convencionado expressamente, o prazo do mútuo será:

**I** – até a próxima colheita, se o mútuo for de produtos agrícolas, assim para o consumo, como para semeadura;

**II** – de trinta dias, pelo menos, se for de dinheiro;

**III** – do espaço de tempo que declarar o mutuante, se for de qualquer outra coisa fungível.

## Capítulo VII
### DA PRESTAÇÃO DE SERVIÇO

**Art. 593.** A prestação de serviço, que não estiver sujeita às leis trabalhistas ou à lei especial, reger-se-á pelas disposições deste Capítulo.

**Art. 594.** Toda a espécie de serviço ou trabalho lícito, material ou imaterial, pode ser contratada mediante retribuição.

**Art. 595.** No contrato de prestação de serviço, quando qualquer das partes não souber ler, nem escrever, o instrumento poderá ser assinado a rogo e subscrito por duas testemunhas.

**Art. 596.** Não se tendo estipulado, nem chegado a acordo as partes, fixar-se-á por arbitramento a retribuição, segundo o costume do lugar, o tempo de serviço e sua qualidade.

**Art. 597.** A retribuição pagar-se-á depois de prestado o serviço, se, por convenção, ou costumes, não houver de ser adiantada, ou paga em prestações.

**Art. 598.** A prestação de serviço não se poderá convencionar por mais de quatro anos, embora o contrato tenha por causa o pagamento de dívida de quem o presta, ou se destine à execução de certa e determinada obra. Neste caso, decorridos quatro anos, dar-se-á por findo o contrato, ainda que não concluída a obra.

**Art. 599.** Não havendo prazo estipulado, nem se podendo inferir da natureza do contrato, ou do costume do lugar, qualquer das partes, a seu arbítrio, mediante prévio aviso, pode resolver o contrato.

**Parágrafo único.** Dar-se-á o aviso:

I – com antecedência de oito dias, se o salário se houver fixado por tempo de um mês, ou mais;

II – com antecipação de quatro dias, se o salário se tiver ajustado por semana, ou quinzena;

III – de véspera, quando se tenha contratado por menos de sete dias.

**Art. 600.** Não se conta no prazo do contrato o tempo em que o prestador de serviço, por culpa sua, deixou de servir.

**Art. 601.** Não sendo o prestador de serviço contratado para certo e determinado trabalho, entender-se-á que se obrigou a todo e qualquer serviço compatível com as suas forças e condições.

**Art. 602.** O prestador de serviço contratado por tempo certo, ou por obra determinada, não se pode ausentar, ou despedir, sem justa causa, antes de preenchido o tempo, ou concluída a obra.

**Parágrafo único.** Se se despedir sem justa causa, terá direito à retribuição vencida, mas responderá por perdas e danos. O mesmo dar-se-á, se despedido por justa causa.

**Art. 603.** Se o prestador de serviço for despedido sem justa causa, a outra parte será obrigada a pagar-lhe por inteiro a retribuição vencida, e por metade a que lhe tocaria de então ao termo legal do contrato.

**Art. 604.** Findo o contrato, o prestador de serviço tem direito a exigir da outra parte a declaração de que o contrato está findo. Igual direito lhe cabe, se for despedido sem justa causa, ou se tiver havido motivo justo para deixar o serviço.

**Art. 605.** Nem aquele a quem os serviços são prestados, poderá transferir a outrem o direito aos serviços ajustados, nem o prestador de serviços, sem aprazimento da outra parte, dar substituto que os preste.

**Art. 606.** Se o serviço for prestado por quem não possua título de habilitação, ou não satisfaça requisitos outros estabelecidos em lei, não poderá quem os prestou cobrar a retribuição normalmente correspondente ao trabalho executado. Mas se deste resultar benefício para a outra parte, o juiz atribuirá a quem o prestou uma compensação razoável, desde que tenha agido com boa-fé.

**Parágrafo único.** Não se aplica a segunda parte deste artigo, quando a proibição da prestação de serviço resultar de lei de ordem pública.

**Art. 607.** O contrato de prestação de serviço acaba com a morte de qualquer das partes. Termina, ainda, pelo escoamento do prazo, pela conclusão da obra, pela rescisão do contrato mediante aviso prévio, por inadimplemento de qualquer das partes ou pela impossibilidade da continuação do contrato, motivada por força maior.

**Art. 608.** Aquele que aliciar pessoas obrigadas em contrato escrito a prestar serviço a outrem pagará a este a importância que ao prestador de serviço, pelo ajuste desfeito, houvesse de caber durante dois anos.

**Art. 609.** A alienação do prédio agrícola, onde a prestação dos serviços se opera, não importa a rescisão do contrato, salvo ao prestador opção entre continuá-lo com o adquirente da propriedade ou com o primitivo contratante.

## Capítulo VIII
### DA EMPREITADA

**Art. 610.** O empreiteiro de uma obra pode contribuir para ela só com seu trabalho ou com ele e os materiais.

§ 1.º A obrigação de fornecer os materiais não se presume; resulta da lei ou da vontade das partes.

§ 2.º O contrato para elaboração de um projeto não implica a obrigação de executá-lo, ou de fiscalizar-lhe a execução.

**Art. 611.** Quando o empreiteiro fornece os materiais, correm por sua conta os riscos até o momento da entrega da obra, a contento de quem a encomendou, se este não estiver em mora de receber. Mas se estiver, por sua conta correrão os riscos.

**Art. 612.** Se o empreiteiro só forneceu mão de obra, todos os riscos em que não tiver culpa correrão por conta do dono.

**Art. 613.** Sendo a empreitada unicamente de lavor (art. 610), se a coisa perecer antes de entregue, sem mora do dono nem culpa do empreiteiro, este perderá a retribuição, se não provar que a perda resultou de defeito dos materiais e que em tempo reclamara contra a sua quantidade ou qualidade.

**Art. 614.** Se a obra constar de partes distintas, ou for de natureza das que se determinam por medida, o empreiteiro terá direito a que também se verifique por medida, ou segundo as partes em que se dividir, podendo exigir o pagamento na proporção da obra executada.

**§ 1.º** Tudo o que se pagou presume-se verificado.

**§ 2.º** O que se mediu presume-se verificado se, em trinta dias, a contar da medição, não forem denunciados os vícios ou defeitos pelo dono da obra ou por quem estiver incumbido da sua fiscalização.

**Art. 615.** Concluída a obra de acordo com o ajuste, ou o costume do lugar, o dono é obrigado a recebê-la. Poderá, porém, rejeitá-la, se o empreiteiro se afastou das instruções recebidas e dos planos dados, ou das regras técnicas em trabalhos de tal natureza.

**Art. 616.** No caso da segunda parte do artigo antecedente, pode quem encomendou a obra, em vez de enjeitá-la, recebê-la com abatimento no preço.

**Art. 617.** O empreiteiro é obrigado a pagar os materiais que recebeu, se por imperícia ou negligência os inutilizar.

**Art. 618.** Nos contratos de empreitada de edifícios ou outras construções consideráveis, o empreiteiro de materiais e execução responderá, durante o prazo irredutível de cinco anos, pela solidez e segurança do trabalho, assim em razão dos materiais, como do solo.

**Parágrafo único.** Decairá do direito assegurado neste artigo o dono da obra que não propuser a ação contra o empreiteiro, nos cento e oitenta dias seguintes ao aparecimento do vício ou defeito.

**Art. 619.** Salvo estipulação em contrário, o empreiteiro que se incumbir de executar uma obra, segundo plano aceito por quem a encomendou, não terá direito a exigir acréscimo no preço, ainda que sejam introduzidas modificações no projeto, a não ser que estas resultem de instruções escritas do dono da obra.

**Parágrafo único.** Ainda que não tenha havido autorização escrita, o dono da obra é obrigado a pagar ao empreiteiro os aumentos e acréscimos, segundo o que for arbitrado, se, sempre presente à obra, por continuadas visitas, não podia ignorar o que se estava passando, e nunca protestou.

**Art. 620.** Se ocorrer diminuição no preço do material ou da mão de obra superior a um décimo do preço global convencionado, poderá este ser revisto, a pedido do dono da obra, para que se lhe assegure a diferença apurada.

**Art. 621.** Sem anuência de seu autor, não pode o proprietário da obra introduzir modificações no projeto por ele aprovado, ainda que a execução seja confiada a terceiros, a não ser que, por motivos supervenientes ou razões de ordem técnica, fique comprovada a inconveniência ou a excessiva onerosidade de execução do projeto em sua forma originária.

**Parágrafo único.** A proibição deste artigo não abrange alterações de pouca monta, ressalvada sempre a unidade estética da obra projetada.

**Art. 622.** Se a execução da obra for confiada a terceiros, a responsabilidade do autor do projeto respectivo, desde que não assuma a direção ou fiscalização daquela, ficará limitada aos danos resultantes de defeitos previstos no art. 618 e seu parágrafo único.

**Art. 623.** Mesmo após iniciada a construção, pode o dono da obra suspendê-la, desde que pague ao empreiteiro as despesas e lucros relativos aos serviços já feitos, mais indenização razoável, calculada em função do que ele teria ganho, se concluída a obra.

**Art. 624.** Suspensa a execução da empreitada sem justa causa, responde o empreiteiro por perdas e danos.

**Art. 625.** Poderá o empreiteiro suspender a obra:

**I** – por culpa do dono, ou por motivo de força maior;

**II** – quando, no decorrer dos serviços, se manifestarem dificuldades imprevisíveis de execução, resultantes de causas geológicas ou hídricas, ou outras semelhantes, de modo que torne a empreitada excessivamente onerosa, e o dono da obra se opuser ao reajuste do preço inerente ao projeto por ele elaborado, observados os preços;

**III –** se as modificações exigidas pelo dono da obra, por seu vulto e natureza, forem desproporcionais ao projeto aprovado, ainda que o dono se disponha a arcar com o acréscimo de preço.

**Art. 626.** Não se extingue o contrato de empreitada pela morte de qualquer das partes, salvo se ajustado em consideração às qualidades pessoais do empreiteiro.

## Capítulo IX
DO DEPÓSITO

### *Seção I*
Do Depósito Voluntário

**Art. 627.** Pelo contrato de depósito recebe o depositário um objeto móvel, para guardar, até que o depositante o reclame.

**Art. 628.** O contrato de depósito é gratuito, exceto se houver convenção em contrário, se resultante de atividade negocial ou se o depositário o praticar por profissão.

**Parágrafo único.** Se o depósito for oneroso e a retribuição do depositário não constar de lei, nem resultar de ajuste, será determinada pelos usos do lugar, e, na falta destes, por arbitramento.

**Art. 629.** O depositário é obrigado a ter na guarda e conservação da coisa depositada o cuidado e diligência que costuma com o que lhe pertence, bem como a restituí-la, com todos os frutos e acrescidos, quando o exija o depositante.

**Art. 630.** Se o depósito se entregou fechado, colado, selado, ou lacrado, nesse mesmo estado se manterá.

**Art. 631.** Salvo disposição em contrário, a restituição da coisa deve dar-se no lugar em que tiver de ser guardada. As despesas de restituição correm por conta do depositante.

**Art. 632.** Se a coisa houver sido depositada no interesse de terceiro, e o depositário tiver sido cientificado deste fato pelo depositante, não poderá ele exonerar-se restituindo a coisa a este, sem consentimento daquele.

**Art. 633.** Ainda que o contrato fixe prazo à restituição, o depositário entregará o depósito logo que se lhe exija, salvo se tiver o direito de retenção a que se refere o art. 644, se o objeto for judicialmente embargado, se sobre ele pender execução, notificada ao depositário, ou se houver motivo razoável de suspeitar que a coisa foi dolosamente obtida.

**Art. 634.** No caso do artigo antecedente, última parte, o depositário, expondo o fundamento da suspeita, requererá que se recolha o objeto ao Depósito Público.

**Art. 635.** Ao depositário será facultado, outrossim, requerer depósito judicial da coisa, quando, por motivo plausível, não a possa guardar, e o depositante não queira recebê-la.

**Art. 636.** O depositário, que por força maior houver perdido a coisa depositada e recebido outra em seu lugar, é obrigado a entregar a segunda ao depositante, e ceder-lhe as ações que no caso tiver contra o terceiro responsável pela restituição da primeira.

**Art. 637.** O herdeiro do depositário, que de boa-fé vendeu a coisa depositada, é obrigado a assistir o depositante na reivindicação, e a restituir ao comprador o preço recebido.

**Art. 638.** Salvo os casos previstos nos arts. 633 e 634, não poderá o depositário furtar-se à restituição do depósito, alegando não pertencer a coisa ao depositante, ou opondo compensação, exceto se noutro depósito se fundar.

**Art. 639.** Sendo dois ou mais depositantes, e divisível a coisa, a cada um só entregará o depositário a respectiva parte, salvo se houver entre eles solidariedade.

**Art. 640.** Sob pena de responder por perdas e danos, não poderá o depositário, sem licença expressa do depositante, servir-se da coisa depositada, nem a dar em depósito a outrem.

**Parágrafo único.** Se o depositário, devidamente autorizado, confiar a coisa em depósito a terceiro, será responsável se agiu com culpa na escolha deste.

**Art. 641.** Se o depositário se tornar incapaz, a pessoa que lhe assumir a administração dos bens diligenciará imediatamente restituir a coisa depositada e, não querendo ou não podendo o depositante recebê-la, recolhê-la-á ao Depósito Público ou promoverá nomeação de outro depositário.

**Art. 642.** O depositário não responde pelos casos de força maior; mas, para que lhe valha a escusa, terá de prová-los.

**Art. 643.** O depositante é obrigado a pagar ao depositário as despesas feitas com a coisa, e os prejuízos que do depósito provierem.

**Art. 644.** O depositário poderá reter o depósito até que se lhe pague a retribuição devida, o líquido valor das despesas, ou dos prejuízos a que se refere o artigo anterior, provando imediatamente esses prejuízos ou essas despesas.

**Parágrafo único.** Se essas dívidas, despesas ou prejuízos não forem provados suficientemente, ou forem ilíquidos, o depositário poderá exigir caução idônea do depositante ou, na falta desta, a remoção da coisa para o Depósito Público, até que se liquidem.

**Art. 645.** O depósito de coisas fungíveis, em que o depositário se obrigue a restituir objetos do mesmo gênero, qualidade e quantidade, regular-se-á pelo disposto acerca do mútuo.

**Art. 646.** O depósito voluntário provar-se-á por escrito.

## Seção II
### Do Depósito Necessário

**Art. 647.** É depósito necessário:

**I –** o que se faz em desempenho de obrigação legal;

**II –** o que se efetua por ocasião de alguma calamidade, como o incêndio, a inundação, o naufrágio ou o saque.

**Art. 648.** O depósito a que se refere o inciso I do artigo antecedente, reger-se-á pela disposição da respectiva lei, e, no silêncio ou deficiência dela, pelas concernentes ao depósito voluntário.

**Parágrafo único.** As disposições deste artigo aplicam-se aos depósitos previstos no inciso II do artigo antecedente, podendo estes certificarem-se por qualquer meio de prova.

**Art. 649.** Aos depósitos previstos no artigo antecedente é equiparado o das bagagens dos viajantes ou hóspedes nas hospedarias onde estiverem.

**Parágrafo único.** Os hospedeiros responderão como depositários, assim como pelos furtos e roubos que perpetrarem as pessoas empregadas ou admitidas nos seus estabelecimentos.

**Art. 650.** Cessa, nos casos do artigo antecedente, a responsabilidade dos hospedeiros, se provarem que os fatos prejudiciais aos viajantes ou hóspedes não podiam ter sido evitados.

**Art. 651.** O depósito necessário não se presume gratuito. Na hipótese do art. 649, a remuneração pelo depósito está incluída no preço da hospedagem.

**Art. 652.** Seja o depósito voluntário ou necessário, o depositário que não o restituir quando exigido será compelido a fazê-lo mediante prisão não excedente a um ano, e ressarcir os prejuízos.

## Capítulo X
## DO MANDATO

### *Seção I*
### Disposições Gerais

**Art. 653.** Opera-se o mandato quando alguém recebe de outrem poderes para, em seu nome, praticar atos ou administrar interesses. A procuração é o instrumento do mandato.

**Art. 654.** Todas as pessoas capazes são aptas para dar procuração mediante instrumento particular, que valerá desde que tenha a assinatura do outorgante.

§ 1.º O instrumento particular deve conter a indicação do lugar onde foi passado, a qualificação do outorgante e do outorgado, a data e o objetivo da outorga com a designação e a extensão dos poderes conferidos.

§ 2.º O terceiro com quem o mandatário tratar poderá exigir que a procuração traga a firma reconhecida.

**Art. 655.** Ainda quando se outorgue mandato por instrumento público, pode substabelecer-se mediante instrumento particular.

**Art. 656.** O mandato pode ser expresso ou tácito, verbal ou escrito.

**Art. 657.** A outorga do mandato está sujeita à forma exigida por lei para o ato a ser praticado. Não se admite mandato verbal quando o ato deva ser celebrado por escrito.

**Art. 658.** O mandato presume-se gratuito quando não houver sido estipulada retribuição, exceto se o seu objeto corresponder ao daqueles que o mandatário trata por ofício ou profissão lucrativa.

**Parágrafo único.** Se o mandato for oneroso, caberá ao mandatário a retribuição prevista em lei ou no contrato. Sendo estes omissos, será ela determinada pelos usos do lugar, ou, na falta destes, por arbitramento.

**Art. 659.** A aceitação do mandato pode ser tácita, e resulta do começo de execução.

**Art. 660.** O mandato pode ser especial a um ou mais negócios determinadamente, ou geral a todos os do mandante.

**Art. 661.** O mandato em termos gerais só confere poderes de administração.

§ 1.º Para alienar, hipotecar, transigir, ou praticar outros quaisquer atos que exorbitem da administração ordinária, depende a procuração de poderes especiais e expressos.

§ 2.º O poder de transigir não importa o de firmar compromisso.

**Art. 662.** Os atos praticados por quem não tenha mandato, ou o tenha sem poderes suficientes, são ineficazes em relação àquele em cujo nome foram praticados, salvo se este os ratificar.

**Parágrafo único.** A ratificação há de ser expressa, ou resultar de ato inequívoco, e retroagirá à data do ato.

**Art. 663.** Sempre que o mandatário estipular negócios expressamente em nome do mandante, será este o único responsável; ficará, porém, o mandatário pessoalmente obrigado, se agir no seu próprio nome, ainda que o negócio seja de conta do mandante.

**Art. 664.** O mandatário tem o direito de reter, do objeto da operação que lhe foi cometida, quanto baste para pagamento de tudo que lhe for devido em consequência do mandato.

**Art. 665.** O mandatário que exceder os poderes do mandato, ou proceder contra eles, será considerado mero gestor de negócios, enquanto o mandante lhe não ratificar os atos.

**Art. 666.** O maior de dezesseis e menor de dezoito anos não emancipado pode ser mandatário, mas o mandante não tem ação contra ele senão de conformidade com as regras gerais, aplicáveis às obrigações contraídas por menores.

## Seção II
### Das Obrigações do Mandatário

**Art. 667.** O mandatário é obrigado a aplicar toda sua diligência habitual na execução do mandato, e a indenizar qualquer prejuízo causado por culpa sua ou daquele a quem substabelecer, sem autorização, poderes que devia exercer pessoalmente.

§ 1.º Se, não obstante proibição do mandante, o mandatário se fizer substituir na execução do mandato, responderá ao seu constituinte pelos prejuízos ocorridos sob a gerência do substituto, embora provenientes de caso fortuito, salvo provando que o caso teria sobrevindo, ainda que não tivesse havido substabelecimento.

§ 2.º Havendo poderes de substabelecer, só serão imputáveis ao mandatário os danos causados pelo substabelecido, se tiver agido com culpa na escolha deste ou nas instruções dadas a ele.

§ 3.º Se a proibição de substabelecer constar da procuração, os atos praticados pelo substabelecido não obrigam o mandante, salvo ratificação expressa, que retroagirá à data do ato.

§ 4.º Sendo omissa a procuração quanto ao substabelecimento, o procurador será responsável se o substabelecido proceder culposamente.

**Art. 668.** O mandatário é obrigado a dar contas de sua gerência ao mandante, transferindo-lhe as vantagens provenientes do mandato, por qualquer título que seja.

**Art. 669.** O mandatário não pode compensar os prejuízos a que deu causa com os proveitos que, por outro lado, tenha granjeado ao seu constituinte.

**Art. 670.** Pelas somas que devia entregar ao mandante ou recebeu para despesa, mas empregou em proveito seu, pagará o mandatário juros, desde o momento em que abusou.

**Art. 671.** Se o mandatário, tendo fundos ou crédito do mandante, comprar, em nome próprio, algo que devera comprar para o mandante, por ter sido expressamente designado no mandato, terá este ação para obrigá-lo à entrega da coisa comprada.

**Art. 672.** Sendo dois ou mais os mandatários nomeados no mesmo instrumento, qualquer deles poderá exercer os poderes outorgados, se não forem expressamente declarados conjuntos, nem especificamente designados para atos diferentes, ou subordinados a atos sucessivos. Se os mandatários forem declarados conjuntos, não terá eficácia o ato praticado sem interferência de todos, salvo havendo ratificação, que retroagirá à data do ato.

**Art. 673.** O terceiro que, depois de conhecer os poderes do mandatário, com ele celebrar negócio jurídico exorbitante do mandato, não tem ação contra o mandatário, salvo se este lhe prometeu ratificação do mandante ou se responsabilizou pessoalmente.

**Art. 674.** Embora ciente da morte, interdição ou mudança de estado do mandante, deve o mandatário concluir o negócio já começado, se houver perigo na demora.

### *Seção III*
Das Obrigações do Mandante

**Art. 675.** O mandante é obrigado a satisfazer todas as obrigações contraídas pelo mandatário, na conformidade do mandato conferido, e adiantar a importância das despesas necessárias à execução dele, quando o mandatário lho pedir.

**Art. 676.** É obrigado o mandante a pagar ao mandatário a remuneração ajustada e as despesas da execução do mandato, ainda que o negócio não surta o esperado efeito, salvo tendo o mandatário culpa.

**Art. 677.** As somas adiantadas pelo mandatário, para a execução do mandato, vencem juros desde a data do desembolso.

**Art. 678.** É igualmente obrigado o mandante a ressarcir ao mandatário as perdas que este sofrer com a execução do mandato, sempre que não resultem de culpa sua ou de excesso de poderes.

**Art. 679.** Ainda que o mandatário contrarie as instruções do mandante, se não exceder os limites do mandato, ficará o mandante obrigado para com aqueles com quem o seu procurador contratou; mas terá contra este ação pelas perdas e danos resultantes da inobservância das instruções.

**Art. 680.** Se o mandato for outorgado por duas ou mais pessoas, e para negócio comum, cada uma ficará solidariamente responsável ao mandatário por todos os compromissos e efeitos do mandato, salvo direito regressivo, pelas quantias que pagar, contra os outros mandantes.

**Art. 681.** O mandatário tem sobre a coisa de que tenha a posse em virtude do mandato, direito de retenção, até se reembolsar do que no desempenho do encargo despendeu.

*Seção IV*
Da Extinção do Mandato

**Art. 682.** Cessa o mandato:

**I** – pela revogação ou pela renúncia;

**II** – pela morte ou interdição de uma das partes;

**III** – pela mudança de estado que inabilite o mandante a conferir os poderes, ou o mandatário para os exercer;

**IV** – pelo término do prazo ou pela conclusão do negócio.

**Art. 683.** Quando o mandato contiver a cláusula de irrevogabilidade e o mandante o revogar, pagará perdas e danos.

**Art. 684.** Quando a cláusula de irrevogabilidade for condição de um negócio bilateral, ou tiver sido estipulada no exclusivo interesse do mandatário, a revogação do mandato será ineficaz.

**Art. 685.** Conferido o mandato com a cláusula "em causa própria", a sua revogação não terá eficácia, nem se extinguirá pela morte de qualquer das partes, ficando o mandatário dispensado de prestar contas, e podendo transferir para si os bens móveis ou imóveis objeto do mandato, obedecidas as formalidades legais.

**Art. 686.** A revogação do mandato, notificada somente ao mandatário, não se pode opor aos terceiros que, ignorando-a, de boa-fé com ele trataram; mas ficam salvas ao constituinte as ações que no caso lhe possam caber contra o procurador.

**Parágrafo único.** É irrevogável o mandato que contenha poderes de cumprimento ou confirmação de negócios encetados, aos quais se ache vinculado.

**Art. 687.** Tanto que for comunicada ao mandatário a nomeação de outro, para o mesmo negócio, considerar-se-á revogado o mandato anterior.

**Art. 688.** A renúncia do mandato será comunicada ao mandante, que, se for prejudicado pela sua inoportunidade, ou pela falta de tempo, a fim de prover à substituição do procurador, será indenizado pelo mandatário, salvo se este provar que não podia continuar no mandato sem prejuízo considerável, e que não lhe era dado substabelecer.

**Art. 689.** São válidos, a respeito dos contratantes de boa-fé, os atos com estes ajustados em nome do mandante pelo mandatário, enquanto este ignorar a morte daquele ou a extinção do mandato, por qualquer outra causa.

**Art. 690.** Se falecer o mandatário, pendente o negócio a ele cometido, os herdeiros, tendo ciência do mandato, avisarão o mandante, e providenciarão a bem dele, como as circunstâncias exigirem.

**Art. 691.** Os herdeiros, no caso do artigo antecedente, devem limitar-se às medidas conservatórias, ou continuar os negócios pendentes que se não possam demorar sem perigo, regulando-se os seus serviços dentro desse limite, pelas mesmas normas a que os do mandatário estão sujeitos.

*Seção V*
Do Mandato Judicial

**Art. 692.** O mandato judicial fica subordinado às normas que lhe dizem respeito, constantes da legislação processual, e, supletivamente, às estabelecidas neste Código.

### Capítulo XI
DA COMISSÃO

**Art. 693.** O contrato de comissão tem por objeto a aquisição ou a venda de bens pelo comissário, em seu próprio nome, à conta do comitente.

•• A Lei n. 14.690, de 3-10-2023, em vigor após 180 dias da sua publicação (*DOU* de 3-10-2023), dá nova redação a este artigo: "Art. 693. O contrato de comissão tem por objeto a compra ou venda de bens ou a realização de mútuo ou outro negócio jurídico de crédito pelo comissário, em seu próprio nome, à conta do comitente".

**Art. 694.** O comissário fica diretamente obrigado para com as pessoas com quem contratar, sem que estas tenham ação contra o comitente, nem este contra elas, salvo se o comissário ceder seus direitos a qualquer das partes.

**Art. 695.** O comissário é obrigado a agir de conformidade com as ordens e instruções do comitente, devendo, na falta destas, não podendo pedi-las a tempo, proceder segundo os usos em casos semelhantes.

**Parágrafo único.** Ter-se-ão por justificados os atos do comissário, se deles houver resultado vantagem para o comitente, e ainda no caso em que, não admitindo demora a realização do negócio, o comissário agiu de acordo com os usos.

**Art. 696.** No desempenho das suas incumbências o comissário é obrigado a agir com cuidado e diligência, não só para evitar qualquer prejuízo ao comitente, mas ainda para lhe proporcionar o lucro que razoavelmente se podia esperar do negócio.

**Parágrafo único.** Responderá o comissário, salvo motivo de força maior, por qualquer prejuízo que, por ação ou omissão, ocasionar ao comitente.

**Art. 697.** O comissário não responde pela insolvência das pessoas com quem tratar, exceto em caso de culpa e no do artigo seguinte.

**Art. 698.** Se do contrato de comissão constar a cláusula *del credere*, responderá o comissário solidariamente com as pessoas com que houver tratado em nome do comitente, caso em que, salvo estipulação em contrário, o comissário tem direito a remuneração mais elevada, para compensar o ônus assumido.

**Parágrafo único.** A cláusula *del credere* de que trata o *caput* deste artigo poderá ser parcial.

•• Parágrafo único acrescentado pela Lei n. 14.690, de 3-10-2023, em vigor após 180 dias da sua publicação (*DOU* de 3-10-2023).

**Art. 699.** Presume-se o comissário autorizado a conceder dilação do prazo para pagamento, na conformidade dos usos do lugar onde se realizar o negócio, se não houver instruções diversas do comitente.

**Art. 700.** Se houver instruções do comitente proibindo prorrogação de prazos para pagamento, ou se esta não for conforme os usos locais, poderá o comitente exigir que o comissário pague *incontinenti* ou responda pelas consequências da dilação concedida, procedendo-se de igual modo se o comissário não der ciência ao comitente dos prazos concedidos e de quem é seu beneficiário.

**Art. 701.** Não estipulada a remuneração devida ao comissário, será ela arbitrada segundo os usos correntes no lugar.

**Art. 702.** No caso de morte do comissário, ou, quando, por motivo de força maior, não puder concluir o negócio, será devida pelo comitente uma remuneração proporcional aos trabalhos realizados.

**Art. 703.** Ainda que tenha dado motivo à dispensa, terá o comissário direito a ser remunerado pelos serviços úteis prestados ao comitente, ressalvado a este o direito de exigir daquele os prejuízos sofridos.

**Art. 704.** Salvo disposição em contrário, pode o comitente, a qualquer tempo, alterar as instruções dadas ao comissário, entendendo-se por elas regidos também os negócios pendentes.

**Art. 705.** Se o comissário for despedido sem justa causa, terá direito a ser remunerado pelos trabalhos prestados, bem como a ser ressarcido pelas perdas e danos resultantes de sua dispensa.

**Art. 706.** O comitente e o comissário são obrigados a pagar juros um ao outro; o primeiro pelo que o comissário houver adiantado para cumprimento de suas ordens; e o segundo pela mora na entrega dos fundos que pertencerem ao comitente.

**Art. 707.** O crédito do comissário, relativo a comissões e despesas feitas, goza de privilégio geral, no caso de falência ou insolvência do comitente.

**Art. 708.** Para reembolso das despesas feitas, bem como para recebimento das comissões devidas, tem o comissário direito de retenção sobre os bens e valores em seu poder em virtude da comissão.

**Art. 709.** São aplicáveis à comissão, no que couber, as regras sobre mandato.

## Capítulo XII
DA AGÊNCIA E DISTRIBUIÇÃO

**Art. 710.** Pelo contrato de agência, uma pessoa assume, em caráter não eventual e sem vínculos de dependência, a obrigação de promover, à conta de outra, mediante retribuição, a realização de certos negócios, em zona determinada, caracterizando-se a distribuição quando o agente tiver à sua disposição a coisa a ser negociada.

**Parágrafo único.** O proponente pode conferir poderes ao agente para que este o represente na conclusão dos contratos.

**Art. 711.** Salvo ajuste, o proponente não pode constituir, ao mesmo tempo, mais de um agente, na mesma zona, com idêntica incumbência; nem pode o agente assumir o encargo de nela tratar de negócios do mesmo gênero, à conta de outros proponentes.

**Art. 712.** O agente, no desempenho que lhe foi cometido, deve agir com toda diligência, atendo-se às instruções recebidas do proponente.

**Art. 713.** Salvo estipulação diversa, todas as despesas com a agência ou distribuição correm a cargo do agente ou distribuidor.

**Art. 714.** Salvo ajuste, o agente ou distribuidor terá direito à remuneração correspondente aos negócios concluídos dentro de sua zona, ainda que sem a sua interferência.

**Art. 715.** O agente ou distribuidor tem direito à indenização se o proponente, sem justa causa, cessar o atendimento das propostas ou reduzi-lo tanto que se torna antieconômica a continuação do contrato.

**Art. 716.** A remuneração será devida ao agente também quando o negócio deixar de ser realizado por fato imputável ao proponente.

**Art. 717.** Ainda que dispensado por justa causa, terá o agente direito a ser remunerado pelos serviços úteis prestados ao proponente, sem embargo de haver este perdas e danos pelos prejuízos sofridos.

**Art. 718.** Se a dispensa se der sem culpa do agente, terá ele direito à remuneração até então devida, inclusive sobre os negócios pendentes, além das indenizações previstas em lei especial.

**Art. 719.** Se o agente não puder continuar o trabalho por motivo de força maior, terá direito à remuneração correspondente aos serviços realizados, cabendo esse direito aos herdeiros no caso de morte.

**Art. 720.** Se o contrato for por tempo indeterminado, qualquer das partes poderá resolvê-lo, mediante aviso prévio de noventa dias, desde que transcorrido prazo compatível com a natureza e o vulto do investimento exigido do agente.

**Parágrafo único.** No caso de divergência entre as partes, o juiz decidirá da razoabilidade do prazo e do valor devido.

**Art. 721.** Aplicam-se ao contrato de agência e distribuição, no que couber, as regras concernentes ao mandato e à comissão e as constantes de lei especial.

## Capítulo XIII
DA CORRETAGEM

**Art. 722.** Pelo contrato de corretagem, uma pessoa, não ligada a outra em virtude de mandato, de prestação de serviços ou por qualquer relação de dependência, obriga-se a obter para a segunda um ou mais negócios, conforme as instruções recebidas.

**Art. 723.** O corretor é obrigado a executar a mediação com diligência e prudência, e a prestar ao cliente, espontaneamente, todas as informações sobre o andamento do negócio.

**Parágrafo único.** Sob pena de responder por perdas e danos, o corretor prestará ao cliente todos os esclarecimentos acerca da segurança ou do risco do negócio, das alterações de valores e de outros fatores que possam influir nos resultados da incumbência.

**Art. 724.** A remuneração do corretor, se não estiver fixada em lei, nem ajustada entre as partes, será arbitrada segundo a natureza do negócio e os usos locais.

**Art. 725.** A remuneração é devida ao corretor uma vez que tenha conseguido o resultado previsto no contrato de mediação, ou ainda que este não se efetive em virtude de arrependimento das partes.

**Art. 726.** Iniciado e concluído o negócio diretamente entre as partes, nenhuma remuneração será devida ao corretor; mas se, por escrito, for ajustada a corretagem com exclusividade, terá o corretor direito à remuneração integral, ainda que realizado o negócio sem a sua mediação, salvo se comprovada sua inércia ou ociosidade.

**Art. 727.** Se, por não haver prazo determinado, o dono do negócio dispensar o corretor, e o negócio se realizar posteriormente, como fruto da sua mediação, a corretagem lhe será devida; igual solução se adotará se o negócio se realizar após a decorrência do prazo contratual, mas por efeito dos trabalhos do corretor.

**Art. 728.** Se o negócio se concluir com a intermediação de mais de um corretor, a remuneração será paga a todos em partes iguais, salvo ajuste em contrário.

**Art. 729.** Os preceitos sobre corretagem constantes deste Código não excluem a aplicação de outras normas da legislação especial.

## Capítulo XIV
DO TRANSPORTE

*Seção I*
Disposições Gerais

**Art. 730.** Pelo contrato de transporte alguém se obriga, mediante retribuição, a transportar, de um lugar para outro, pessoas ou coisas.

**Art. 731.** O transporte exercido em virtude de autorização, permissão ou concessão, rege-se pelas normas regulamentares e pelo que for estabelecido naqueles atos, sem prejuízo do disposto neste Código.

**Art. 732.** Aos contratos de transporte, em geral, são aplicáveis, quando couber, desde que não contrariem as disposições deste Código, os preceitos constantes da legislação especial e de tratados e convenções internacionais.

**Art. 733.** Nos contratos de transporte cumulativo, cada transportador se obriga a cumprir o contrato relativamente ao respectivo percurso, respondendo pelos danos nele causados a pessoas e coisas.

§ 1.º O dano, resultante do atraso ou da interrupção da viagem, será determinado em razão da totalidade do percurso.

§ 2.º Se houver substituição de algum dos transportadores no decorrer do percurso, a responsabilidade solidária estender-se-á ao substituto.

*Seção II*
Do Transporte de Pessoas

**Art. 734.** O transportador responde pelos danos causados às pessoas transportadas e suas bagagens, salvo motivo de força maior, sendo nula qualquer cláusula excludente da responsabilidade.

**Parágrafo único.** É lícito ao transportador exigir a declaração do valor da bagagem a fim de fixar o limite da indenização.

**Art. 735.** A responsabilidade contratual do transportador por acidente com o passageiro não é elidida por culpa de terceiro, contra o qual tem ação regressiva.

**Art. 736.** Não se subordina às normas do contrato de transporte o feito gratuitamente, por amizade ou cortesia.

**Parágrafo único.** Não se considera gratuito o transporte quando, embora feito sem remuneração, o transportador auferir vantagens indiretas.

**Art. 737.** O transportador está sujeito aos horários e itinerários previstos, sob pena de responder por perdas e danos, salvo motivo de força maior.

**Art. 738.** A pessoa transportada deve sujeitar-se às normas estabelecidas pelo transportador, constantes no bilhete ou afixadas à vista dos usuários, abstendo-se de quaisquer atos que causem incômodo ou prejuízo aos passageiros, danifiquem o veículo, ou dificultem ou impeçam a execução normal do serviço.

**Parágrafo único.** Se o prejuízo sofrido pela pessoa transportada for atribuível à transgressão de normas e instruções regulamentares, o juiz reduzirá equitativamente a indenização, na medida em que a vítima houver concorrido para a ocorrência do dano.

**Art. 739.** O transportador não pode recusar passageiros, salvo os casos previstos nos regulamentos, ou se as condições de higiene ou de saúde do interessado o justificarem.

**Art. 740.** O passageiro tem direito a rescindir o contrato de transporte antes de iniciada a viagem, sendo-lhe devida a restituição do valor da passagem, desde que feita a comunicação ao transportador em tempo de ser renegociada.

**§ 1.º** Ao passageiro é facultado desistir do transporte, mesmo depois de iniciada a viagem, sendo-lhe devida a restituição do valor correspondente ao trecho não utilizado, desde que provado que outra pessoa haja sido transportada em seu lugar.

**§ 2.º** Não terá direito ao reembolso do valor da passagem o usuário que deixar de embarcar, salvo se provado que outra pessoa foi transportada em seu lugar, caso em que lhe será restituído o valor do bilhete não utilizado.

**§ 3.º** Nas hipóteses previstas neste artigo, o transportador terá direito de reter até cinco por cento da importância a ser restituída ao passageiro, a título de multa compensatória.

**Art. 741.** Interrompendo-se a viagem por qualquer motivo alheio à vontade do transportador, ainda que em consequência de evento imprevisível, fica ele obrigado a concluir o transporte contratado em outro veículo da mesma categoria, ou, com a anuência do passageiro, por modalidade diferente, à sua custa, correndo também por sua conta as despesas de estada e alimentação do usuário, durante a espera de novo transporte.

**Art. 742.** O transportador, uma vez executado o transporte, tem direito de retenção sobre a bagagem de passageiro e outros objetos pessoais deste, para garantir-se do pagamento do valor da passagem que não tiver sido feito no início ou durante o percurso.

*Seção III*
Do Transporte de Coisas

**Art. 743.** A coisa, entregue ao transportador, deve estar caracterizada pela sua natureza, valor, peso e quantidade, e o mais que for necessário para que não se confunda com outras, devendo o destinatário ser indicado ao menos pelo nome e endereço.

**Art. 744.** Ao receber a coisa, o transportador emitirá conhecimento com a menção dos dados que a identifiquem, obedecido o disposto em lei especial.

**Parágrafo único.** O transportador poderá exigir que o remetente lhe entregue, devidamente assinada, a relação discriminada das coisas a serem transportadas, em duas vias, uma das quais, por ele devidamente autenticada, ficará fazendo parte integrante do conhecimento.

**Art. 745.** Em caso de informação inexata ou falsa descrição no documento a que se refere o artigo antecedente, será o transportador indenizado pelo prejuízo que sofrer, devendo a ação respectiva ser ajuizada no prazo de cento e vinte dias, a contar daquele ato, sob pena de decadência.

**Art. 746.** Poderá o transportador recusar a coisa cuja embalagem seja inadequada, bem como a que possa pôr em risco a saúde das pessoas, ou danificar o veículo e outros bens.

**Art. 747.** O transportador deverá obrigatoriamente recusar a coisa cujo transporte ou comercialização não sejam permitidos, ou que venha desacompanhada dos documentos exigidos por lei ou regulamento.

**Art. 748.** Até a entrega da coisa, pode o remetente desistir do transporte e pedi-la de volta, ou ordenar seja entregue a outro destinatário, pagando, em ambos os casos, os acréscimos de despesa decorrentes da contraordem, mais as perdas e danos que houver.

**Art. 749.** O transportador conduzirá a coisa ao seu destino, tomando todas as cautelas necessárias para mantê-la em bom estado e entregá-la no prazo ajustado ou previsto.

**Art. 750.** A responsabilidade do transportador, limitada ao valor constante do conhecimento, começa no momento em que ele, ou seus prepostos, recebem a coisa; termina quando é entregue ao destinatário, ou depositada em juízo, se aquele não for encontrado.

**Art. 751.** A coisa, depositada ou guardada nos armazéns do transportador, em virtude de contrato de transporte, rege-se, no que couber, pelas disposições relativas a depósito.

**Art. 752.** Desembarcadas as mercadorias, o transportador não é obrigado a dar aviso ao destinatário, se assim não foi convencionado, dependendo também de ajuste a entrega a domicílio, e devem constar do conhecimento de embarque as cláusulas de aviso ou de entrega a domicílio.

**Art. 753.** Se o transporte não puder ser feito ou sofrer longa interrupção, o transportador solicitará, *incontinenti*, instruções ao remetente, e zelará pela coisa, por cujo perecimento ou deterioração responderá, salvo força maior.

§ 1.º Perdurando o impedimento, sem motivo imputável ao transportador e sem manifestação do remetente, poderá aquele depositar a coisa em juízo, ou vendê-la, obedecidos os preceitos legais e regulamentares, ou os usos locais, depositando o valor.

§ 2.º Se o impedimento for responsabilidade do transportador, este poderá depositar a coisa, por sua conta e risco, mas só poderá vendê-la se perecível.

§ 3.º Em ambos os casos, o transportador deve informar o remetente da efetivação do depósito ou da venda.

§ 4.º Se o transportador mantiver a coisa depositada em seus próprios armazéns, continuará a responder pela sua guarda e conservação, sendo-lhe devida, porém, uma remuneração pela custódia, a qual poderá ser contratualmente ajustada ou se conformará aos usos adotados em cada sistema de transporte.

**Art. 754.** As mercadorias devem ser entregues ao destinatário, ou a quem apresentar o conhecimento endossado, devendo aquele que as receber conferi-las e apresentar as reclamações que tiver, sob pena de decadência dos direitos.

**Parágrafo único.** No caso de perda parcial ou de avaria não perceptível à primeira vista, o destinatário conserva a sua ação contra o transportador, desde que denuncie o dano em 10 (dez) dias a contar da entrega.

**Art. 755.** Havendo dúvida acerca de quem seja o destinatário, o transportador deve depositar a mercadoria em juízo, se não lhe for possível obter instruções do remetente; se a demora puder ocasionar a deterioração da coisa, o transportador deverá vendê-la, depositando o saldo em juízo.

**Art. 756.** No caso de transporte cumulativo, todos os transportadores respondem solidariamente pelo dano causado perante o remetente, ressalvada a apuração final da responsabilidade entre eles, de modo que o ressarcimento recaia, por inteiro, ou proporcionalmente, naquele ou naqueles em cujo percurso houver ocorrido o dano.

### Capítulo XV
DO SEGURO

*Seção I*
Disposições Gerais

**Art. 757.** Pelo contrato de seguro, o segurador se obriga, mediante o pagamento do prêmio, a garantir interesse legítimo do segurado, relativo a pessoa ou a coisa, contra riscos predeterminados.

**Parágrafo único.** Somente pode ser parte, no contrato de seguro, como segurador, entidade para tal fim legalmente autorizada.

**Art. 758.** O contrato de seguro prova-se com a exibição da apólice ou do bilhete do seguro, e, na falta deles, por documento comprobatório do pagamento do respectivo prêmio.

**Art. 759.** A emissão da apólice deverá ser precedida de proposta escrita com a declaração dos elementos essenciais do interesse a ser garantido e do risco.

**Art. 760.** A apólice ou o bilhete de seguro serão nominativos, à ordem ou ao portador, e mencionarão os riscos assumidos, o início e o fim de sua validade, o limite da garantia e o prêmio devido, e, quando for o caso, o nome do segurado e o do beneficiário.

**Parágrafo único.** No seguro de pessoas, a apólice ou o bilhete não podem ser ao portador.

**Art. 761.** Quando o risco for assumido em cosseguro, a apólice indicará o segurador que administrará o contrato e representará os demais, para todos os seus efeitos.

**Art. 762.** Nulo será o contrato para garantia de risco proveniente de ato doloso do segurado, do beneficiário, ou de representante de um ou de outro.

**Art. 763.** Não terá direito a indenização o segurado que estiver em mora no pagamento do prêmio, se ocorrer o sinistro antes de sua purgação.

**Art. 764.** Salvo disposição especial, o fato de se não ter verificado o risco, em previsão do qual se faz o seguro, não exime o segurado de pagar o prêmio.

**Art. 765.** O segurado e o segurador são obrigados a guardar na conclusão e na execução do contrato, a mais estrita boa-fé e veracidade, tanto a respeito do objeto como das circunstâncias e declarações a ele concernentes.

**Art. 766.** Se o segurado, por si ou por seu representante, fizer declarações inexatas ou omitir circunstâncias que possam influir na aceitação da proposta ou na taxa do prêmio, perderá o direito à garantia, além de ficar obrigado ao prêmio vencido.

**Parágrafo único.** Se a inexatidão ou omissão nas declarações não resultar de má- fé do segurado, o segurador terá direito a resolver o contrato, ou a cobrar, mesmo após o sinistro, a diferença do prêmio.

**Art. 767.** No seguro à conta de outrem, o segurador pode opor ao segurado quaisquer defesas que tenha contra o estipulante, por descumprimento das normas de conclusão do contrato, ou de pagamento do prêmio.

**Art. 768.** O segurado perderá o direito à garantia se agravar intencionalmente o risco objeto do contrato.

**Art. 769.** O segurado é obrigado a comunicar ao segurador, logo que saiba, todo incidente suscetível de agravar consideravelmente o risco coberto, sob pena de perder o direito à garantia, se provar que silenciou de má-fé.

§ 1.º O segurador, desde que o faça nos quinze dias seguintes ao recebimento do aviso da agravação do risco sem culpa do segurado, poderá dar-lhe ciência, por escrito, de sua decisão de resolver o contrato.

§ 2.º A resolução só será eficaz trinta dias após a notificação, devendo ser restituída pelo segurador a diferença do prêmio.

**Art. 770.** Salvo disposição em contrário, a diminuição do risco no curso do contrato não acarreta a redução do prêmio estipulado; mas, se a redução do risco for considerável, o segurado poderá exigir a revisão do prêmio, ou a resolução do contrato.

**Art. 771.** Sob pena de perder o direito à indenização, o segurado participará o sinistro ao segurador, logo que o saiba, e tomará as providências imediatas para minorar-lhe as consequências.

**Parágrafo único.** Correm à conta do segurador, até o limite fixado no contrato, as despesas de salvamento consequente ao sinistro.

**Art. 772.** A mora do segurador em pagar o sinistro obriga à atualização monetária da indenização devida segundo índices oficiais regularmente estabelecidos, sem prejuízo dos juros moratórios.

**Art. 773.** O segurador que, ao tempo do contrato, sabe estar passado o risco de que o segurado se pretende cobrir, e, não obstante, expede a apólice, pagará em dobro o prêmio estipulado.

**Art. 774.** A recondução tácita do contrato pelo mesmo prazo, mediante expressa cláusula contratual, não poderá operar mais de uma vez.

**Art. 775.** Os agentes autorizados do segurador presumem-se seus representantes para todos os atos relativos aos contratos que agenciarem.

**Art. 776.** O segurador é obrigado a pagar em dinheiro o prejuízo resultante do risco assumido, salvo se convencionada a reposição da coisa.

**Art. 777.** O disposto no presente Capítulo aplica-se, no que couber, aos seguros regidos por leis próprias.

*Seção II*
Do Seguro de Dano

**Art. 778.** Nos seguros de dano, a garantia prometida não pode ultrapassar o valor do interesse segurado no momento da conclusão do contrato, sob pena do disposto no art. 766, e sem prejuízo da ação penal que no caso couber.

**Art. 779.** O risco do seguro compreenderá todos os prejuízos resultantes ou consequentes, como sejam os estragos ocasionados para evitar o sinistro, minorar o dano, ou salvar a coisa.

**Art. 780.** A vigência da garantia, no seguro de coisas transportadas, começa no momento em que são pelo transportador recebidas, e cessa com a sua entrega ao destinatário.

**Art. 781.** A indenização não pode ultrapassar o valor do interesse segurado no momento do sinistro, e, em hipótese alguma, o limite máximo da garantia fixado na apólice, salvo em caso de mora do segurador.

**Art. 782.** O segurado que, na vigência do contrato, pretender obter novo seguro sobre o mesmo interesse, e contra o mesmo risco junto a outro segurador, deve previamente comunicar sua intenção por escrito ao primeiro, indicando a soma por que pretende segurar-se, a fim de se comprovar a obediência ao disposto no art. 778.

**Art. 783.** Salvo disposição em contrário, o seguro de um interesse por menos do que valha acarreta a redução proporcional da indenização, no caso de sinistro parcial.

**Art. 784.** Não se inclui na garantia o sinistro provocado por vício intrínseco da coisa segurada, não declarado pelo segurado.

**Parágrafo único.** Entende-se por vício intrínseco o defeito próprio da coisa, que se não encontra normalmente em outras da mesma espécie.

**Art. 785.** Salvo disposição em contrário, admite-se a transferência do contrato a terceiro com a alienação ou cessão do interesse segurado.

§ 1.º Se o instrumento contratual é nominativo, a transferência só produz efeitos em relação ao segurador mediante aviso escrito assinado pelo cedente e pelo cessionário.

§ 2.º A apólice ou o bilhete à ordem só se transfere por endosso em preto, datado e assinado pelo endossante e pelo endossatário.

**Art. 786.** Paga a indenização, o segurador sub-roga-se, nos limites do valor respectivo, nos direitos e ações que competirem ao segurado contra o autor do dano.

§ 1.º Salvo dolo, a sub-rogação não tem lugar se o dano foi causado pelo cônjuge do segurado, seus descendentes ou ascendentes, consanguíneos ou afins.

§ 2.º É ineficaz qualquer ato do segurado que diminua ou extinga, em prejuízo do segurador, os direitos a que se refere este artigo.

**Art. 787.** No seguro de responsabilidade civil, o segurador garante o pagamento de perdas e danos devidos pelo segurado a terceiro.

§ 1.º Tão logo saiba o segurado das consequências de ato seu, suscetível de lhe acarretar a responsabilidade incluída na garantia, comunicará o fato ao segurador.

§ 2.º É defeso ao segurado reconhecer sua responsabilidade ou confessar a ação, bem como transigir com o terceiro prejudicado, ou indenizá-lo diretamente,sem anuência expressa do segurador.

§ 3.º Intentada a ação contra o segurado, dará este ciência da lide ao segurador.

§ 4.º Subsistirá a responsabilidade do segurado perante o terceiro, se o segurador for insolvente.

**Art. 788.** Nos seguros de responsabilidade legalmente obrigatórios, a indenização por sinistro será paga pelo segurador diretamente ao terceiro prejudicado.

**Parágrafo único.** Demandado em ação direta pela vítima do dano, o segurador não poderá opor a exceção de contrato não cumprido pelo segurado, sem promover a citação deste para integrar o contraditório.

## Seção III
### Do Seguro de Pessoa

**Art. 789.** Nos seguros de pessoas, o capital segurado é livremente estipulado pelo proponente, que pode contratar mais de um seguro sobre o mesmo interesse, com o mesmo ou diversos seguradores.

**Art. 790.** No seguro sobre a vida de outros, o proponente é obrigado a declarar, sob pena de falsidade, o seu interesse pela preservação da vida do segurado.

**Parágrafo único.** Até prova em contrário, presume-se o interesse, quando o segurado é cônjuge, ascendente ou descendente do proponente.

**Art. 791.** Se o segurado não renunciar à faculdade, ou se o seguro não tiver como causa declarada a garantia de alguma obrigação, é lícita a substituição do beneficiário, por ato entre vivos ou de última vontade.

**Parágrafo único.** O segurador, que não for cientificado oportunamente da substituição, desobrigar-se-á pagando o capital segurado ao antigo beneficiário.

**Art. 792.** Na falta de indicação da pessoa ou beneficiário, ou se por qualquer motivo não prevalecer a que for feita, o capital segurado será pago por metade ao cônjuge não separado judicialmente, e o restante aos herdeiros do segurado, obedecida a ordem da vocação hereditária.

**Parágrafo único.** Na falta das pessoas indicadas neste artigo, serão beneficiários os que provarem que a morte do segurado os privou dos meios necessários à subsistência.

**Art. 793.** É válida a instituição do companheiro como beneficiário, se ao tempo do contrato o segurado era separado judicialmente, ou já se encontrava separado de fato.

**Art. 794.** No seguro de vida ou de acidentes pessoais para o caso de morte, o capital estipulado não está sujeito às dívidas do segurado, nem se considera herança para todos os efeitos de direito.

**Art. 795.** É nula, no seguro de pessoa, qualquer transação para pagamento reduzido do capital segurado.

**Art. 796.** O prêmio, no seguro de vida, será conveniado por prazo limitado, ou por toda a vida do segurado.

**Parágrafo único.** Em qualquer hipótese, no seguro individual, o segurador não terá ação para cobrar o prêmio vencido, cuja falta de pagamento, nos prazos previstos, acarretará, conforme se estipular, a resolução do contrato, com a restituição da reserva já formada, ou a redução do capital garantido proporcionalmente ao prêmio pago.

**Art. 797.** No seguro de vida para o caso de morte, é lícito estipular-se um prazo de carência, durante o qual o segurador não responde pela ocorrência do sinistro.

**Parágrafo único.** No caso deste artigo o segurador é obrigado a devolver ao beneficiário o montante da reserva técnica já formada.

**Art. 798.** O beneficiário não tem direito ao capital estipulado quando o segurado se suicida nos primeiros dois anos de vigência inicial do contrato, ou da sua recondução depois de suspenso, observado o disposto no parágrafo único do artigo antecedente.

**Parágrafo único.** Ressalvada a hipótese prevista neste artigo, é nula a cláusula contratual que exclui o pagamento do capital por suicídio do segurado.

**Art. 799.** O segurador não pode eximir-se ao pagamento do seguro, ainda que da apólice conste a restrição, se a morte ou a incapacidade do segurado provier da utilização de meio de transporte mais arriscado, da prestação de serviço militar, da prática de esporte, ou de atos de humanidade em auxílio de outrem.

**Art. 800.** Nos seguros de pessoas, o segurador não pode sub-rogar-se nos direitos e ações do segurado, ou do beneficiário, contra o causador do sinistro.

**Art. 801.** O seguro de pessoas pode ser estipulado por pessoa natural ou jurídica em proveito de grupo que a ela, de qualquer modo, se vincule.

**§ 1.º** O estipulante não representa o segurador perante o grupo segurado, e é o único responsável, para com o segurador, pelo cumprimento de todas as obrigações contratuais.

**§ 2.º** A modificação da apólice em vigor dependerá da anuência expressa de segurados que representem três quartos do grupo.

**Art. 802.** Não se compreende nas disposições desta Seção a garantia do reembolso de despesas hospitalares ou de tratamento médico, nem o custeio das despesas de luto e de funeral do segurado.

## Capítulo XVI
### DA CONSTITUIÇÃO DE RENDA

**Art. 803.** Pode uma pessoa, pelo contrato de constituição de renda, obrigar-se para com outra a uma prestação periódica, a título gratuito.

**Art. 804.** O contrato pode ser também a título oneroso, entregando-se bens móveis ou imóveis à pessoa que se obriga a satisfazer as prestações a favor do credor ou de terceiros.

**Art. 805.** Sendo o contrato a título oneroso, pode o credor, ao contratar, exigir que o rendeiro lhe preste garantia real, ou fidejussória.

**Art. 806.** O contrato de constituição de renda será feito a prazo certo, ou por vida, podendo ultrapassar a vida do devedor mas não a do credor, seja ele o contratante, seja terceiro.

**Art. 807.** O contrato de constituição de renda requer escritura pública.

**Art. 808.** É nula a constituição de renda em favor de pessoa já falecida, ou que, nos 30 (trinta) dias seguintes, vier a falecer de moléstia que já sofria, quando foi celebrado o contrato.

**Art. 809.** Os bens dados em compensação da renda caem, desde a tradição, no domínio da pessoa que por aquela se obrigou.

**Art. 810.** Se o rendeiro, ou censuário, deixar de cumprir a obrigação estipulada, poderá o credor da renda acioná-lo, tanto para que lhe pague as prestações atrasadas como para que lhe dê garantias das futuras, sob pena de rescisão do contrato.

**Art. 811.** O credor adquire o direito à renda dia a dia, se a prestação não houver de ser paga adiantada, no começo de cada um dos períodos prefixos.

**Art. 812.** Quando a renda for constituída em benefício de duas ou mais pessoas, sem determinação da parte de cada uma, entende-se que os seus direitos são iguais; e, salvo estipulação diversa, não adquirirão os sobrevivos direito à parte dos que morrerem.

**Art. 813.** A renda constituída por título gratuito pode, por ato do instituidor, ficar isenta de todas as execuções pendentes e futuras.

**Parágrafo único.** A isenção prevista neste artigo prevalece de pleno direito em favor dos montepios e pensões alimentícias.

## Capítulo XVII
DO JOGO E DA APOSTA

**Art. 814.** As dívidas de jogo ou de aposta não obrigam a pagamento; mas não se pode recobrar a quantia, que voluntariamente se pagou, salvo se foi ganha por dolo, ou se o perdente é menor ou interdito.

§ 1.º Estende-se esta disposição a qualquer contrato que encubra ou envolva reconhecimento, novação ou fiança de dívida de jogo; mas a nulidade resultante não pode ser oposta ao terceiro de boa-fé.

§ 2.º O preceito contido neste artigo tem aplicação, ainda que se trate de jogo não proibido, só se excetuando os jogos e apostas legalmente permitidas.

§ 3.º Excetuam-se, igualmente, os prêmios oferecidos ou prometidos para o vencedor em competição de natureza esportiva, intelectual ou artística, desde que os interessados se submetam às prescrições legais e regulamentares.

**Art. 815.** Não se pode exigir reembolso do que se emprestou para jogo ou aposta, no ato de apostar ou jogar.

**Art. 816.** As disposições dos arts. 814 e 815 não se aplicam aos contratos sobre títulos de bolsa, mercadorias ou valores, em que se estipulem a liquidação exclusivamente pela diferença entre o preço ajustado e a cotação que eles tiverem no vencimento do ajuste.

**Art. 817.** O sorteio para dirimir questões ou dividir coisas comuns considera-se sistema de partilha ou processo de transação, conforme o caso.

## Capítulo XVIII
DA FIANÇA

*Seção I*
Disposições Gerais

**Art. 818.** Pelo contrato de fiança, uma pessoa garante satisfazer ao credor uma obrigação assumida pelo devedor, caso este não a cumpra.

**Art. 819.** A fiança dar-se-á por escrito, e não admite interpretação extensiva.

**Art. 819-A.** (*Vetado.*)

**Art. 820.** Pode-se estipular a fiança, ainda que sem consentimento do devedor ou contra a sua vontade.

**Art. 821.** As dívidas futuras podem ser objeto de fiança; mas o fiador, neste caso, não será demandado senão depois que se fizer certa e líquida a obrigação do principal devedor.

**Art. 822.** Não sendo limitada, a fiança compreenderá todos os acessórios da dívida principal, inclusive as despesas judiciais, desde a citação do fiador.

**Art. 823.** A fiança pode ser de valor inferior ao da obrigação principal e contraída em condições menos onerosas, e, quando exceder o valor da dívida, ou for mais onerosa que ela, não valerá senão até ao limite da obrigação afiançada.

**Art. 824.** As obrigações nulas não são suscetíveis de fiança, exceto se a nulidade resultar apenas de incapacidade pessoal do devedor.

**Parágrafo único.** A exceção estabelecida neste artigo não abrange o caso de mútuo feito a menor.

**Art. 825.** Quando alguém houver de oferecer fiador, o credor não pode ser obrigado a aceitá-lo se não for pessoa idônea, domiciliada no município onde tenha de prestar a fiança, e não possua bens suficientes para cumprir a obrigação.

**Art. 826.** Se o fiador se tornar insolvente ou incapaz, poderá o credor exigir que seja substituído.

*Seção II*
Dos Efeitos da Fiança

**Art. 827.** O fiador demandado pelo pagamento da dívida tem direito a exigir, até a contestação da lide, que sejam primeiro executados os bens do devedor.

**Parágrafo único.** O fiador que alegar o benefício de ordem, a que se refere este artigo, deve nomear bens do devedor, sitos no mesmo município, livres e desembargados, quantos bastem para solver o débito.

**Art. 828.** Não aproveita este benefício ao fiador:

**I** – se ele o renunciou expressamente;

**II** – se se obrigou como principal pagador, ou devedor solidário;

**III** – se o devedor for insolvente, ou falido.

**Art. 829.** A fiança conjuntamente prestada a um só débito por mais de uma pessoa importa o compromisso de solidariedade entre elas, se declaradamente não se reservarem o benefício de divisão.

**Parágrafo único.** Estipulado este benefício, cada fiador responde unicamente pela parte que, em proporção, lhe couber no pagamento.

**Art. 830.** Cada fiador pode fixar no contrato a parte da dívida que toma sob sua responsabilidade, caso em que não será por mais obrigado.

**Art. 831.** O fiador que pagar integralmente a dívida fica sub-rogado nos direitos do credor; mas só poderá demandar a cada um dos outros fiadores pela respectiva quota.

**Parágrafo único.** A parte do fiador insolvente distribuir-se-á pelos outros.

**Art. 832.** O devedor responde também perante o fiador por todas as perdas e danos que este pagar, e pelos que sofrer em razão da fiança.

**Art. 833.** O fiador tem direito aos juros do desembolso pela taxa estipulada na obrigação principal, e, não havendo taxa convencionada, aos juros legais da mora.

**Art. 834.** Quando o credor, sem justa causa, demorar a execução iniciada contra o devedor, poderá o fiador promover-lhe o andamento.

**Art. 835.** O fiador poderá exonerar-se da fiança que tiver assinado sem limitação de tempo, sempre que lhe convier, ficando obrigado por todos os efeitos da fiança, durante sessenta dias após a notificação do credor.

**Art. 836.** A obrigação do fiador passa aos herdeiros; mas a responsabilidade da fiança se limita ao tempo decorrido até a morte do fiador, e não pode ultrapassar as forças da herança.

*Seção III*
Da Extinção da Fiança

**Art. 837.** O fiador pode opor ao credor as exceções que lhe forem pessoais, e as extintivas da obrigação que competem ao devedor principal, se não provierem simplesmente de incapacidade pessoal, salvo o caso do mútuo feito a pessoa menor.

**Art. 838.** O fiador, ainda que solidário, ficará desobrigado:

**I** – se, sem consentimento seu, o credor conceder moratória ao devedor;

**II** – se, por fato do credor, for impossível a sub-rogação nos seus direitos e preferências;

**III** – se o credor, em pagamento da dívida, aceitar amigavelmente do devedor objeto diverso do que este era obrigado a lhe dar, ainda que depois venha a perdê-lo por evicção.

**Art. 839.** Se for invocado o benefício da excussão e o devedor, retardando-se a execução, cair em insolvência, ficará exonerado o fiador que o invocou, se provar que os bens por ele indicados eram, ao tempo da penhora, suficientes para a solução da dívida afiançada.

## Capítulo XIX
DA TRANSAÇÃO

**Art. 840.** É lícito aos interessados prevenirem ou terminarem o litígio mediante concessões mútuas.

**Art. 841.** Só quanto a direitos patrimoniais de caráter privado se permite a transação.

**Art. 842.** A transação far-se-á por escritura pública, nas obrigações em que a lei o exige, ou por instrumento particular, nas em que ela o admite; se recair sobre direitos contestados em juízo, será feita por escritura pública, ou por termo nos autos, assinado pelos transigentes e homologado pelo juiz.

**Art. 843.** A transação interpreta-se restritivamente, e por ela não se transmitem, apenas se declaram ou reconhecem direitos.

**Art. 844.** A transação não aproveita, nem prejudica senão aos que nela intervierem, ainda que diga respeito a coisa indivisível.

§ **1.º** Se for concluída entre o credor e o devedor, desobrigará o fiador.

§ **2.º** Se entre um dos credores solidários e o devedor, extingue a obrigação deste para com os outros credores.

§ **3.º** Se entre um dos devedores solidários e seu credor, extingue a dívida em relação aos codevedores.

**Art. 845.** Dada a evicção da coisa renunciada por um dos transigentes, ou por ele transferida à outra parte, não revive a obrigação extinta pela transação; mas ao evicto cabe o direito de reclamar perdas e danos.

**Parágrafo único.** Se um dos transigentes adquirir, depois da transação, novo direito sobre a coisa renunciada ou transferida, a transação feita não o inibirá de exercê-lo.

**Art. 846.** A transação concernente a obrigações resultantes de delito não extingue a ação penal pública.

**Art. 847.** É admissível, na transação, a pena convencional.

**Art. 848.** Sendo nula qualquer das cláusulas da transação, nula será esta.

**Parágrafo único.** Quando a transação versar sobre diversos direitos contestados, independentes entre si, o fato de não prevalecer em relação a um não prejudicará os demais.

**Art. 849.** A transação só se anula por dolo, coação, ou erro essencial quanto à pessoa ou coisa controversa.

**Parágrafo único.** A transação não se anula por erro de direito a respeito das questões que foram objeto de controvérsia entre as partes.

**Art. 850.** É nula a transação a respeito do litígio decidido por sentença passada em julgado, se dela não tinha ciência algum dos transatores, ou quando, por título ulteriormente descoberto, se verificar que nenhum deles tinha direito sobre o objeto da transação.

## Capítulo XX
### DO COMPROMISSO

**Art. 851.** É admitido compromisso, judicial ou extrajudicial, para resolver litígios entre pessoas que podem contratar.

**Art. 852.** É vedado compromisso para solução de questões de estado, de direito pessoal de família e de outras que não tenham caráter estritamente patrimonial.

**Art. 853.** Admite-se nos contratos a cláusula compromissória, para resolver divergências mediante juízo arbitral, na forma estabelecida em lei especial.

## CAPÍTULO XXI
## DO CONTRATO DE ADMINISTRAÇÃO FIDUCIÁRIA DE GARANTIAS

•• Capítulo XXI acrescentado pela Lei n. 14.711, de 30-10-2023.

**Art. 853-A.** Qualquer garantia poderá ser constituída, levada a registro, gerida e ter a sua execução pleiteada por agente de garantia, que será designado pelos credores da obrigação garantida para esse fim e atuará em nome próprio e em benefício dos credores, inclusive em ações judiciais que envolvam discussões sobre a existência, a validade ou a eficácia do ato jurídico do crédito garantido, vedada qualquer cláusula que afaste essa regra em desfavor do devedor ou, se for o caso, do terceiro prestador da garantia.

•• *Caput* acrescentado pela Lei n. 14.711, de 30-10-2023.

**§ 1.º** O agente de garantia poderá valer-se da execução extrajudicial da garantia, quando houver previsão na legislação especial aplicável à modalidade de garantia.

•• § 1.º acrescentado pela Lei n. 14.711, de 30-10-2023.

**§ 2.º** O agente de garantia terá dever fiduciário em relação aos credores da obrigação garantida e responderá perante os credores por todos os seus atos.

•• § 2.º acrescentado pela Lei n. 14.711, de 30-10-2023.

**§ 3.º** O agente de garantia poderá ser substituído, a qualquer tempo, por decisão do credor único ou dos titulares que representarem a maioria simples dos créditos garantidos, reunidos em assembleia, mas a substituição do agente de garantia somente será eficaz após ter sido tornada pública pela mesma forma por meio da qual tenha sido dada publicidade à garantia.

•• § 3.º acrescentado pela Lei n. 14.711, de 30-10-2023.

**§ 4.º** Os requisitos de convocação e de instalação das assembleias dos titulares dos créditos garantidos estarão previstos em ato de designação ou de contratação do agente de garantia.

•• § 4.º acrescentado pela Lei n. 14.711, de 30-10-2023.

**§ 5.º** O produto da realização da garantia, enquanto não transferido para os credores garantidos, constitui patrimônio separado daquele do agente de garantia e não poderá responder por suas obrigações pelo período de até 180 (cento e oitenta) dias, contado da data de recebimento do produto da garantia.

•• § 5.º acrescentado pela Lei n. 14.711, de 30-10-2023.

**§ 6.º** Após receber o valor do produto da realização da garantia, o agente de garantia disporá do prazo de 10 (dez) dias úteis para efetuar o pagamento aos credores.

•• § 6.º acrescentado pela Lei n. 14.711, de 30-10-2023.

**§ 7.º** Paralelamente ao contrato de que trata este artigo, o agente de garantia poderá manter contratos com o devedor para:

•• § 7.º, *caput*, acrescentado pela Lei n. 14.711, de 30-10-2023.

**I -** pesquisa de ofertas de crédito mais vantajosas entre os diversos fornecedores;

•• Inciso I acrescentado pela Lei n. 14.711, de 30-10-2023.

**II -** auxílio nos procedimentos necessários à formalização de contratos de operações de crédito e de garantias reais;

•• Inciso II acrescentado pela Lei n. 14.711, de 30-10-2023.

**III -** intermediação na resolução de questões relativas aos contratos de operações de crédito ou às garantias reais; e

•• Inciso III acrescentado pela Lei n. 14.711, de 30-10-2023.

**IV -** outros serviços não vedados em lei.

•• Inciso IV acrescentado pela Lei n. 14.711, de 30-10-2023.

**§ 8.º** Na hipótese do § 7.º deste artigo, o agente de garantia deverá agir com estrita boa-fé perante o devedor.

•• § 8.º acrescentado pela Lei n. 14.711, de 30-10-2023.

## TÍTULO VII
## DOS ATOS UNILATERAIS

### Capítulo I
### DA PROMESSA DE RECOMPENSA

**Art. 854.** Aquele que, por anúncios públicos, se comprometer a recompensar, ou gratificar, a quem preencha certa condição, ou desempenhe certo serviço, contrai obrigação de cumprir o prometido.

**Art. 855.** Quem quer que, nos termos do artigo antecedente, fizer o serviço, ou satisfizer a condição, ainda que não pelo interesse da promessa, poderá exigir a recompensa estipulada.

**Art. 856.** Antes de prestado o serviço ou preenchida a condição, pode o promitente revogar a promessa, contanto que o faça com a mesma publicidade; se houver assinado prazo à execução da tarefa, entender-se-á que renuncia o arbítrio de retirar, durante ele, a oferta.

**Parágrafo único.** O candidato de boa-fé, que houver feito despesas, terá direito a reembolso.

**Art. 857.** Se o ato contemplado na promessa for praticado por mais de um indivíduo, terá direito à recompensa o que primeiro o executou.

**Art. 858.** Sendo simultânea a execução, a cada um tocará quinhão igual na recompensa; se esta não for divisível, conferir-se-á por sorteio, e o que obtiver a coisa dará ao outro o valor de seu quinhão.

**Art. 859.** Nos concursos que se abrirem com promessa pública de recompensa, é condição essencial, para valerem, a fixação de um prazo, observadas também as disposições dos parágrafos seguintes.

§ **1.º** A decisão da pessoa nomeada, nos anúncios, como juiz, obriga os interessados.

§ **2.º** Em falta de pessoa designada para julgar o mérito dos trabalhos que se apresentarem, entender-se-á que o promitente se reservou essa função.

§ **3.º** Se os trabalhos tiverem mérito igual, proceder-se-á de acordo com os arts. 857 e 858.

**Art. 860.** As obras premiadas, nos concursos de que trata o artigo antecedente, só ficarão pertencendo ao promitente, se assim for estipulado na publicação da promessa.

## Capítulo II
### DA GESTÃO DE NEGÓCIOS

**Art. 861.** Aquele que, sem autorização do interessado, intervém na gestão de negócio alheio, dirigi-lo-á segundo o interesse e a vontade presumível de seu dono, ficando responsável a este e às pessoas com que tratar.

**Art. 862.** Se a gestão foi iniciada contra a vontade manifesta ou presumível do interessado, responderá o gestor até pelos casos fortuitos, não provando que teriam sobrevindo, ainda quando se houvesse abatido.

**Art. 863.** No caso do artigo antecedente, se os prejuízos da gestão excederem o seu proveito, poderá o dono do negócio exigir que o gestor restitua as coisas ao estado anterior, ou o indenize da diferença.

**Art. 864.** Tanto que se possa, comunicará o gestor ao dono do negócio a gestão que assumiu, aguardando-lhe a resposta, se da espera não resultar perigo.

**Art. 865.** Enquanto o dono não providenciar, velará o gestor pelo negócio, até o levar a cabo, esperando, se aquele falecer durante a gestão, as instruções dos herdeiros, sem se descuidar, entretanto, das medidas que o caso reclame.

**Art. 866.** O gestor envidará toda sua diligência habitual na administração do negócio, ressarcindo ao dono o prejuízo resultante de qualquer culpa na gestão.

**Art. 867.** Se o gestor se fizer substituir por outrem, responderá pelas faltas do substituto, ainda que seja pessoa idônea, sem prejuízo da ação que a ele, ou ao dono do negócio, contra ela possa caber.

**Parágrafo único.** Havendo mais de um gestor, solidária será a sua responsabilidade.

**Art. 868.** O gestor responde pelo caso fortuito quando fizer operações arriscadas, ainda que o dono costumasse fazê-las, ou quando preterir interesse deste em proveito de interesses seus.

**Parágrafo único.** Querendo o dono aproveitar-se da gestão, será obrigado a indenizar o gestor das despesas necessárias, que tiver feito, e dos prejuízos, que por motivo da gestão, houver sofrido.

**Art. 869.** Se o negócio for utilmente administrado, cumprirá ao dono as obrigações contraídas em seu nome, reembolsando ao gestor as despesas necessárias ou úteis que houver feito, com os juros legais, desde o desembolso, respondendo ainda pelos prejuízos que este houver sofrido por causa da gestão.

**§ 1.º** A utilidade, ou necessidade, da despesa, apreciar-se-á não pelo resultado obtido, mas segundo as circunstâncias da ocasião em que se fizerem.

**§ 2.º** Vigora o disposto neste artigo, ainda quando o gestor, em erro quanto ao dono do negócio, der a outra pessoa as contas da gestão.

**Art. 870.** Aplica-se a disposição do artigo antecedente, quando a gestão se proponha a acudir a prejuízos iminentes, ou redunde em proveito do dono do negócio ou da coisa; mas a indenização ao gestor não excederá, em importância, as vantagens obtidas com a gestão.

**Art. 871.** Quando alguém, na ausência do indivíduo obrigado a alimentos, por ele os prestar a quem se devem, poder-lhes-á reaver do devedor a importância, ainda que este não ratifique o ato.

**Art. 872.** Nas despesas do enterro, proporcionadas aos usos locais e à condição do falecido, feitas por terceiro, podem ser cobradas da pessoa que teria a obrigação de alimentar a que veio a falecer, ainda mesmo que esta não tenha deixado bens.

**Parágrafo único.** Cessa o disposto neste artigo e no antecedente, em se provando que o gestor fez essas despesas com o simples intento de bem-fazer.

**Art. 873.** A ratificação pura e simples do dono do negócio retroage ao dia do começo da gestão, e produz todos os efeitos do mandato.

**Art. 874.** Se o dono do negócio, ou da coisa, desaprovar a gestão, considerando-a contrária aos seus interesses, vigorará o disposto nos arts. 862 e 863, salvo o estabelecido nos arts. 869 e 870.

**Art. 875.** Se os negócios alheios forem conexos ao do gestor, de tal arte que se não possam gerir separadamente, haver-se-á o gestor por sócio daqueles cujos interesses agenciar de envolta com os seus.

**Parágrafo único.** No caso deste artigo, aquele em cujo benefício interveio o gestor só é obrigado na razão das vantagens que lograr.

## Capítulo III
DO PAGAMENTO INDEVIDO

**Art. 876.** Todo aquele que recebeu o que lhe não era devido fica obrigado a restituir; obrigação que incumbe àquele que recebe dívida condicional antes de cumprida a condição.

**Art. 877.** Àquele que voluntariamente pagou o indevido incumbe a prova de tê-lo feito por erro.

**Art. 878.** Aos frutos, acessões, benfeitorias e deteriorações sobrevindas à coisa dada em pagamento indevido, aplica-se o disposto neste Código sobre o possuidor de boa-fé ou de má-fé, conforme o caso.

**Art. 879.** Se aquele que indevidamente recebeu um imóvel o tiver alienado em boa-fé, por título oneroso, responde somente pela quantia recebida; mas, se agiu de má-fé, além do valor do imóvel, responde por perdas e danos.

**Parágrafo único.** Se o imóvel foi alienado por título gratuito, ou se, alienado por título oneroso, o terceiro adquirente agiu de má-fé, cabe ao que pagou por erro o direito de reivindicação.

**Art. 880.** Fica isento de restituir pagamento indevido aquele que, recebendo-o como parte de dívida verdadeira, inutilizou o título, deixou prescrever a pretensão ou abriu mão das garantias que asseguravam seu direito; mas aquele que pagou dispõe de ação regressiva contra o verdadeiro devedor e seu fiador.

**Art. 881.** Se o pagamento indevido tiver consistido no desempenho de obrigação de fazer ou para eximir-se da obrigação de não fazer, aquele que recebeu a prestação fica na obrigação de indenizar o que a cumpriu, na medida do lucro obtido.

**Art. 882.** Não se pode repetir o que se pagou para solver dívida prescrita, ou cumprir obrigação judicialmente inexigível.

**Art. 883.** Não terá direito à repetição aquele que deu alguma coisa para obter fim ilícito, imoral, ou proibido por lei.

**Parágrafo único.** No caso deste artigo, o que se deu reverterá em favor de estabelecimento local de beneficência, a critério do juiz.

## Capítulo IV
### DO ENRIQUECIMENTO SEM CAUSA

**Art. 884.** Aquele que, sem justa causa, se enriquecer à custa de outrem, será obrigado a restituir o indevidamente auferido, feita a atualização dos valores monetários.

**Parágrafo único.** Se o enriquecimento tiver por objeto coisa determinada, quem a recebeu é obrigado a restituí-la, e, se a coisa não mais subsistir, a restituição se fará pelo valor do bem na época em que foi exigido.

**Art. 885.** A restituição é devida, não só quando não tenha havido causa que justifique o enriquecimento, mas também se esta deixou de existir.

**Art. 886.** Não caberá a restituição por enriquecimento, se a lei conferir ao lesado outros meios para se ressarcir do prejuízo sofrido.

# TÍTULO VIII
## DOS TÍTULOS DE CRÉDITO

### Capítulo I
#### DISPOSIÇÕES GERAIS

**Art. 887.** O título de crédito, documento necessário ao exercício do direito literal e autônomo nele contido, somente produz efeito quando preencha os requisitos da lei.

**Art. 888.** A omissão de qualquer requisito legal, que tire ao escrito a sua validade como título de crédito, não implica a invalidade do negócio jurídico que lhe deu origem.

**Art. 889.** Deve o título de crédito conter a data da emissão, a indicação precisa dos direitos que confere, e a assinatura do emitente.

§ **1.º** É à vista o título de crédito que não contenha indicação de vencimento.

§ **2.º** Considera-se lugar de emissão e de pagamento, quando não indicado no título, o domicílio do emitente.

§ **3.º** O título poderá ser emitido a partir dos caracteres criados em computador ou meio técnico equivalente e que constem da escrituração do emitente, observados os requisitos mínimos previstos neste artigo.

**Art. 890.** Consideram-se não escritas no título a cláusula de juros, a proibitiva de endosso, a excludente de responsabilidade pelo pagamento ou por despesas, a que dispense a observância de termos e formalidade prescritas, e a que, além dos limites fixados em lei, exclua ou restrinja direitos e obrigações.

**Art. 891.** O título de crédito, incompleto ao tempo da emissão, deve ser preenchido de conformidade com os ajustes realizados.

**Parágrafo único.** O descumprimento dos ajustes previstos neste artigo pelos que deles participaram, não constitui motivo de oposição ao terceiro portador, salvo se este, ao adquirir o título, tiver agido de má-fé.

**Art. 892.** Aquele que, sem ter poderes, ou excedendo os que tem, lança a sua assinatura em título de crédito, como mandatário ou representante de outrem, fica pessoalmente obrigado, e, pagando o título, tem ele os mesmos direitos que teria o suposto mandante ou representado.

**Art. 893.** A transferência do título de crédito implica a de todos os direitos que lhe são inerentes.

**Art. 894.** O portador de título representativo de mercadoria tem o direito de transferi-lo, de conformidade com as normas que regulam a sua circulação, ou de receber aquela independentemente de quaisquer formalidades, além da entrega do título devidamente quitado.

**Art. 895.** Enquanto o título de crédito estiver em circulação, só ele poderá ser dado em garantia, ou ser objeto de medidas judiciais, e não, separadamente, os direitos ou mercadorias que representa.

**Art. 896.** O título de crédito não pode ser reivindicado do portador que o adquiriu de boa-fé e na conformidade das normas que disciplinam a sua circulação.

**Art. 897.** O pagamento de título de crédito, que contenha obrigação de pagar soma determinada, pode ser garantido por aval.

**Parágrafo único.** É vedado o aval parcial.

**Art. 898.** O aval deve ser dado no verso ou no anverso do próprio título.

§ 1.º Para a validade do aval, dado no anverso do título, é suficiente a simples assinatura do avalista.

§ 2.º Considera-se não escrito o aval cancelado.

**Art. 899.** O avalista equipara-se àquele cujo nome indicar; na falta de indicação, ao emitente ou devedor final.

§ 1.º Pagando o título, tem o avalista ação de regresso contra o seu avalizado e demais coobrigados anteriores.

§ 2.º Subsiste a responsabilidade do avalista, ainda que nula a obrigação daquele a quem se equipara, a menos que a nulidade decorra de vício de forma.

**Art. 900.** O aval posterior ao vencimento produz os mesmos efeitos do anteriormente dado.

**Art. 901.** Fica validamente desonerado o devedor que paga título de crédito ao legítimo portador, no vencimento, sem oposição, salvo se agiu de má-fé.
**Parágrafo único.** Pagando, pode o devedor exigir do credor, além da entrega do título, quitação regular.
**Art. 902.** Não é o credor obrigado a receber o pagamento antes do vencimento do título, e aquele que o paga, antes do vencimento, fica responsável pela validade do pagamento.

§ **1.º** No vencimento, não pode o credor recusar pagamento, ainda que parcial.

§ **2.º** No caso de pagamento parcial, em que se não opera a tradição do título, além da quitação em separado, outra deverá ser firmada no próprio título.
**Art. 903.** Salvo disposição diversa em lei especial, regem-se os títulos de crédito pelo disposto neste Código.

### Capítulo II
DO TÍTULO AO PORTADOR

**Art. 904.** A transferência de título ao portador se faz por simples tradição.
**Art. 905.** O possuidor de título ao portador tem direito à prestação nele indicada, mediante a sua simples apresentação ao devedor.
**Parágrafo único.** A prestação é devida ainda que o título tenha entrado em circulação contra a vontade do emitente.
**Art. 906.** O devedor só poderá opor ao portador exceção fundada em direito pessoal, ou em nulidade de sua obrigação.
**Art. 907.** É nulo o título ao portador emitido sem autorização de lei especial.
**Art. 908.** O possuidor de título dilacerado, porém identificável, tem direito a obter do emitente a substituição do anterior, mediante a restituição do primeiro e o pagamento das despesas.

**Art. 909.** O proprietário, que perder ou extraviar título, ou for injustamente desapossado dele, poderá obter novo título em juízo, bem como impedir sejam pagos a outrem capital e rendimentos.

**Parágrafo único.** O pagamento, feito antes de ter ciência da ação referida neste artigo, exonera o devedor, salvo se se provar que ele tinha conhecimento do fato.

## Capítulo III
DO TÍTULO À ORDEM

**Art. 910.** O endosso deve ser lançado pelo endossante no verso ou anverso do próprio título.

§ 1.º Pode o endossante designar o endossatário, e para validade do endosso, dado no verso do título, é suficiente a simples assinatura do endossante.

§ 2.º A transferência por endosso completa-se com a tradição do título.

§ 3.º Considera-se não escrito o endosso cancelado, total ou parcialmente.

**Art. 911.** Considera-se legítimo possuidor o portador do título à ordem com série regular e ininterrupta de endossos, ainda que o último seja em branco.

**Parágrafo único.** Aquele que paga o título está obrigado a verificar a regularidade da série de endossos, mas não a autenticidade das assinaturas.

**Art. 912.** Considera-se não escrita no endosso qualquer condição a que o subordine o endossante.

**Parágrafo único.** É nulo o endosso parcial.

**Art. 913.** O endossatário de endosso em branco pode mudá-lo para endosso em preto, completando-o com o seu nome ou de terceiro; pode endossar novamente o título, em branco ou em preto; ou pode transferi-lo sem novo endosso.

**Art. 914.** Ressalvada cláusula expressa em contrário, constante do endosso, não responde o endossante pelo cumprimento da prestação constante do título.

§ **1.º** Assumindo responsabilidade pelo pagamento, o endossante se torna devedor solidário.

§ **2.º** Pagando o título, tem o endossante ação de regresso contra os coobrigados anteriores.

**Art. 915.** O devedor, além das exceções fundadas nas relações pessoais que tiver com o portador, só poderá opor a este as exceções relativas à forma do título e ao seu conteúdo literal, à falsidade da própria assinatura, a defeito de capacidade ou de representação no momento da subscrição, e à falta de requisito necessário ao exercício da ação.

**Art. 916.** As exceções, fundadas em relação do devedor com os portadores precedentes, somente poderão ser por ele opostas ao portador, se este, ao adquirir o título, tiver agido de má-fé.

**Art. 917.** A cláusula constitutiva de mandato, lançada no endosso, confere ao endossatário o exercício dos direitos inerentes ao título, salvo restrição expressamente estatuída.

§ **1.º** O endossatário de endosso-mandato só pode endossar novamente o título na qualidade de procurador, com os mesmos poderes que recebeu.

§ **2.º** Com a morte ou a superveniente incapacidade do endossante, não perde eficácia o endosso-mandato.

§ **3.º** Pode o devedor opor ao endossatário de endosso-mandato somente as exceções que tiver contra o endossante.

**Art. 918.** A cláusula constitutiva de penhor, lançada no endosso, confere ao endossatário o exercício dos direitos inerentes ao título.

**§ 1.º** O endossatário de endosso-penhor só pode endossar novamente o título na qualidade de procurador.

**§ 2.º** Não pode o devedor opor ao endossatário de endosso-penhor as exceções que tinha contra o endossante, salvo se aquele tiver agido de má-fé.

**Art. 919.** A aquisição de título à ordem, por meio diverso do endosso, tem efeito de cessão civil.

**Art. 920.** O endosso posterior ao vencimento produz os mesmos efeitos do anterior.

## Capítulo IV
DO TÍTULO NOMINATIVO

**Art. 921.** É título nominativo o emitido em favor de pessoa cujo nome conste no registro do emitente.

**Art. 922.** Transfere-se o título nominativo mediante termo, em registro do emitente, assinado pelo proprietário e pelo adquirente.

**Art. 923.** O título nominativo também pode ser transferido por endosso que contenha o nome do endossatário.

**§ 1.º** A transferência mediante endosso só tem eficácia perante o emitente, uma vez feita a competente averbação em seu registro, podendo o emitente exigir do endossatário que comprove a autenticidade da assinatura do endossante.

**§ 2.º** O endossatário, legitimado por série regular e ininterrupta de endossos, tem o direito de obter a averbação no registro do emitente, comprovada a autenticidade das assinaturas de todos os endossantes.

**§ 3.º** Caso o título original contenha o nome do primitivo proprietário, tem direito o adquirente a obter do emitente novo título, em seu nome, devendo a emissão do novo título constar no registro do emitente.

**Art. 924.** Ressalvada proibição legal, pode o título nominativo ser transformado em à ordem ou ao portador, a pedido do proprietário e à sua custa.

**Art. 925.** Fica desonerado de responsabilidade o emitente que de boa-fé fizer a transferência pelos modos indicados nos artigos antecedentes.

**Art. 926.** Qualquer negócio ou medida judicial, que tenha por objeto o título, só produz efeito perante o emitente ou terceiros, uma vez feita a competente averbação no registro do emitente.

# TÍTULO IX
## DA RESPONSABILIDADE CIVIL

### Capítulo I
DA OBRIGAÇÃO DE INDENIZAR

**Art. 927.** Aquele que, por ato ilícito (arts. 186 e 187), causar dano a outrem, fica obrigado a repará-lo.

**Parágrafo único.** Haverá obrigação de reparar o dano, independentemente de culpa, nos casos especificados em lei, ou quando a atividade normalmente desenvolvida pelo autor do dano implicar, por sua natureza, risco para os direitos de outrem.

**Art. 928.** O incapaz responde pelos prejuízos que causar, se as pessoas por ele responsáveis não tiverem obrigação de fazê-lo ou não dispuserem de meios suficientes.

**Parágrafo único.** A indenização prevista neste artigo, que deverá ser equitativa, não terá lugar se privar do necessário o incapaz ou as pessoas que dele dependem.

**Art. 929.** Se a pessoa lesada, ou o dono da coisa, no caso do inciso II do art. 188, não forem culpados do perigo, assistir-lhes-á direito à indenização do prejuízo que sofreram.

**Art. 930.** No caso do inciso II do art. 188, se o perigo ocorrer por culpa de terceiro, contra este terá o autor do dano ação regressiva para haver a importância que tiver ressarcido ao lesado.

**Parágrafo único.** A mesma ação competirá contra aquele em defesa de quem se causou o dano (art. 188, inciso I).

**Art. 931.** Ressalvados outros casos previstos em lei especial, os empresários individuais e as empresas respondem independentemente de culpa pelos danos causados pelos produtos postos em circulação.

**Art. 932.** São também responsáveis pela reparação civil:

**I** – os pais, pelos filhos menores que estiverem sob sua autoridade e em sua companhia;

**II** – o tutor e o curador, pelos pupilos e curatelados, que se acharem nas mesmas condições;

**III** – o empregador ou comitente, por seus empregados, serviçais e prepostos, no exercício do trabalho que lhes competir, ou em razão dele;

**IV** – os donos de hotéis, hospedarias, casas ou estabelecimentos onde se albergue por dinheiro, mesmo para fins de educação, pelos seus hóspedes, moradores e educandos;

**V** – os que gratuitamente houverem participado nos produtos do crime, até a concorrente quantia.

**Art. 933.** As pessoas indicadas nos incisos I a V do artigo antecedente, ainda que não haja culpa de sua parte, responderão pelos atos praticados pelos terceiros ali referidos.

**Art. 934.** Aquele que ressarcir o dano causado por outrem pode reaver o que houver pago daquele por quem pagou, salvo se o causador do dano for descendente seu, absoluta ou relativamente incapaz.

**Art. 935.** A responsabilidade civil é independente da criminal, não se podendo questionar mais sobre a existência do fato, ou sobre quem seja o seu autor, quando estas questões se acharem decididas no juízo criminal.

**Art. 936.** O dono, ou detentor, do animal ressarcirá o dano por este causado, se não provar culpa da vítima ou força maior.

**Art. 937.** O dono de edifício ou construção responde pelos danos que resultarem de sua ruína, se esta provier de falta de reparos, cuja necessidade fosse manifesta.

**Art. 938.** Aquele que habitar prédio, ou parte dele, responde pelo dano proveniente das coisas que dele caírem ou forem lançadas em lugar indevido.

**Art. 939.** O credor que demandar o devedor antes de vencida a dívida, fora dos casos em que a lei o permita, ficará obrigado a esperar o tempo que faltava para o vencimento, a descontar os juros correspondentes, embora estipulados, e a pagar as custas em dobro.

**Art. 940.** Aquele que demandar por dívida já paga, no todo ou em parte, sem ressalvar as quantias recebidas ou pedir mais do que for devido, ficará obrigado a pagar ao devedor, no primeiro caso, o dobro do que houver cobrado e, no segundo, o equivalente do que dele exigir, salvo se houver prescrição.

**Art. 941.** As penas previstas nos arts. 939 e 940 não se aplicarão quando o autor desistir da ação antes de contestada a lide, salvo ao réu o direito de haver indenização por algum prejuízo que prove ter sofrido.

**Art. 942.** Os bens do responsável pela ofensa ou violação do direito de outrem ficam sujeitos à reparação do dano causado; e, se a ofensa tiver mais de um autor, todos responderão solidariamente pela reparação.

**Parágrafo único.** São solidariamente responsáveis com os autores os coautores e as pessoas designadas no art. 932.

**Art. 943.** O direito de exigir reparação e a obrigação de prestá-la transmitem-se com a herança.

## Capítulo II
### DA INDENIZAÇÃO

**Art. 944.** A indenização mede-se pela extensão do dano.

**Parágrafo único.** Se houver excessiva desproporção entre a gravidade da culpa e o dano, poderá o juiz reduzir, equitativamente, a indenização.

**Art. 945.** Se a vítima tiver concorrido culposamente para o evento danoso, a sua indenização será fixada tendo-se em conta a gravidade de sua culpa em confronto com a do autor do dano.

**Art. 946.** Se a obrigação for indeterminada, e não houver na lei ou no contrato disposição fixando a indenização devida pelo inadimplente, apurar-se-á o valor das perdas e danos na forma que a lei processual determinar.

**Art. 947.** Se o devedor não puder cumprir a prestação na espécie ajustada, substituir-se-á pelo seu valor, em moeda corrente.

**Art. 948.** No caso de homicídio, a indenização consiste, sem excluir outras reparações:

**I –** no pagamento das despesas com o tratamento da vítima, seu funeral e o luto da família;

**II –** na prestação de alimentos às pessoas a quem o morto os devia, levando-se em conta a duração provável da vida da vítima.

**Art. 949.** No caso de lesão ou outra ofensa à saúde, o ofensor indenizará o ofendido das despesas do tratamento e dos lucros cessantes até ao fim da convalescença, além de algum outro prejuízo que o ofendido prove haver sofrido.

**Art. 950.** Se da ofensa resultar defeito pelo qual o ofendido não possa exercer o seu ofício ou profissão, ou se lhe diminua a capacidade de trabalho, a indenização, além das despesas do tratamento e lucros cessantes até ao fim da convalescença, incluirá pensão correspondente à importância do trabalho para que se inabilitou, ou da depreciação que ele sofreu.

**Parágrafo único.** O prejudicado, se preferir, poderá exigir que a indenização seja arbitrada e paga de uma só vez.

**Art. 951.** O disposto nos arts. 948, 949 e 950 aplica-se ainda no caso de indenização devida por aquele que, no exercício de atividade profissional, por negligência, imprudência ou imperícia, causar a morte do paciente, agravar-lhe o mal, causar-lhe lesão, ou inabilitá-lo para o trabalho.

**Art. 952.** Havendo usurpação ou esbulho do alheio, além da restituição da coisa, a indenização consistirá em pagar o valor das suas deteriorações e o devido a título de lucros cessantes; faltando a coisa, dever-se-á reembolsar o seu equivalente ao prejudicado.

**Parágrafo único.** Para se restituir o equivalente, quando não exista a própria coisa, estimar-se-á ela pelo seu preço ordinário e pelo de afeição, contanto que este não se avantaje àquele.

**Art. 953.** A indenização por injúria, difamação ou calúnia consistirá na reparação do dano que delas resulte ao ofendido.
**Parágrafo único.** Se o ofendido não puder provar prejuízo material, caberá ao juiz fixar, equitativamente, o valor da indenização, na conformidade das circunstâncias do caso.
**Art. 954.** A indenização por ofensa à liberdade pessoal consistirá no pagamento das perdas e danos que sobrevierem ao ofendido, e se este não puder provar prejuízo, tem aplicação o disposto no parágrafo único do artigo antecedente.
**Parágrafo único.** Consideram-se ofensivos da liberdade pessoal:
I – o cárcere privado;
II – a prisão por queixa ou denúncia falsa e de má-fé;
III – a prisão ilegal.

# TÍTULO X
## DAS PREFERÊNCIAS E PRIVILÉGIOS CREDITÓRIOS

**Art. 955.** Procede-se à declaração de insolvência toda vez que as dívidas excedam à importância dos bens do devedor.
**Art. 956.** A discussão entre os credores pode versar quer sobre a preferência entre eles disputada, quer sobre a nulidade, simulação, fraude, ou falsidade das dívidas e contratos.
**Art. 957.** Não havendo título legal à preferência, terão os credores igual direito sobre os bens do devedor comum.
**Art. 958.** Os títulos legais de preferência são os privilégios e os direitos reais.
**Art. 959.** Conservam seus respectivos direitos os credores, hipotecários ou privilegiados:
I – sobre o preço do seguro da coisa gravada com hipoteca ou privilégio, ou sobre a indenização devida, havendo responsável pela perda ou danificação da coisa;

**II** – sobre o valor da indenização, se a coisa obrigada a hipoteca ou privilégio for desapropriada.

**Art. 960.** Nos casos a que se refere o artigo antecedente, o devedor do seguro, ou da indenização, exonera-se pagando sem oposição dos credores hipotecários ou privilegiados.

**Art. 961.** O crédito real prefere ao pessoal de qualquer espécie; o crédito pessoal privilegiado, ao simples; e o privilégio especial, ao geral.

**Art. 962.** Quando concorrerem aos mesmos bens, e por título igual, dois ou mais credores da mesma classe especialmente privilegiados, haverá entre eles rateio proporcional ao valor dos respectivos créditos, se o produto não bastar para o pagamento integral de todos.

**Art. 963.** O privilégio especial só compreende os bens sujeitos, por expressa disposição de lei, ao pagamento do crédito que ele favorece; e o geral, todos os bens não sujeitos a crédito real nem a privilégio especial.

**Art. 964.** Têm privilégio especial:

**I** – sobre a coisa arrecadada e liquidada, o credor de custas e despesas judiciais feitas com a arrecadação e liquidação;

**II** – sobre a coisa salvada, o credor por despesas de salvamento;

**III** – sobre a coisa beneficiada, o credor por benfeitorias necessárias ou úteis;

**IV** – sobre os prédios rústicos ou urbanos, fábricas, oficinas, ou quaisquer outras construções, o credor de materiais, dinheiro, ou serviços para a sua edificação, reconstrução, ou melhoramento;

**V** – sobre os frutos agrícolas, o credor por sementes, instrumentos e serviços à cultura, ou à colheita;

**VI** – sobre as alfaias e utensílios de uso doméstico, nos prédios rústicos ou urbanos, o credor de aluguéis, quanto às prestações do ano corrente e do anterior;

**VII** – sobre os exemplares da obra existente na massa do editor, o autor dela, ou seus legítimos representantes, pelo crédito fundado contra aquele no contrato da edição;

**VIII** – sobre o produto da colheita, para a qual houver concorrido com o seu trabalho, e precipuamente a quaisquer outros créditos, ainda que reais, o trabalhador agrícola, quanto à dívida dos seus salários.

**IX** – sobre os produtos do abate, o credor por animais.

**Art. 965.** Goza de privilégio geral, na ordem seguinte, sobre os bens do devedor:

**I** – o crédito por despesa de seu funeral, feito segundo a condição do morto e o costume do lugar;

**II** – o crédito por custas judiciais, ou por despesas com a arrecadação e liquidação da massa;

**III** – o crédito por despesas com o luto do cônjuge sobrevivo e dos filhos do devedor falecido, se foram moderadas;

**IV** – o crédito por despesas com a doença de que faleceu o devedor, no semestre anterior à sua morte;

**V** – o crédito pelos gastos necessários à mantença do devedor falecido e sua família, no trimestre anterior ao falecimento;

**VI** – o crédito pelos impostos devidos à Fazenda Pública, no ano corrente e no anterior;

**VII** – o crédito pelos salários dos empregados do serviço doméstico do devedor, nos seus derradeiros seis meses de vida;

**VIII** – os demais créditos de privilégio geral.

# LIVRO II
## DO DIREITO DE EMPRESA

# TÍTULO I
## DO EMPRESÁRIO

### Capítulo I
DA CARACTERIZAÇÃO E DA INSCRIÇÃO

**Art. 966.** Considera-se empresário quem exerce profissionalmente atividade econômica organizada para a produção ou a circulação de bens ou de serviços.

**Parágrafo único.** Não se considera empresário quem exerce profissão intelectual, de natureza científica, literária ou artística, ainda com o concurso de auxiliares ou colaboradores, salvo se o exercício da profissão constituir elemento de empresa.

**Art. 967.** É obrigatória a inscrição do empresário no Registro Público de Empresas Mercantis da respectiva sede, antes do início de sua atividade.

**Art. 968.** A inscrição do empresário far-se-á mediante requerimento que contenha:

I – o seu nome, nacionalidade, domicílio, estado civil e, se casado, o regime de bens;

II – a firma, com a respectiva assinatura autógrafa que poderá ser substituída pela assinatura autenticada com certificação digital ou meio equivalente que comprove a sua autenticidade, ressalvado o disposto no inciso I do § 1.º do art. 4.º da Lei Complementar n. 123, de 14 de dezembro de 2006;

III – o capital;

**IV** – o objeto e a sede da empresa.

**§ 1.º** Com as indicações estabelecidas neste artigo, a inscrição será tomada por termo no livro próprio do Registro Público de Empresas Mercantis, e obedecerá a número de ordem contínuo para todos os empresários inscritos.

**§ 2.º** À margem da inscrição, e com as mesmas formalidades, serão averbadas quaisquer modificações nela ocorrentes.

**§ 3.º** Caso venha a admitir sócios, o empresário individual poderá solicitar ao Registro Público de Empresas Mercantis a transformação de seu registro de empresário para registro de sociedade empresária, observado, no que couber, o disposto nos arts. 1.113 a 1.115 deste Código.

**§ 4.º** O processo de abertura, registro, alteração e baixa do microempreendedor individual de que trata o art. 18-A da Lei Complementar n. 123, de 14 de dezembro de 2006, bem como qualquer exigência para o início de seu funcionamento deverão ter trâmite especial e simplificado, preferentemente eletrônico, opcional para o empreendedor, na forma a ser disciplinada pelo Comitê para Gestão da Rede Nacional para a Simplificação do Registro e da Legalização de Empresas e Negócios – CGSIM, de que trata o inciso III do art. 2.º da mesma Lei.

**§ 5.º** Para fins do disposto no § 4.º, poderão ser dispensados o uso da firma, com a respectiva assinatura autógrafa, o capital, requerimentos, demais assinaturas, informações relativas à nacionalidade, estado civil e regime de bens, bem como remessa de documentos, na forma estabelecida pelo CGSIM.

**Art. 969.** O empresário que instituir sucursal, filial ou agência, em lugar sujeito à jurisdição de outro Registro Público de

Empresas Mercantis, neste deverá também inscrevê-la, com a prova da inscrição originária.

**Parágrafo único.** Em qualquer caso, a constituição do estabelecimento secundário deverá ser averbada no Registro Público de Empresas Mercantis da respectiva sede.

**Art. 970.** A lei assegurará tratamento favorecido, diferenciado e simplificado ao empresário rural e ao pequeno empresário, quanto à inscrição e aos efeitos daí decorrentes.

**Art. 971.** O empresário, cuja atividade rural constitua sua principal profissão, pode, observadas as formalidades de que tratam o art. 968 e seus parágrafos, requerer inscrição no Registro Público de Empresas Mercantis da respectiva sede, caso em que, depois de inscrito, ficará equiparado, para todos os efeitos, ao empresário sujeito a registro.

**Parágrafo único.** Aplica-se o disposto no *caput* deste artigo à associação que desenvolva atividade futebolística em caráter habitual e profissional, caso em que, com a inscrição, será considerada empresária, para todos os efeitos.

## Capítulo II
DA CAPACIDADE

**Art. 972.** Podem exercer a atividade de empresário os que estiverem em pleno gozo da capacidade civil e não forem legalmente impedidos.

**Art. 973.** A pessoa legalmente impedida de exercer atividade própria de empresário, se a exercer, responderá pelas obrigações contraídas.

**Art. 974.** Poderá o incapaz, por meio de representante ou devidamente assistido, continuar a empresa antes exercida por ele enquanto capaz, por seus pais ou pelo autor de herança.

**§ 1.º** Nos casos deste artigo, precederá autorização judicial, após exame das circunstâncias e dos riscos da empresa, bem como da conveniência em continuá-la, podendo a autorização ser revogada pelo juiz, ouvidos os pais, tutores ou representantes legais do menor ou do interdito, sem prejuízo dos direitos adquiridos por terceiros.

**§ 2.º** Não ficam sujeitos ao resultado da empresa os bens que o incapaz já possuía, ao tempo da sucessão ou da interdição, desde que estranhos ao acervo daquela, devendo tais fatos constar do alvará que conceder a autorização.

**§ 3.º** O Registro Público de Empresas Mercantis a cargo das Juntas Comerciais deverá registrar contratos ou alterações contratuais de sociedade que envolva sócio incapaz, desde que atendidos, de forma conjunta, os seguintes pressupostos:

**I –** o sócio incapaz não pode exercer a administração da sociedade;

**II –** o capital social deve ser totalmente integralizado;

**III –** o sócio relativamente incapaz deve ser assistido e o absolutamente incapaz deve ser representado por seus representantes legais.

**Art. 975.** Se o representante ou assistente do incapaz for pessoa que, por disposição de lei, não puder exercer atividade de empresário, nomeará, com a aprovação do juiz, um ou mais gerentes.

**§ 1.º** Do mesmo modo será nomeado gerente em todos os casos em que o juiz entender ser conveniente.

**§ 2.º** A aprovação do juiz não exime o representante ou assistente do menor ou do interdito da responsabilidade pelos atos dos gerentes nomeados.

**Art. 976.** A prova da emancipação e da autorização do incapaz, nos casos do art. 974, e a de eventual revogação desta, serão inscritas ou averbadas no Registro Público de Empresas Mercantis.

**Parágrafo único.** O uso da nova firma caberá, conforme o caso, ao gerente; ou ao representante do incapaz; ou a este, quando puder ser autorizado.

**Art. 977.** Faculta-se aos cônjuges contratar sociedade, entre si ou com terceiros, desde que não tenham casado no regime da comunhão universal de bens, ou no da separação obrigatória.

**Art. 978.** O empresário casado pode, sem necessidade de outorga conjugal, qualquer que seja o regime de bens, alienar os imóveis que integrem o patrimônio da empresa ou gravá-los de ônus real.

**Art. 979.** Além de no Registro Civil, serão arquivados e averbados, no Registro Público de Empresas Mercantis, os pactos e declarações antenupciais do empresário, o título de doação, herança, ou legado, de bens clausulados de incomunicabilidade ou inalienabilidade.

**Art. 980.** A sentença que decretar ou homologar a separação judicial do empresário e o ato de reconciliação não podem ser opostos a terceiros, antes de arquivados e averbados no Registro Público de Empresas Mercantis.

# TÍTULO I-A
## DA EMPRESA INDIVIDUAL DE RESPONSABILIDADE LIMITADA

(*Revogado pela Lei n. 14.382, de 27-6-2022.*)
**Art. 980-A.** (*Revogado pela Lei n. 14.382, de 27-6-2022.*)

# TÍTULO II
## DA SOCIEDADE

### Capítulo Único
DISPOSIÇÕES GERAIS

**Art. 981.** Celebram contrato de sociedade as pessoas que reciprocamente se obrigam a contribuir, com bens ou serviços, para o exercício de atividade econômica e a partilha, entre si, dos resultados.

**Parágrafo único.** A atividade pode restringir-se à realização de um ou mais negócios determinados.

**Art. 982.** Salvo as exceções expressas, considera-se empresária a sociedade que tem por objeto o exercício de atividade própria de empresário sujeito a registro (art. 967); e, simples, as demais.

**Parágrafo único.** Independentemente de seu objeto, considera-se empresária a sociedade por ações; e, simples, a cooperativa.

**Art. 983.** A sociedade empresária deve constituir-se segundo um dos tipos regulados nos arts. 1.039 a 1.092; a sociedade simples pode constituir-se de conformidade com um desses tipos, e, não o fazendo, subordina-se às normas que lhe são próprias.

**Parágrafo único.** Ressalvam-se as disposições concernentes à sociedade em conta de participação e à cooperativa, bem como as constantes de leis especiais que, para o exercício de certas atividades, imponham a constituição da sociedade segundo determinado tipo.

**Art. 984.** A sociedade que tenha por objeto o exercício de atividade própria de empresário rural e seja constituída, ou transformada, de acordo com um dos tipos de sociedade empresária, pode, com as formalidades do art. 968, requerer inscrição no Registro Público de Empresas Mercantis da sua sede, caso em que, depois de inscrita, ficará equiparada, para todos os efeitos, à sociedade empresária.

**Parágrafo único.** Embora já constituída a sociedade segundo um daqueles tipos, o pedido de inscrição se subordinará, no que for aplicável, às normas que regem a transformação.

**Art. 985.** A sociedade adquire personalidade jurídica com a inscrição, no registro próprio e na forma da lei, dos seus atos constitutivos (arts. 45 e 1.150).

## *SUBTÍTULO I*
DA SOCIEDADE NÃO PERSONIFICADA

### Capítulo I
DA SOCIEDADE EM COMUM

**Art. 986.** Enquanto não inscritos os atos constitutivos, reger-se-á a sociedade, exceto por ações em organização, pelo disposto neste Capítulo, observadas, subsidiariamente e no que com ele forem compatíveis, as normas da sociedade simples.

**Art. 987.** Os sócios, nas relações entre si ou com terceiros, somente por escrito podem provar a existência da sociedade, mas os terceiros podem prová-la de qualquer modo.

**Art. 988.** Os bens e dívidas sociais constituem patrimônio especial, do qual os sócios são titulares em comum.

**Art. 989.** Os bens sociais respondem pelos atos de gestão praticados por qualquer dos sócios, salvo pacto expresso limitativo de poderes, que somente terá eficácia contra o terceiro que o conheça ou deva conhecer.

**Art. 990.** Todos os sócios respondem solidária e ilimitadamente pelas obrigações sociais, excluído do benefício de ordem, previsto no art. 1.024, aquele que contratou pela sociedade.

## Capítulo II
### DA SOCIEDADE EM CONTA DE PARTICIPAÇÃO

**Art. 991.** Na sociedade em conta de participação, a atividade constitutiva do objeto social é exercida unicamente pelo sócio ostensivo, em seu nome individual e sob sua própria e exclusiva responsabilidade, participando os demais dos resultados correspondentes.

**Parágrafo único.** Obriga-se perante terceiro tão somente o sócio ostensivo; e, exclusivamente perante este, o sócio participante, nos termos do contrato social.

**Art. 992.** A constituição da sociedade em conta de participação independe de qualquer formalidade e pode provar-se por todos os meios de direito.

**Art. 993.** O contrato social produz efeito somente entre os sócios, e a eventual inscrição de seu instrumento em qualquer registro não confere personalidade jurídica à sociedade.

**Parágrafo único.** Sem prejuízo do direito de fiscalizar a gestão dos negócios sociais, o sócio participante não pode tomar parte nas relações do sócio ostensivo com terceiros, sob pena de responder solidariamente com este pelas obrigações em que intervier.

**Art. 994.** A contribuição do sócio participante constitui, com a do sócio ostensivo, patrimônio especial, objeto da conta de participação relativa aos negócios sociais.

§ 1.º A especialização patrimonial somente produz efeitos em relação aos sócios.

§ 2.º A falência do sócio ostensivo acarreta a dissolução da sociedade e a liquidação da respectiva conta, cujo saldo constituirá crédito quirografário.

**§ 3.º** Falindo o sócio participante, o contrato social fica sujeito às normas que regulam os efeitos da falência nos contratos bilaterais do falido.

**Art. 995.** Salvo estipulação em contrário, o sócio ostensivo não pode admitir novo sócio sem o consentimento expresso dos demais.

**Art. 996.** Aplica-se à sociedade em conta de participação, subsidiariamente e no que com ela for compatível, o disposto para a sociedade simples, e a sua liquidação rege-se pelas normas relativas à prestação de contas, na forma da lei processual.

**Parágrafo único.** Havendo mais de um sócio ostensivo, as respectivas contas serão prestadas e julgadas no mesmo processo.

*SUBTÍTULO II*
DA SOCIEDADE PERSONIFICADA

**Capítulo I**
DA SOCIEDADE SIMPLES

*Seção I*
Do Contrato Social

**Art. 997.** A sociedade constitui-se mediante contrato escrito, particular ou público, que, além de cláusulas estipuladas pelas partes, mencionará:

**I** – nome, nacionalidade, estado civil, profissão e residência dos sócios, se pessoas naturais, e a firma ou a denominação, nacionalidade e sede dos sócios, se jurídicas;

**II** – denominação, objeto, sede e prazo da sociedade;

**III** – capital da sociedade, expresso em moeda corrente, podendo compreender qualquer espécie de bens, suscetíveis de avaliação pecuniária;

**IV** – a quota de cada sócio no capital social, e o modo de realizá-la;

**V** – as prestações a que se obriga o sócio, cuja contribuição consista em serviços;

**VI** – as pessoas naturais incumbidas da administração da sociedade, e seus poderes e atribuições;

**VII** – a participação de cada sócio nos lucros e nas perdas;

**VIII** – se os sócios respondem, ou não, subsidiariamente, pelas obrigações sociais.

**Parágrafo único.** É ineficaz em relação a terceiros qualquer pacto separado, contrário ao disposto no instrumento do contrato.

**Art. 998.** Nos trinta dias subsequentes à sua constituição, a sociedade deverá requerer a inscrição do contrato social no Registro Civil das Pessoas Jurídicas do local de sua sede.

**§ 1.º** O pedido de inscrição será acompanhado do instrumento autenticado do contrato, e, se algum sócio nele houver sido representado por procurador, o da respectiva procuração, bem como, se for o caso, da prova de autorização da autoridade competente.

**§ 2.º** Com todas as indicações enumeradas no artigo antecedente, será a inscrição tomada por termo no livro de registro próprio, e obedecerá a número de ordem contínua para todas as sociedades inscritas.

**Art. 999.** As modificações do contrato social, que tenham por objeto matéria indicada no art. 997, dependem do consentimento de todos os sócios; as demais podem ser decididas por maioria absoluta de votos, se o contrato não determinar a necessidade de deliberação unânime.

**Parágrafo único.** Qualquer modificação do contrato social será averbada, cumprindo-se as formalidades previstas no artigo antecedente.

**Art. 1.000.** A sociedade simples que instituir sucursal, filial ou agência na circunscrição de outro Registro Civil das Pessoas Jurídicas, neste deverá também inscrevê-la, com a prova da inscrição originária.

**Parágrafo único.** Em qualquer caso, a constituição da sucursal, filial ou agência deverá ser averbada no Registro Civil da respectiva sede.

*Seção II*
Dos Direitos e Obrigações dos Sócios

**Art. 1.001.** As obrigações dos sócios começam imediatamente com o contrato, se este não fixar outra data, e terminam quando, liquidada a sociedade, se extinguirem as responsabilidades sociais.

**Art. 1.002.** O sócio não pode ser substituído no exercício das suas funções, sem o consentimento dos demais sócios, expresso em modificação do contrato social.

**Art. 1.003.** A cessão total ou parcial de quota, sem a correspondente modificação do contrato social com o consentimento dos demais sócios, não terá eficácia quanto a estes e à sociedade.

**Parágrafo único.** Até dois anos depois de averbada a modificação do contrato, responde o cedente solidariamente com o cessionário, perante a sociedade e terceiros, pelas obrigações que tinha como sócio.

**Art. 1.004.** Os sócios são obrigados, na forma e prazo previstos, às contribuições estabelecidas no contrato social, e aquele que deixar de fazê-lo, nos trinta dias seguintes ao da notificação pela sociedade, responderá perante esta pelo dano emergente da mora.

**Parágrafo único.** Verificada a mora, poderá a maioria dos demais sócios preferir, à indenização, a exclusão do sócio remisso, ou reduzir-lhe a quota ao montante já realizado, aplicando-se, em ambos os casos, o disposto no § 1.º do art. 1.031.

**Art. 1.005.** O sócio que, a título de quota social, transmitir domínio, posse ou uso, responde pela evicção; e pela solvência do devedor, aquele que transferir crédito.

**Art. 1.006.** O sócio, cuja contribuição consista em serviços, não pode, salvo convenção em contrário, empregar-se em atividade estranha à sociedade, sob pena de ser privado de seus lucros e dela excluído.

**Art. 1.007.** Salvo estipulação em contrário, o sócio participa dos lucros e das perdas, na proporção das respectivas quotas, mas aquele, cuja contribuição consiste em serviços, somente participa dos lucros na proporção da média do valor das quotas.

**Art. 1.008.** É nula a estipulação contratual que exclua qualquer sócio de participar dos lucros e das perdas.

**Art. 1.009.** A distribuição de lucros ilícitos ou fictícios acarreta responsabilidade solidária dos administradores que a realizarem e dos sócios que os receberem, conhecendo ou devendo conhecer-lhes a ilegitimidade.

*Seção III*
Da Administração

**Art. 1.010.** Quando, por lei ou pelo contrato social, competir aos sócios decidir sobre os negócios da sociedade, as deliberações serão tomadas por maioria de votos, contados segundo o valor das quotas de cada um.

**§ 1.º** Para formação da maioria absoluta são necessários votos correspondentes a mais de metade do capital.

**§ 2.º** Prevalece a decisão sufragada por maior número de sócios no caso de empate, e, se este persistir, decidirá o juiz.

**§ 3.º** Responde por perdas e danos o sócio que, tendo em alguma operação interesse contrário ao da sociedade, participar da deliberação que a aprove graças a seu voto.

**Art. 1.011.** O administrador da sociedade deverá ter, no exercício de suas funções, o cuidado e a diligência que todo homem ativo e probo costuma empregar na administração de seus próprios negócios.

**§ 1.º** Não podem ser administradores, além das pessoas impedidas por lei especial, os condenados a pena que vede, ainda que temporariamente, o acesso a cargos públicos; ou por crime falimentar, de prevaricação, peita ou suborno, concussão, peculato; ou contra a economia popular, contra o sistema financeiro nacional, contra as normas de defesa da concorrência, contra as relações de consumo, a fé pública ou a propriedade, enquanto perdurarem os efeitos da condenação.

**§ 2.º** Aplicam-se à atividade dos administradores, no que couber, as disposições concernentes ao mandato.

**Art. 1.012.** O administrador, nomeado por instrumento em separado, deve averbá-lo à margem da inscrição da sociedade, e, pelos atos que praticar, antes de requerer a averbação, responde pessoal e solidariamente com a sociedade.

**Art. 1.013.** A administração da sociedade, nada dispondo o contrato social, compete separadamente a cada um dos sócios.

**§ 1.º** Se a administração competir separadamente a vários administradores, cada um pode impugnar operação pretendida por outro, cabendo a decisão aos sócios, por maioria de votos.

**§ 2.º** Responde por perdas e danos perante a sociedade o administrador que realizar operações, sabendo ou devendo saber que estava agindo em desacordo com a maioria.

**Art. 1.014.** Nos atos de competência conjunta de vários administradores, torna-se necessário o concurso de todos, salvo nos casos urgentes, em que a omissão ou retardo das providências possa ocasionar dano irreparável ou grave.

**Art. 1.015.** No silêncio do contrato, os administradores podem praticar todos os atos pertinentes à gestão da sociedade; não constituindo objeto social, a oneração ou a venda de bens imóveis depende do que a maioria dos sócios decidir.

**Parágrafo único.** (*Revogado pela Lei n. 14.195, de 26-8-2021.*)

**Art. 1.016.** Os administradores respondem solidariamente perante a sociedade e os terceiros prejudicados, por culpa no desempenho de suas funções.

**Art. 1.017.** O administrador que, sem consentimento escrito dos sócios, aplicar créditos ou bens sociais em proveito próprio ou de terceiros, terá de restituí-los à sociedade, ou pagar o equivalente, com todos os lucros resultantes, e, se houver prejuízo, por ele também responderá.

**Parágrafo único.** Fica sujeito às sanções o administrador que, tendo em qualquer operação interesse contrário ao da sociedade, tome parte na correspondente deliberação.

**Art. 1.018.** Ao administrador é vedado fazer-se substituir no exercício de suas funções, sendo-lhe facultado, nos limites de seus poderes, constituir mandatários da sociedade, especificados no instrumento os atos e operações que poderão praticar.

**Art. 1.019.** São irrevogáveis os poderes do sócio investido na administração por cláusula expressa do contrato social, salvo justa causa, reconhecida judicialmente, a pedido de qualquer dos sócios.

**Parágrafo único.** São revogáveis, a qualquer tempo, os poderes conferidos a sócio por ato separado, ou a quem não seja sócio.

**Art. 1.020.** Os administradores são obrigados a prestar aos sócios contas justificadas de sua administração, e apresentar-lhes o inventário anualmente, bem como o balanço patrimonial e o de resultado econômico.

**Art. 1.021.** Salvo estipulação que determine época própria, o sócio pode, a qualquer tempo, examinar os livros e documentos, e o estado da caixa e da carteira da sociedade.

*Seção IV*
Das Relações com Terceiros

**Art. 1.022.** A sociedade adquire direitos, assume obrigações e procede judicialmente, por meio de administradores com poderes especiais, ou, não os havendo, por intermédio de qualquer administrador.

**Art. 1.023.** Se os bens da sociedade não lhe cobrirem as dívidas, respondem os sócios pelo saldo, na proporção em que participem das perdas sociais, salvo cláusula de responsabilidade solidária.

**Art. 1.024.** Os bens particulares dos sócios não podem ser executados por dívidas da sociedade, senão depois de executados os bens sociais.

**Art. 1.025.** O sócio, admitido em sociedade já constituída, não se exime das dívidas sociais anteriores à admissão.

**Art. 1.026.** O credor particular de sócio pode, na insuficiência de outros bens do devedor, fazer recair a execução sobre o que a este couber nos lucros da sociedade, ou na parte que lhe tocar em liquidação.

**Parágrafo único.** Se a sociedade não estiver dissolvida, pode o credor requerer a liquidação da quota do devedor, cujo valor, apurado na forma do art. 1.031, será depositado em dinheiro, no juízo da execução, até 90 (noventa) dias após aquela liquidação.

**Art. 1.027.** Os herdeiros do cônjuge de sócio, ou o cônjuge do que se separou judicialmente, não podem exigir desde logo a parte que lhes couber na quota social, mas concorrer à divisão periódica dos lucros, até que se liquide a sociedade.

*Seção V*
Da Resolução da Sociedade em Relação a um Sócio

**Art. 1.028.** No caso de morte de sócio, liquidar-se-á sua quota, salvo:

**I** – se o contrato dispuser diferentemente;

**II** – se os sócios remanescentes optarem pela dissolução da sociedade;

**III** – se, por acordo com os herdeiros, regular-se a substituição do sócio falecido.

**Art. 1.029.** Além dos casos previstos na lei ou no contrato, qualquer sócio pode retirar-se da sociedade; se de prazo indeterminado, mediante notificação aos demais sócios, com antecedência mínima de sessenta dias; se de prazo determinado, provando judicialmente justa causa.

**Parágrafo único.** Nos trinta dias subsequentes à notificação, podem os demais sócios optar pela dissolução da sociedade.

**Art. 1.030.** Ressalvado o disposto no art. 1.004 e seu parágrafo único, pode o sócio ser excluído judicialmente, mediante iniciativa da maioria dos demais sócios, por falta grave no cumprimento de suas obrigações, ou, ainda, por incapacidade superveniente.

**Parágrafo único.** Será de pleno direito excluído da sociedade o sócio declarado falido, ou aquele cuja quota tenha sido liquidada nos termos do parágrafo único do art. 1.026.

**Art. 1.031.** Nos casos em que a sociedade se resolver em relação a um sócio, o valor da sua quota, considerada pelo montante efetivamente realizado, liquidar-se-á, salvo disposição contratual em contrário, com base na situação patrimonial da sociedade, à data da resolução, verificada em balanço especialmente levantado.

**§ 1.º** O capital social sofrerá a correspondente redução, salvo se os demais sócios suprirem o valor da quota.

**§ 2.º** A quota liquidada será paga em dinheiro, no prazo de 90 (noventa) dias, a partir da liquidação, salvo acordo, ou estipulação contratual em contrário.

**Art. 1.032.** A retirada, exclusão ou morte do sócio, não o exime, ou a seus herdeiros, da responsabilidade pelas obrigações sociais anteriores, até dois anos após averbada a resolução da sociedade; nem nos dois primeiros casos, pelas posteriores e em igual prazo, enquanto não se requerer a averbação.

*Seção VI*
Da Dissolução

**Art. 1.033.** Dissolve-se a sociedade quando ocorrer:

**I** – o vencimento do prazo de duração, salvo se, vencido este e sem oposição de sócio, não entrar a sociedade em liquidação, caso em que se prorrogará por tempo indeterminado;

**II** – o consenso unânime dos sócios;

**III** – a deliberação dos sócios, por maioria absoluta, na sociedade de prazo indeterminado;

**IV** – (*Revogado pela Lei n. 14.195, de 26-8-2021.*)

**V** – a extinção, na forma da lei, de autorização para funcionar.

**Parágrafo único.** (*Revogado pela Lei n. 14.195, de 26-8-2021.*)

**Art. 1.034.** A sociedade pode ser dissolvida judicialmente, a requerimento de qualquer dos sócios, quando:

I – anulada a sua constituição;

II – exaurido o fim social, ou verificada a sua inexequibilidade.

**Art. 1.035.** O contrato pode prever outras causas de dissolução, a serem verificadas judicialmente quando contestadas.

**Art. 1.036.** Ocorrida a dissolução, cumpre aos administradores providenciar imediatamente a investidura do liquidante, e restringir a gestão própria aos negócios inadiáveis, vedadas novas operações, pelas quais responderão solidária e ilimitadamente.

**Parágrafo único.** Dissolvida de pleno direito a sociedade, pode o sócio requerer, desde logo, a liquidação judicial.

**Art. 1.037.** Ocorrendo a hipótese prevista no inciso V do art. 1.033, o Ministério Público, tão logo lhe comunique a autoridade competente, promoverá a liquidação judicial da sociedade, se os administradores não o tiverem feito nos trinta dias seguintes à perda da autorização, ou se o sócio não houver exercido a faculdade assegurada no parágrafo único do artigo antecedente.

**Parágrafo único.** Caso o Ministério Público não promova a liquidação judicial da sociedade nos quinze dias subsequentes ao recebimento da comunicação, a autoridade competente para conceder a autorização nomeará interventor com poderes para requerer a medida e administrar a sociedade até que seja nomeado o liquidante.

**Art. 1.038.** Se não estiver designado no contrato social, o liquidante será eleito por deliberação dos sócios, podendo a escolha recair em pessoa estranha à sociedade.

§ 1.º O liquidante pode ser destituído, a todo tempo:

I – se eleito pela forma prevista neste artigo, mediante deliberação dos sócios;

**II** – em qualquer caso, por via judicial, a requerimento de um ou mais sócios, ocorrendo justa causa.

**§ 2.º** A liquidação da sociedade se processa de conformidade com o disposto no Capítulo IX, deste Subtítulo.

## Capítulo II
### DA SOCIEDADE EM NOME COLETIVO

**Art. 1.039.** Somente pessoas físicas podem tomar parte na sociedade em nome coletivo, respondendo todos os sócios, solidária e ilimitadamente, pelas obrigações sociais.

**Parágrafo único.** Sem prejuízo da responsabilidade perante terceiros, podem os sócios, no ato constitutivo, ou por unânime convenção posterior, limitar entre si a responsabilidade de cada um.

**Art. 1.040.** A sociedade em nome coletivo se rege pelas normas deste Capítulo e, no que seja omisso, pelas do Capítulo antecedente.

**Art. 1.041.** O contrato deve mencionar, além das indicações referidas no art. 997, a firma social.

**Art. 1.042.** A administração da sociedade compete exclusivamente a sócios, sendo o uso da firma, nos limites do contrato, privativo dos que tenham os necessários poderes.

**Art. 1.043.** O credor particular de sócio não pode, antes de dissolver-se a sociedade, pretender a liquidação da quota do devedor.

**Parágrafo único.** Poderá fazê-lo quando:

**I** – a sociedade houver sido prorrogada tacitamente;

**II** – tendo ocorrido prorrogação contratual, for acolhida judicialmente oposição do credor, levantada no prazo de noventa dias, contado da publicação do ato dilatório.

**Art. 1.044.** A sociedade se dissolve de pleno direito por qualquer das causas enumeradas no art. 1.033 e, se empresária, também pela declaração da falência.

## Capítulo III
### DA SOCIEDADE EM COMANDITA SIMPLES

**Art. 1.045.** Na sociedade em comandita simples tomam parte sócios de duas categorias: os comanditados, pessoas físicas, responsáveis solidária e ilimitadamente pelas obrigações sociais; e os comanditários, obrigados somente pelo valor de sua quota.

**Parágrafo único.** O contrato deve discriminar os comanditados e os comanditários.

**Art. 1.046.** Aplicam-se à sociedade em comandita simples as normas da sociedade em nome coletivo, no que forem compatíveis com as deste Capítulo.

**Parágrafo único.** Aos comanditados cabem os mesmos direitos e obrigações dos sócios da sociedade em nome coletivo.

**Art. 1.047.** Sem prejuízo da faculdade de participar das deliberações da sociedade e de lhe fiscalizar as operações, não pode o comanditário praticar qualquer ato de gestão, nem ter o nome na firma social, sob pena de ficar sujeito às responsabilidades de sócio comanditado.

**Parágrafo único.** Pode o comanditário ser constituído procurador da sociedade, para negócio determinado e com poderes especiais.

**Art. 1.048.** Somente após averbada a modificação do contrato, produz efeito, quanto a terceiros, a diminuição da quota do comanditário, em consequência de ter sido reduzido o capital social, sempre sem prejuízo dos credores preexistentes.

**Art. 1.049.** O sócio comanditário não é obrigado à reposição de lucros recebidos de boa-fé e de acordo com o balanço.

**Parágrafo único.** Diminuído o capital social por perdas supervenientes, não pode o comanditário receber quaisquer lucros, antes de reintegrado aquele.

**Art. 1.050.** No caso de morte de sócio comanditário, a sociedade, salvo disposição do contrato, continuará com os seus sucessores, que designarão quem os represente.

**Art. 1.051.** Dissolve-se de pleno direito a sociedade:

**I** – por qualquer das causas previstas no art. 1.044;

**II** – quando por mais de cento e oitenta dias perdurar a falta de uma das categorias de sócio.

**Parágrafo único.** Na falta de sócio comanditado, os comanditários nomearão administrador provisório para praticar, durante o período referido no inciso II e sem assumir a condição de sócio, os atos de administração.

### Capítulo IV
DA SOCIEDADE LIMITADA

*Seção I*
Disposições Preliminares

**Art. 1.052.** Na sociedade limitada, a responsabilidade de cada sócio é restrita ao valor de suas quotas, mas todos respondem solidariamente pela integralização do capital social.

**§ 1.º** A sociedade limitada pode ser constituída por 1 (uma) ou mais pessoas.

**§ 2.º** Se for unipessoal, aplicar-se-ão ao documento de constituição do sócio único, no que couber, as disposições sobre o contrato social.

**Art. 1.053.** A sociedade limitada rege-se, nas omissões deste Capítulo, pelas normas da sociedade simples.

**Parágrafo único.** O contrato social poderá prever a regência supletiva da sociedade limitada pelas normas da sociedade anônima.

**Art. 1.054.** O contrato mencionará, no que couber, as indicações do art. 997, e, se for o caso, a firma social.

*Seção II*
Das Quotas

**Art. 1.055.** O capital social divide-se em quotas, iguais ou desiguais, cabendo uma ou diversas a cada sócio.

§ 1.º Pela exata estimação de bens conferidos ao capital social respondem solidariamente todos os sócios, até o prazo de cinco anos da data do registro da sociedade.

§ 2.º É vedada contribuição que consista em prestação de serviços.

**Art. 1.056.** A quota é indivisível em relação à sociedade, salvo para efeito de transferência, caso em que se observará o disposto no artigo seguinte.

§ 1.º No caso de condomínio de quota, os direitos a ela inerentes somente podem ser exercidos pelo condômino representante, ou pelo inventariante do espólio de sócio falecido.

§ 2.º Sem prejuízo do disposto no art. 1.052, os condôminos de quota indivisa respondem solidariamente pelas prestações necessárias à sua integralização.

**Art. 1.057.** Na omissão do contrato, o sócio pode ceder sua quota, total ou parcialmente, a quem seja sócio, independentemente de audiência dos outros, ou a estranho, se não houver oposição de titulares de mais de um quarto do capital social.

**Parágrafo único.** A cessão terá eficácia quanto à sociedade e terceiros, inclusive para os fins do parágrafo único do art. 1.003, a partir da averbação do respectivo instrumento, subscrito pelos sócios anuentes.

**Art. 1.058.** Não integralizada a quota de sócio remisso, os outros sócios podem, sem prejuízo do disposto no art. 1.004 e seu parágrafo único, tomá-la para si ou transferi-la a terceiros, excluindo o primitivo titular e devolvendo-lhe o que houver pago, deduzidos os juros da mora, as prestações estabelecidas no contrato mais as despesas.

**Art. 1.059.** Os sócios serão obrigados à reposição dos lucros e das quantias retiradas, a qualquer título, ainda que autorizados pelo contrato, quando tais lucros ou quantia se distribuírem com prejuízo do capital.

*Seção III*
Da Administração

**Art. 1.060.** A sociedade limitada é administrada por uma ou mais pessoas designadas no contrato social ou em ato separado.
**Parágrafo único.** A administração atribuída no contrato a todos os sócios não se estende de pleno direito aos que posteriormente adquiram essa qualidade.

**Art. 1.061.** A designação de administradores não sócios dependerá da aprovação de, no mínimo, 2/3 (dois terços) dos sócios, enquanto o capital não estiver integralizado, e da aprovação de titulares de quotas correspondentes a mais da metade do capital social, após a integralização.

**Art. 1.062.** O administrador designado em ato separado investir-se-á no cargo mediante termo de posse no livro de atas da administração.

§ 1.º Se o termo não for assinado nos trinta dias seguintes à designação, esta se tornará sem efeito.

§ 2.º Nos dez dias seguintes ao da investidura, deve o administrador requerer seja averbada sua nomeação no registro competente, mencionando o seu nome, nacionalidade, estado civil, residência, com exibição de documento de identidade, o ato e a data da nomeação e o prazo de gestão.

**Art. 1.063.** O exercício do cargo de administrador cessa pela destituição, em qualquer tempo, do titular, ou pelo término do prazo se, fixado no contrato ou em ato separado, não houver recondução.

§ 1.º Tratando-se de sócio nomeado administrador no contrato, sua destituição somente se opera pela aprovação de titulares de quotas correspondentes a mais da metade do capital social, salvo disposição contratual diversa.

§ 2.º A cessação do exercício do cargo de administrador deve ser averbada no registro competente, mediante requerimento apresentado nos dez dias seguintes ao da ocorrência.

§ 3.º A renúncia de administrador torna-se eficaz, em relação à sociedade, desde o momento em que esta toma conhecimento da comunicação escrita do renunciante; e, em relação a terceiros, após a averbação e publicação.

**Art. 1.064.** O uso da firma ou denominação social é privativo dos administradores que tenham os necessários poderes.

**Art. 1.065.** Ao término de cada exercício social, proceder-se-á à elaboração do inventário, do balanço patrimonial e do balanço de resultado econômico.

*Seção IV*
Do Conselho Fiscal

**Art. 1.066.** Sem prejuízo dos poderes da assembleia dos sócios, pode o contrato instituir conselho fiscal composto de três ou mais membros e respectivos suplentes, sócios ou não, residentes no País, eleitos na assembleia anual prevista no art. 1.078.

**§ 1.º** Não podem fazer parte do conselho fiscal, além dos inelegíveis enumerados no § 1.º do art. 1.011, os membros dos demais órgãos da sociedade ou de outra por ela controlada, os empregados de quaisquer delas ou dos respectivos administradores, o cônjuge ou parente destes até o terceiro grau.

**§ 2.º** É assegurado aos sócios minoritários, que representarem pelo menos um quinto do capital social, o direito de eleger, separadamente, um dos membros do conselho fiscal e o respectivo suplente.

**Art. 1.067.** O membro ou suplente eleito, assinando termo de posse lavrado no livro de atas e pareceres do conselho fiscal, em que se mencione o seu nome, nacionalidade, estado civil, residência e a data da escolha, ficará investido nas suas funções, que exercerá, salvo cessação anterior, até a subsequente assembleia anual.

**Parágrafo único.** Se o termo não for assinado nos trinta dias seguintes ao da eleição, esta se tornará sem efeito.

**Art. 1.068.** A remuneração dos membros do conselho fiscal será fixada, anualmente, pela assembleia dos sócios que os eleger.

**Art. 1.069.** Além de outras atribuições determinadas na lei ou no contrato social, aos membros do conselho fiscal incumbem, individual ou conjuntamente, os deveres seguintes:

I – examinar, pelo menos trimestralmente, os livros e papéis da sociedade e o estado da caixa e da carteira, devendo os administradores ou liquidantes prestar-lhes as informações solicitadas;

II – lavrar no livro de atas e pareceres do conselho fiscal o resultado dos exames referidos no inciso I deste artigo;

**III** – exarar no mesmo livro e apresentar à assembleia anual dos sócios parecer sobre os negócios e as operações sociais do exercício em que servirem, tomando por base o balanço patrimonial e o de resultado econômico;

**IV** – denunciar os erros, fraudes ou crimes que descobrirem, sugerindo providências úteis à sociedade;

**V** – convocar a assembleia dos sócios se a diretoria retardar por mais de trinta dias a sua convocação anual, ou sempre que ocorram motivos graves e urgentes;

**VI** – praticar, durante o período da liquidação da sociedade, os atos a que se refere este artigo, tendo em vista as disposições especiais reguladoras da liquidação.

**Art. 1.070.** As atribuições e poderes conferidos pela lei ao conselho fiscal não podem ser outorgados a outro órgão da sociedade, e a responsabilidade de seus membros obedece à regra que define a dos administradores (art. 1.016).

**Parágrafo único.** O conselho fiscal poderá escolher para assisti-lo no exame dos livros, dos balanços e das contas, contabilista legalmente habilitado, mediante remuneração aprovada pela assembleia dos sócios.

*Seção V*
Das Deliberações dos Sócios

**Art. 1.071.** Dependem da deliberação dos sócios, além de outras matérias indicadas na lei ou no contrato:

**I** – a aprovação das contas da administração;

**II** – a designação dos administradores, quando feita em ato separado;

**III** – a destituição dos administradores;

**IV** – o modo de sua remuneração, quando não estabelecido no contrato;

**V** – a modificação do contrato social;

**VI** – a incorporação, a fusão e a dissolução da sociedade, ou a cessação do estado de liquidação;

**VII** – a nomeação e destituição dos liquidantes e o julgamento das suas contas;

**VIII** – o pedido de concordata.

**Art. 1.072.** As deliberações dos sócios, obedecido o disposto no art. 1.010, serão tomadas em reunião ou em assembleia, conforme previsto no contrato social, devendo ser convocadas pelos administradores nos casos previstos em lei ou no contrato.

**§ 1.º** A deliberação em assembleia será obrigatória se o número dos sócios for superior a dez.

**§ 2.º** Dispensam-se as formalidades de convocação previstas no § 3.º do art. 1.152, quando todos os sócios comparecerem ou se declararem, por escrito, cientes do local, data, hora e ordem do dia.

**§ 3.º** A reunião ou a assembleia tornam-se dispensáveis quando todos os sócios decidirem, por escrito, sobre a matéria que seria objeto delas.

**§ 4.º** No caso do inciso VIII do artigo antecedente, os administradores, se houver urgência e com autorização de titulares de mais da metade do capital social, podem requerer concordata preventiva.

**§ 5.º** As deliberações tomadas de conformidade com a lei e o contrato vinculam todos os sócios, ainda que ausentes ou dissidentes.

**§ 6.º** Aplica-se às reuniões dos sócios, nos casos omissos no contrato, o disposto na presente Seção sobre a assembleia.

**Art. 1.073.** A reunião ou a assembleia podem também ser convocadas:

**I** – por sócio, quando os administradores retardarem a convocação, por mais de sessenta dias, nos casos previstos em lei ou no contrato, ou por titulares de mais de um quinto do capital, quando não atendido, no prazo de oito dias, pedido de convocação fundamentado, com indicação das matérias a serem tratadas;

**II** – pelo conselho fiscal, se houver, nos casos a que se refere o inciso V do art. 1.069.

**Art. 1.074.** A assembleia dos sócios instala-se com a presença, em primeira convocação, de titulares de no mínimo três quartos do capital social, e, em segunda, com qualquer número.

**§ 1.º** O sócio pode ser representado na assembleia por outro sócio, ou por advogado, mediante outorga de mandato com especificação dos atos autorizados, devendo o instrumento ser levado a registro, juntamente com a ata.

**§ 2.º** Nenhum sócio, por si ou na condição de mandatário, pode votar matéria que lhe diga respeito diretamente.

**Art. 1.075.** A assembleia será presidida e secretariada por sócios escolhidos entre os presentes.

**§ 1.º** Dos trabalhos e deliberações será lavrada, no livro de atas da assembleia, ata assinada pelos membros da mesa e por sócios participantes da reunião, quantos bastem à validade das deliberações, mas sem prejuízo dos que queiram assiná-la.

**§ 2.º** Cópia da ata autenticada pelos administradores, ou pela mesa, será, nos vinte dias subsequentes à reunião, apresentada ao Registro Público de Empresas Mercantis para arquivamento e averbação.

**§ 3.º** Ao sócio, que a solicitar, será entregue cópia autenticada da ata.

**Art. 1.076.** Ressalvado o disposto no art. 1.061, as deliberações dos sócios serão tomadas:

**I** – (*Revogado pela Lei n. 14.451, de 21-9-2022.*);

**II** – pelos votos correspondentes a mais da metade do capital social, nos casos previstos nos incisos II, III, IV, V, VI e VIII do *caput* do art. 1.071 deste Código;

**III** – pela maioria de votos dos presentes, nos demais casos previstos na lei ou no contrato, se este não exigir maioria mais elevada.

**Art. 1.077.** Quando houver modificação do contrato, fusão da sociedade, incorporação de outra, ou dela por outra, terá o sócio que dissentiu o direito de retirar-se da sociedade, nos trinta dias subsequentes à reunião, aplicando-se, no silêncio do contrato social antes vigente, o disposto no art. 1.031.

**Art. 1.078.** A assembleia dos sócios deve realizar-se ao menos uma vez por ano, nos quatro meses seguintes ao término do exercício social, com o objetivo de:

**I** – tomar as contas dos administradores e deliberar sobre o balanço patrimonial e o de resultado econômico;

**II** – designar administradores, quando for o caso;

**III** – tratar de qualquer outro assunto constante da ordem do dia.

**§ 1.º** Até trinta dias antes da data marcada para a assembleia, os documentos referidos no inciso I deste artigo devem ser postos, por escrito, e com a prova do respectivo recebimento, à disposição dos sócios que não exerçam a administração.

**§ 2.º** Instalada a assembleia, proceder-se-á à leitura dos documentos referidos no parágrafo antecedente, os quais serão submetidos, pelo presidente, a discussão e votação, nesta não podendo tomar parte os membros da administração e, se houver, os do conselho fiscal.

**§ 3.º** A aprovação, sem reserva, do balanço patrimonial e do de resultado econômico, salvo erro, dolo ou simulação, exonera de responsabilidade os membros da administração e, se houver, os do conselho fiscal.

**§ 4.º** Extingue-se em dois anos o direito de anular a aprovação a que se refere o parágrafo antecedente.

**Art. 1.079.** Aplica-se às reuniões dos sócios, nos casos omissos no contrato, o estabelecido nesta Seção sobre a assembleia, obedecido o disposto no § 1.º do art. 1.072.

**Art. 1.080.** As deliberações infringentes do contrato ou da lei tornam ilimitada a responsabilidade dos que expressamente as aprovaram.

**Art. 1.080-A.** O sócio poderá participar e votar a distância em reunião ou em assembleia, nos termos do regulamento do órgão competente do Poder Executivo federal.

**Parágrafo único.** A reunião ou a assembleia poderá ser realizada de forma digital, respeitados os direitos legalmente previstos de participação e de manifestação dos sócios e os demais requisitos regulamentares.

*Seção VI*
Do Aumento e da Redução do Capital

**Art. 1.081.** Ressalvado o disposto em lei especial, integralizadas as quotas, pode ser o capital aumentado, com a correspondente modificação do contrato.

**§ 1.º** Até trinta dias após a deliberação, terão os sócios preferência para participar do aumento, na proporção das quotas de que sejam titulares.

**§ 2.º** À cessão do direito de preferência, aplica-se o disposto no *caput* do art. 1.057.

**§ 3.º** Decorrido o prazo da preferência, e assumida pelos sócios, ou por terceiros, a totalidade do aumento, haverá reunião ou assembleia dos sócios, para que seja aprovada a modificação do contrato.

**Art. 1.082.** Pode a sociedade reduzir o capital, mediante a correspondente modificação do contrato:

I – depois de integralizado, se houver perdas irreparáveis;

II – se excessivo em relação ao objeto da sociedade.

**Art. 1.083.** No caso do inciso I do artigo antecedente, a redução do capital será realizada com a diminuição proporcional do valor nominal das quotas, tornando-se efetiva a partir da averbação, no Registro Público de Empresas Mercantis, da ata da assembleia que a tenha aprovado.

**Art. 1.084.** No caso do inciso II do art. 1.082, a redução do capital será feita restituindo-se parte do valor das quotas aos sócios, ou dispensando-se as prestações ainda devidas, com diminuição proporcional, em ambos os casos, do valor nominal das quotas.

§ 1.º No prazo de noventa dias, contado da data da publicação da ata da assembleia que aprovar a redução, o credor quirografário, por título líquido anterior a essa data, poderá opor-se ao deliberado.

§ 2.º A redução somente se tornará eficaz se, no prazo estabelecido no parágrafo antecedente, não for impugnada, ou se provado o pagamento da dívida ou o depósito judicial do respectivo valor.

§ 3.º Satisfeitas as condições estabelecidas no parágrafo antecedente, proceder-se-á à averbação, no Registro Público de Empresas Mercantis, da ata que tenha aprovado a redução.

*Seção VII*
Da Resolução da Sociedade em Relação
a Sócios Minoritários

**Art. 1.085.** Ressalvado o disposto no art. 1.030, quando a maioria dos sócios, representativa de mais da metade do capital social, entender que um ou mais sócios estão pondo em risco a continuidade da empresa, em virtude de atos de inegável gravidade, poderá excluí-los da sociedade, mediante alteração do contrato social, desde que prevista neste a exclusão por justa causa.

**Parágrafo único.** Ressalvado o caso em que haja apenas dois sócios na sociedade, a exclusão de um sócio somente poderá ser determinada em reunião ou assembleia especialmente convocada para esse fim, ciente o acusado em tempo hábil para permitir seu comparecimento e o exercício do direito de defesa.

**Art. 1.086.** Efetuado o registro da alteração contratual, aplicar-se-á o disposto nos arts. 1.031 e 1.032.

*Seção VIII*
Da Dissolução

**Art. 1.087.** A sociedade dissolve-se, de pleno direito, por qualquer das causas previstas no art. 1.044.

## Capítulo V
DA SOCIEDADE ANÔNIMA

*Seção Única*
Da Caracterização

**Art. 1.088.** Na sociedade anônima ou companhia, o capital divide-se em ações, obrigando-se cada sócio ou acionista somente pelo preço de emissão das ações que subscrever ou adquirir.

**Art. 1.089.** A sociedade anônima rege-se por lei especial, aplicando-se-lhe, nos casos omissos, as disposições deste Código.

## Capítulo VI
### DA SOCIEDADE EM COMANDITA POR AÇÕES

**Art. 1.090.** A sociedade em comandita por ações tem o capital dividido em ações, regendo-se pelas normas relativas à sociedade anônima, sem prejuízo das modificações constantes deste Capítulo, e opera sob firma ou denominação.

**Art. 1.091.** Somente o acionista tem qualidade para administrar a sociedade e, como diretor, responde subsidiária e ilimitadamente pelas obrigações da sociedade.

§ 1.º Se houver mais de um diretor, serão solidariamente responsáveis, depois de esgotados os bens sociais.

§ 2.º Os diretores serão nomeados no ato constitutivo da sociedade, sem limitação de tempo, e somente poderão ser destituídos por deliberação de acionistas que representem no mínimo dois terços do capital social.

§ 3.º O diretor destituído ou exonerado continua, durante dois anos, responsável pelas obrigações sociais contraídas sob sua administração.

**Art. 1.092.** A assembleia geral não pode, sem o consentimento dos diretores, mudar o objeto essencial da sociedade, prorrogar-lhe o prazo de duração, aumentar ou diminuir o capital social, criar debêntures, ou partes beneficiárias.

## Capítulo VII
### DA SOCIEDADE COOPERATIVA

**Art. 1.093.** A sociedade cooperativa reger-se-á pelo disposto no presente Capítulo, ressalvada a legislação especial.

**Art. 1.094.** São características da sociedade cooperativa:

**I** – variabilidade, ou dispensa do capital social;

**II** – concurso de sócios em número mínimo necessário a compor a administração da sociedade, sem limitação de número máximo;

**III** – limitação do valor da soma de quotas do capital social que cada sócio poderá tomar;

**IV** – intransferibilidade das quotas do capital a terceiros estranhos à sociedade, ainda que por herança;

**V** – *quorum,* para a assembleia geral funcionar e deliberar, fundado no número de sócios presentes à reunião, e não no capital social representado;

**VI** – direito de cada sócio a um só voto nas deliberações, tenha ou não capital a sociedade, e qualquer que seja o valor de sua participação;

**VII** – distribuição dos resultados, proporcionalmente ao valor das operações efetuadas pelo sócio com a sociedade, podendo ser atribuído juro fixo ao capital realizado;

**VIII** – indivisibilidade do fundo de reserva entre os sócios, ainda que em caso de dissolução da sociedade.

**Art. 1.095.** Na sociedade cooperativa, a responsabilidade dos sócios pode ser limitada ou ilimitada.

**§ 1.º** É limitada a responsabilidade na cooperativa em que o sócio responde somente pelo valor de suas quotas e pelo prejuízo verificado nas operações sociais, guardada a proporção de sua participação nas mesmas operações.

**§ 2.º** É ilimitada a responsabilidade na cooperativa em que o sócio responde solidária e ilimitadamente pelas obrigações sociais.

**Art. 1.096.** No que a lei for omissa, aplicam-se as disposições referentes à sociedade simples, resguardadas as características estabelecidas no art. 1.094.

## Capítulo VIII
DAS SOCIEDADES COLIGADAS

**Art. 1.097.** Consideram-se coligadas as sociedades que, em suas relações de capital, são controladas, filiadas, ou de simples participação, na forma dos artigos seguintes.

**Art. 1.098.** É controlada:

**I** – a sociedade de cujo capital outra sociedade possua a maioria dos votos nas deliberações dos quotistas ou da assembleia geral e o poder de eleger a maioria dos administradores;

**II** – a sociedade cujo controle, referido no inciso antecedente, esteja em poder de outra, mediante ações ou quotas possuídas por sociedades ou sociedades por esta já controladas.

**Art. 1.099.** Diz-se coligada ou filiada a sociedade de cujo capital outra sociedade participa com dez por cento ou mais, do capital da outra, sem controlá-la.

**Art. 1.100.** É de simples participação a sociedade de cujo capital outra sociedade possua menos de dez por cento do capital com direito de voto.

**Art. 1.101.** Salvo disposição especial de lei, a sociedade não pode participar de outra, que seja sua sócia, por montante superior, segundo o balanço, ao das próprias reservas, excluída a reserva legal.

**Parágrafo único.** Aprovado o balanço em que se verifique ter sido excedido esse limite, a sociedade não poderá exercer o direito de voto correspondente às ações ou quotas em excesso, as quais devem ser alienadas nos cento e oitenta dias seguintes àquela aprovação.

## Capítulo IX
DA LIQUIDAÇÃO DA SOCIEDADE

**Art. 1.102.** Dissolvida a sociedade e nomeado o liquidante na forma do disposto neste Livro, procede-se à sua liquidação, de conformidade com os preceitos deste Capítulo, ressalvado o disposto no ato constitutivo ou no instrumento da dissolução.

**Parágrafo único.** O liquidante, que não seja administrador da sociedade, investir-se-á nas funções, averbada a sua nomeação no registro próprio.

**Art. 1.103.** Constituem deveres do liquidante:

**I** – averbar e publicar a ata, sentença ou instrumento de dissolução da sociedade;

**II** – arrecadar os bens, livros e documentos da sociedade, onde quer que estejam;

**III** – proceder, nos 15 (quinze) dias seguintes ao da sua investidura e com a assistência, sempre que possível, dos administradores, à elaboração do inventário e do balanço geral do ativo e do passivo;

**IV** – ultimar os negócios da sociedade, realizar o ativo, pagar o passivo e partilhar o remanescente entre os sócios ou acionistas;

**V** – exigir dos quotistas, quando insuficiente o ativo à solução do passivo, a integralização de suas quotas e, se for o caso, as quantias necessárias, nos limites da responsabilidade de cada um e proporcionalmente à respectiva participação nas perdas, repartindo-se, entre os sócios solventes e na mesma proporção, o devido pelo insolvente;

**VI** – convocar assembleia dos quotistas, cada seis meses, para apresentar relatório e balanço do estado da liquidação, prestando conta dos atos praticados durante o semestre, ou sempre que necessário;

**VII** – confessar a falência da sociedade e pedir concordata, de acordo com as formalidades prescritas para o tipo de sociedade liquidanda;

**VIII** – finda a liquidação, apresentar aos sócios o relatório da liquidação e as suas contas finais;

**IX** – averbar a ata da reunião ou da assembleia, ou o instrumento firmado pelos sócios, que considerar encerrada a liquidação.

**Parágrafo único.** Em todos os atos, documentos ou publicações, o liquidante empregará a firma ou denominação social sempre seguida da cláusula "em liquidação" e de sua assinatura individual, com a declaração de sua qualidade.

**Art. 1.104.** As obrigações e a responsabilidade do liquidante regem-se pelos preceitos peculiares às dos administradores da sociedade liquidanda.

**Art. 1.105.** Compete ao liquidante representar a sociedade e praticar todos os atos necessários à sua liquidação, inclusive alienar bens móveis ou imóveis, transigir, receber e dar quitação.

**Parágrafo único.** Sem estar expressamente autorizado pelo contrato social, ou pelo voto da maioria dos sócios, não pode o liquidante gravar de ônus reais os móveis e imóveis, contrair empréstimos, salvo quando indispensáveis ao pagamento de obrigações inadiáveis, nem prosseguir, embora para facilitar a liquidação, na atividade social.

**Art. 1.106.** Respeitados os direitos dos credores preferenciais, pagará o liquidante as dívidas sociais proporcionalmente, sem distinção entre vencidas e vincendas, mas, em relação a estas, com desconto.

**Parágrafo único.** Se o ativo for superior ao passivo, pode o liquidante, sob sua responsabilidade pessoal, pagar integralmente as dívidas vencidas.

**Art. 1.107.** Os sócios podem resolver, por maioria de votos, antes de ultimada a liquidação, mas depois de pagos os credores, que o liquidante faça rateios por antecipação da partilha, à medida em que se apurem os haveres sociais.

**Art. 1.108.** Pago o passivo e partilhado o remanescente, convocará o liquidante assembleia dos sócios para a prestação final de contas.

**Art. 1.109.** Aprovadas as contas, encerra-se a liquidação, e a sociedade se extingue, ao ser averbada no registro próprio a ata da assembleia.

**Parágrafo único.** O dissidente tem o prazo de trinta dias, a contar da publicação da ata, devidamente averbada, para promover a ação que couber.

**Art. 1.110.** Encerrada a liquidação, o credor não satisfeito só terá direito a exigir dos sócios, individualmente, o pagamento do seu crédito, até o limite da soma por eles recebida em partilha, e a propor contra o liquidante ação de perdas e danos.

**Art. 1.111.** No caso de liquidação judicial, será observado o disposto na lei processual.

**Art. 1.112.** No curso de liquidação judicial, o juiz convocará, se necessário, reunião ou assembleia para deliberar sobre os interesses da liquidação, e as presidirá, resolvendo sumariamente as questões suscitadas.

**Parágrafo único.** As atas das assembleias serão, em cópia autêntica, apensadas ao processo judicial.

## Capítulo X
### DA TRANSFORMAÇÃO, DA INCORPORAÇÃO, DA FUSÃO E DA CISÃO DAS SOCIEDADES

**Art. 1.113.** O ato de transformação independe de dissolução ou liquidação da sociedade, e obedecerá aos preceitos reguladores da constituição e inscrição próprios do tipo em que vai converter-se.

**Art. 1.114.** A transformação depende do consentimento de todos os sócios, salvo se prevista no ato constitutivo, caso em que o dissidente poderá retirar-se da sociedade, aplicando-se, no silêncio do estatuto ou do contrato social, o disposto no art. 1.031.

**Art. 1.115.** A transformação não modificará nem prejudicará, em qualquer caso, os direitos dos credores.

**Parágrafo único.** A falência da sociedade transformada somente produzirá efeitos em relação aos sócios que, no tipo anterior, a eles estariam sujeitos, se o pedirem os titulares de créditos anteriores à transformação, e somente a estes beneficiará.

**Art. 1.116.** Na incorporação, uma ou várias sociedades são absorvidas por outra, que lhes sucede em todos os direitos e obrigações, devendo todas aprová-la, na forma estabelecida para os respectivos tipos.

**Art. 1.117.** A deliberação dos sócios da sociedade incorporada deverá aprovar as bases da operação e o projeto de reforma do ato constitutivo.

§ **1.º** A sociedade que houver de ser incorporada tomará conhecimento desse ato, e, se o aprovar, autorizará os administradores a praticar o necessário à incorporação, inclusive a subscrição em bens pelo valor da diferença que se verificar entre o ativo e o passivo.

§ **2.º** A deliberação dos sócios da sociedade incorporadora compreenderá a nomeação dos peritos para a avaliação do patrimônio líquido da sociedade, que tenha de ser incorporada.

**Art. 1.118.** Aprovados os atos da incorporação, a incorporadora declarará extinta a incorporada, e promoverá a respectiva averbação no registro próprio.

**Art. 1.119.** A fusão determina a extinção das sociedades que se unem, para formar sociedade nova, que a elas sucederá nos direitos e obrigações.

**Art. 1.120.** A fusão será decidida, na forma estabelecida para os respectivos tipos, pelas sociedades que pretendam unir-se.

§ 1.º Em reunião ou assembleia dos sócios de cada sociedade, deliberada a fusão e aprovado o projeto do ato constitutivo da nova sociedade, bem como o plano de distribuição do capital social, serão nomeados os peritos para a avaliação do patrimônio da sociedade.

§ 2.º Apresentados os laudos, os administradores convocarão reunião ou assembleia dos sócios para tomar conhecimento deles, decidindo sobre a constituição definitiva da nova sociedade.

§ 3.º É vedado aos sócios votar o laudo de avaliação do patrimônio da sociedade de que façam parte.

**Art. 1.121.** Constituída a nova sociedade, aos administradores incumbe fazer inscrever, no registro próprio da sede, os atos relativos à fusão.

**Art. 1.122.** Até noventa dias após publicados os atos relativos à incorporação, fusão ou cisão, o credor anterior, por ela prejudicado, poderá promover judicialmente a anulação deles.

§ 1.º A consignação em pagamento prejudicará a anulação pleiteada.

§ 2.º Sendo ilíquida a dívida, a sociedade poderá garantir-lhe a execução, suspendendo-se o processo de anulação.

§ 3.º Ocorrendo, no prazo deste artigo, a falência da sociedade incorporadora, da sociedade nova ou da cindida, qualquer credor anterior terá direito a pedir a separação dos patrimônios, para o fim de serem os créditos pagos pelos bens das respectivas massas.

## Capítulo XI
DA SOCIEDADE DEPENDENTE DE AUTORIZAÇÃO

### Seção I
Disposições Gerais

**Art. 1.123.** A sociedade que dependa de autorização do Poder Executivo para funcionar reger-se-á por este título, sem prejuízo do disposto em lei especial.

**Parágrafo único.** A competência para a autorização será sempre do Poder Executivo federal.

**Art. 1.124.** Na falta de prazo estipulado em lei ou em ato do poder público, será considerada caduca a autorização se a sociedade não entrar em funcionamento nos doze meses seguintes à respectiva publicação.

**Art. 1.125.** Ao Poder Executivo é facultado, a qualquer tempo, cassar a autorização concedida a sociedade nacional ou estrangeira que infringir disposição de ordem pública ou praticar atos contrários aos fins declarados no seu estatuto.

### Seção II
Da Sociedade Nacional

**Art. 1.126.** É nacional a sociedade organizada de conformidade com a lei brasileira e que tenha no País a sede de sua administração.

**Parágrafo único.** Quando a lei exigir que todos ou alguns sócios sejam brasileiros, as ações da sociedade anônima revestirão, no silêncio da lei, a forma nominativa. Qualquer que seja o tipo da sociedade, na sua sede ficará arquivada cópia autêntica do documento comprobatório da nacionalidade dos sócios.

**Art. 1.127.** Não haverá mudança de nacionalidade de sociedade brasileira sem o consentimento unânime dos sócios ou acionistas.

**Art. 1.128.** O requerimento de autorização de sociedade nacional deve ser acompanhado de cópia do contrato, assinada por todos os sócios, ou, tratando-se de sociedade anônima, de cópia, autenticada pelos fundadores, dos documentos exigidos pela lei especial.
**Parágrafo único.** Se a sociedade tiver sido constituída por escritura pública, bastará juntar-se ao requerimento a respectiva certidão.
**Art. 1.129.** Ao Poder Executivo é facultado exigir que se procedam a alterações ou aditamento no contrato ou no estatuto, devendo os sócios, ou, tratando-se de sociedade anônima, os fundadores, cumprir as formalidades legais para revisão dos atos constitutivos, e juntar ao processo prova regular.
**Art. 1.130.** Ao Poder Executivo é facultado recusar a autorização, se a sociedade não atender às condições econômicas, financeiras ou jurídicas especificadas em lei.
**Art. 1.131.** Expedido o decreto de autorização, cumprirá à sociedade publicar os atos referidos nos arts. 1.128 e 1.129, em trinta dias, no órgão oficial da União, cujo exemplar representará prova para inscrição, no registro próprio, dos atos constitutivos da sociedade.
**Parágrafo único.** A sociedade promoverá, também no órgão oficial da União e no prazo de trinta dias, a publicação do termo de inscrição.
**Art. 1.132.** As sociedades anônimas nacionais, que dependam de autorização do Poder Executivo para funcionar, não se constituirão sem obtê-la, quando seus fundadores pretenderem recorrer a subscrição pública para a formação do capital.

§ **1.º** Os fundadores deverão juntar ao requerimento cópias autênticas do projeto do estatuto e do prospecto.

§ **2.º** Obtida a autorização e constituída a sociedade, proceder-se-á à inscrição dos seus atos constitutivos.

**Art. 1.133.** Dependem de aprovação as modificações do contrato ou do estatuto de sociedade sujeita a autorização do Poder Executivo, salvo se decorrerem de aumento do capital social, em virtude de utilização de reservas ou reavaliação do ativo.

### *Seção III*
Da Sociedade Estrangeira

**Art. 1.134.** A sociedade estrangeira, qualquer que seja o seu objeto, não pode, sem autorização do Poder Executivo, funcionar no País, ainda que por estabelecimentos subordinados, podendo, todavia, ressalvados os casos expressos em lei, ser acionista de sociedade anônima brasileira.

**§ 1.º** Ao requerimento de autorização devem juntar-se:

**I** – prova de se achar a sociedade constituída conforme a lei de seu país;

**II** – inteiro teor do contrato ou do estatuto;

**III** – relação dos membros de todos os órgãos da administração da sociedade, com nome, nacionalidade, profissão, domicílio e, salvo quanto a ações ao portador, o valor da participação de cada um no capital da sociedade;

**IV** – cópia do ato que autorizou o funcionamento no Brasil e fixou o capital destinado às operações no território nacional;

**V** – prova de nomeação do representante no Brasil, com poderes expressos para aceitar as condições exigidas para a autorização;

**VI** – último balanço.

**§ 2.º** Os documentos serão autenticados, de conformidade com a lei nacional da sociedade requerente, legalizados no consulado brasileiro da respectiva sede e acompanhados de tradução em vernáculo.

**Art. 1.135.** É facultado ao Poder Executivo, para conceder a autorização, estabelecer condições convenientes à defesa dos interesses nacionais.

**Parágrafo único.** Aceitas as condições, expedirá o Poder Executivo decreto de autorização, do qual constará o montante de capital destinado às operações no País, cabendo à sociedade promover a publicação dos atos referidos no art. 1.131 e no § 1.º do art. 1.134.

**Art. 1.136.** A sociedade autorizada não pode iniciar sua atividade antes de inscrita no registro próprio do lugar em que se deva estabelecer.

§ 1.º O requerimento de inscrição será instruído com exemplar da publicação exigida no parágrafo único do artigo antecedente, acompanhado de documento do depósito em dinheiro, em estabelecimento bancário oficial, do capital ali mencionado.

§ 2.º Arquivados esses documentos, a inscrição será feita por termo em livro especial para as sociedades estrangeiras, com número de ordem contínuo para todas as sociedades inscritas; no termo constarão:

I – nome, objeto, duração e sede da sociedade no estrangeiro;

II – lugar da sucursal, filial ou agência, no País;

III – data e número do decreto de autorização;

IV – capital destinado às operações no País;

V – individuação do seu representante permanente.

§ 3.º Inscrita a sociedade, promover-se-á a publicação determinada no parágrafo único do art. 1.131.

**Art. 1.137.** A sociedade estrangeira autorizada a funcionar ficará sujeita às leis e aos tribunais brasileiros, quanto aos atos ou operações praticados no Brasil.

**Parágrafo único.** A sociedade estrangeira funcionará no território nacional com o nome que tiver em seu país de origem, podendo acrescentar as palavras "do Brasil" ou "para o Brasil".

**Art. 1.138.** A sociedade estrangeira autorizada a funcionar é obrigada a ter, permanentemente, representante no Brasil, com poderes para resolver quaisquer questões e receber citação judicial pela sociedade.

**Parágrafo único.** O representante somente pode agir perante terceiros depois de arquivado e averbado o instrumento de sua nomeação.

**Art. 1.139.** Qualquer modificação no contrato ou no estatuto dependerá da aprovação do Poder Executivo, para produzir efeitos no território nacional.

**Art. 1.140.** A sociedade estrangeira deve, sob pena de lhe ser cassada a autorização, reproduzir no órgão oficial da União, e do Estado, se for o caso, as publicações que, segundo a sua lei nacional, seja obrigada a fazer relativamente ao balanço patrimonial e ao de resultado econômico, bem como aos atos de sua administração.

**Parágrafo único.** Sob pena, também, de lhe ser cassada a autorização, a sociedade estrangeira deverá publicar o balanço patrimonial e o de resultado econômico das sucursais, filiais ou agências existentes no País.

**Art. 1.141.** Mediante autorização do Poder Executivo, a sociedade estrangeira admitida a funcionar no País pode nacionalizar-se, transferindo sua sede para o Brasil.

§ 1.º Para o fim previsto neste artigo, deverá a sociedade, por seus representantes, oferecer, com o requerimento, os documentos exigidos no art. 1.134, e ainda a prova da realização do capital, pela forma declarada no contrato, ou no estatuto, e do ato em que foi deliberada a nacionalização.

**§ 2.º** O Poder Executivo poderá impor as condições que julgar convenientes à defesa dos interesses nacionais.

**§ 3.º** Aceitas as condições pelo representante, proceder-se-á, após a expedição do decreto de autorização, à inscrição da sociedade e publicação do respectivo termo.

# TÍTULO III
## DO ESTABELECIMENTO

### Capítulo Único
DISPOSIÇÕES GERAIS

**Art. 1.142.** Considera-se estabelecimento todo complexo de bens organizado, para exercício da empresa, por empresário, ou por sociedade empresária.

**§ 1.º** O estabelecimento não se confunde com o local onde se exerce a atividade empresarial, que poderá ser físico ou virtual.

**§ 2.º** Quando o local onde se exerce a atividade empresarial for virtual, o endereço informado para fins de registro poderá ser, conforme o caso, o endereço do empresário individual ou o de um dos sócios da sociedade empresária.

**§ 3.º** Quando o local onde se exerce a atividade empresarial for físico, a fixação do horário de funcionamento competirá ao Município, observada a regra geral prevista no inciso II do *caput* do art. 3.º da Lei n. 13.874, de 20 de setembro de 2019.

**Art. 1.143.** Pode o estabelecimento ser objeto unitário de direitos e de negócios jurídicos, translativos ou constitutivos, que sejam compatíveis com a sua natureza.

**Art. 1.144.** O contrato que tenha por objeto a alienação, o usufruto ou arrendamento do estabelecimento, só produzirá efeitos quanto a terceiros depois de averbado à margem da inscrição do empresário, ou da sociedade empresária, no Registro Público de Empresas Mercantis, e de publicado na imprensa oficial.

**Art. 1.145.** Se ao alienante não restarem bens suficientes para solver o seu passivo, a eficácia da alienação do estabelecimento depende do pagamento de todos os credores, ou do consentimento destes, de modo expresso ou tácito, em trinta dias a partir de sua notificação.

**Art. 1.146.** O adquirente do estabelecimento responde pelo pagamento dos débitos anteriores à transferência, desde que regularmente contabilizados, continuando o devedor primitivo solidariamente obrigado pelo prazo de um ano, a partir, quanto aos créditos vencidos, da publicação, e, quanto aos outros, da data do vencimento.

**Art. 1.147.** Não havendo autorização expressa, o alienante do estabelecimento não pode fazer concorrência ao adquirente, nos cinco anos subsequentes à transferência.

**Parágrafo único.** No caso de arrendamento ou usufruto do estabelecimento, a proibição prevista neste artigo persistirá durante o prazo do contrato.

**Art. 1.148.** Salvo disposição em contrário, a transferência importa a sub-rogação do adquirente nos contratos estipulados para exploração do estabelecimento, se não tiverem caráter pessoal, podendo os terceiros rescindir o contrato em 90 (noventa) dias a contar da publicação da transferência, se ocorrer justa causa, ressalvada, neste caso, a responsabilidade do alienante.

**Art. 1.149.** A cessão dos créditos referentes ao estabelecimento transferido produzirá efeito em relação aos respectivos devedores, desde o momento da publicação da transferência, mas o devedor ficará exonerado se de boa-fé pagar ao cedente.

# TÍTULO IV
## DOS INSTITUTOS COMPLEMENTARES

### Capítulo I
DO REGISTRO

**Art. 1.150.** O empresário e a sociedade empresária vinculam-se ao Registro Público de Empresas Mercantis a cargo das Juntas Comerciais, e a sociedade simples ao Registro Civil das Pessoas Jurídicas, o qual deverá obedecer às normas fixadas para aquele registro, se a sociedade simples adotar um dos tipos de sociedade empresária.

**Art. 1.151.** O registro dos atos sujeitos à formalidade exigida no artigo antecedente será requerido pela pessoa obrigada em lei, e, no caso de omissão ou demora, pelo sócio ou qualquer interessado.

§ 1.º Os documentos necessários ao registro deverão ser apresentados no prazo de trinta dias, contado da lavratura dos atos respectivos.

§ 2.º Requerido além do prazo previsto neste artigo, o registro somente produzirá efeito a partir da data de sua concessão.

§ 3.º As pessoas obrigadas a requerer o registro responderão por perdas e danos, em caso de omissão ou demora.

**Art. 1.152.** Cabe ao órgão incumbido do registro verificar a regularidade das publicações determinadas em lei, de acordo com o disposto nos parágrafos deste artigo.

§ 1.º Salvo exceção expressa, as publicações ordenadas neste Livro serão feitas no órgão oficial da União ou do Estado, conforme o local da sede do empresário ou da sociedade, e em jornal de grande circulação.

**§ 2.º** As publicações das sociedades estrangeiras serão feitas nos órgãos oficiais da União e do Estado onde tiverem sucursais, filiais ou agências.

**§ 3.º** O anúncio de convocação da assembleia de sócios será publicado por três vezes, ao menos, devendo mediar, entre a data da primeira inserção e a da realização da assembleia, o prazo mínimo de oito dias, para a primeira convocação, e de cinco dias, para as posteriores.

**Art. 1.153.** Cumpre à autoridade competente, antes de efetivar o registro, verificar a autenticidade e a legitimidade do signatário do requerimento, bem como fiscalizar a observância das prescrições legais concernentes ao ato ou aos documentos apresentados.

**Parágrafo único.** Das irregularidades encontradas deve ser notificado o requerente, que, se for o caso, poderá saná-las, obedecendo às formalidades da lei.

**Art. 1.154.** O ato sujeito a registro, ressalvadas disposições especiais da lei, não pode, antes do cumprimento das respectivas formalidades, ser oposto a terceiro, salvo prova de que este o conhecia.

**Parágrafo único.** O terceiro não pode alegar ignorância, desde que cumpridas as referidas formalidades.

## Capítulo II
### DO NOME EMPRESARIAL

**Art. 1.155.** Considera-se nome empresarial a firma ou a denominação adotada, de conformidade com este Capítulo, para o exercício de empresa.

**Parágrafo único.** Equipara-se ao nome empresarial, para os efeitos da proteção da lei, a denominação das sociedades simples, associações e fundações.

**Art. 1.156.** O empresário opera sob firma constituída por seu nome, completo ou abreviado, aditando-lhe, se quiser, designação mais precisa da sua pessoa ou do gênero de atividade.

**Art. 1.157.** A sociedade em que houver sócios de responsabilidade ilimitada operará sob firma, na qual somente os nomes daqueles poderão figurar, bastando para formá-la aditar ao nome de um deles a expressão "e companhia" ou sua abreviatura.

**Parágrafo único.** Ficam solidária e ilimitadamente responsáveis pelas obrigações contraídas sob a firma social aqueles que, por seus nomes, figurarem na firma da sociedade de que trata este artigo.

**Art. 1.158.** Pode a sociedade limitada adotar firma ou denominação, integradas pela palavra final "limitada" ou a sua abreviatura.

§ 1.º A firma será composta com o nome de um ou mais sócios, desde que pessoas físicas, de modo indicativo da relação social.

§ 2.º A denominação deve designar o objeto da sociedade, sendo permitido nela figurar o nome de um ou mais sócios.

§ 3.º A omissão da palavra "limitada" determina a responsabilidade solidária e ilimitada dos administradores que assim empregarem a firma ou a denominação da sociedade.

**Art. 1.159.** A sociedade cooperativa funciona sob denominação integrada pelo vocábulo "cooperativa".

**Art. 1.160.** A sociedade anônima opera sob denominação integrada pelas expressões sociedade anônima ou companhia, por extenso ou abreviadamente, facultada a designação do objeto social.

**Parágrafo único.** Pode constar da denominação o nome do fundador, acionista, ou pessoa que haja concorrido para o bom êxito da formação da empresa.

**Art. 1.161.** A sociedade em comandita por ações pode, em lugar de firma, adotar denominação aditada da expressão comandita por ações, facultada a designação do objeto social.

**Art. 1.162.** A sociedade em conta de participação não pode ter firma ou denominação.

**Art. 1.163.** O nome de empresário deve distinguir-se de qualquer outro já inscrito no mesmo registro.

**Parágrafo único.** Se o empresário tiver nome idêntico ao de outros já inscritos, deverá acrescentar designação que o distinga.

**Art. 1.164.** O nome empresarial não pode ser objeto de alienação.

**Parágrafo único.** O adquirente de estabelecimento, por ato entre vivos, pode, se o contrato o permitir, usar o nome do alienante, precedido do seu próprio, com a qualificação de sucessor.

**Art. 1.165.** O nome de sócio que vier a falecer, for excluído ou se retirar, não pode ser conservado na firma social.

**Art. 1.166.** A inscrição do empresário, ou dos atos constitutivos das pessoas jurídicas, ou as respectivas averbações, no registro próprio, asseguram o uso exclusivo do nome nos limites do respectivo Estado.

**Parágrafo único.** O uso previsto neste artigo estender-se-á a todo o território nacional, se registrado na forma da lei especial.

**Art. 1.167.** Cabe ao prejudicado, a qualquer tempo, ação para anular a inscrição do nome empresarial feita com violação da lei ou do contrato.

**Art. 1.168.** A inscrição do nome empresarial será cancelada, a requerimento de qualquer interessado, quando cessar o exercício da atividade para que foi adotado, ou quando ultimar-se a liquidação da sociedade que o inscreveu.

## Capítulo III
DOS PREPOSTOS

*Seção I*
Disposições Gerais

**Art. 1.169.** O preposto não pode, sem autorização escrita, fazer-se substituir no desempenho da preposição, sob pena de responder pessoalmente pelos atos do substituto e pelas obrigações por ele contraídas.

**Art. 1.170.** O preposto, salvo autorização expressa, não pode negociar por conta própria ou de terceiro, nem participar, embora indiretamente, de operação do mesmo gênero da que lhe foi cometida, sob pena de responder por perdas e danos e de serem retidos pelo preponente os lucros da operação.

**Art. 1.171.** Considera-se perfeita a entrega de papéis, bens ou valores ao preposto, encarregado pelo preponente, se os recebeu sem protesto, salvo nos casos em que haja prazo para reclamação.

*Seção II*
Do Gerente

**Art. 1.172.** Considera-se gerente o preposto permanente no exercício da empresa, na sede desta, ou em sucursal, filial ou agência.

**Art. 1.173.** Quando a lei não exigir poderes especiais, considera-se o gerente autorizado a praticar todos os atos necessários ao exercício dos poderes que lhe foram outorgados.

**Parágrafo único.** Na falta de estipulação diversa, consideram-se solidários os poderes conferidos a dois ou mais gerentes.

**Art. 1.174.** As limitações contidas na outorga de poderes, para serem opostas a terceiros, dependem do arquivamento e averbação do instrumento no Registro Público de Empresas Mercantis, salvo se provado serem conhecidas da pessoa que tratou com o gerente.

**Parágrafo único.** Para o mesmo efeito e com idêntica ressalva, deve a modificação ou revogação do mandato ser arquivada e averbada no Registro Público de Empresas Mercantis.

**Art. 1.175.** O preponente responde com o gerente pelos atos que este pratique em seu próprio nome, mas à conta daquele.

**Art. 1.176.** O gerente pode estar em juízo em nome do preponente, pelas obrigações resultantes do exercício da sua função.

*Seção III*
Do Contabilista e Outros Auxiliares

**Art. 1.177.** Os assentos lançados nos livros ou fichas do preponente, por qualquer dos prepostos encarregados de sua escrituração, produzem, salvo se houver procedido de má-fé, os mesmos efeitos como se o fossem por aquele.

**Parágrafo único.** No exercício de suas funções, os prepostos são pessoalmente responsáveis, perante os preponentes, pelos atos culposos; e, perante terceiros, solidariamente com o preponente, pelos atos dolosos.

**Art. 1.178.** Os preponentes são responsáveis pelos atos de quaisquer prepostos, praticados nos seus estabelecimentos e relativos à atividade da empresa, ainda que não autorizados por escrito.

**Parágrafo único.** Quando tais atos forem praticados fora do estabelecimento, somente obrigarão o preponente nos limites dos poderes conferidos por escrito, cujo instrumento pode ser suprido pela certidão ou cópia autêntica do seu teor.

## Capítulo IV
### DA ESCRITURAÇÃO

**Art. 1.179.** O empresário e a sociedade empresária são obrigados a seguir um sistema de contabilidade, mecanizado ou não, com base na escrituração uniforme de seus livros, em correspondência com a documentação respectiva, e a levantar anualmente o balanço patrimonial e o de resultado econômico.

§ 1.º Salvo o disposto no art. 1.180, o número e a espécie de livros ficam a critério dos interessados.

§ 2.º É dispensado das exigências deste artigo o pequeno empresário a que se refere o art. 970.

**Art. 1.180.** Além dos demais livros exigidos por lei, é indispensável o Diário, que pode ser substituído por fichas no caso de escrituração mecanizada ou eletrônica.

**Parágrafo único.** A adoção de fichas não dispensa o uso de livro apropriado para o lançamento do balanço patrimonial e do de resultado econômico.

**Art. 1.181.** Salvo disposição especial de lei, os livros obrigatórios e, se for o caso, as fichas, antes de postos em uso, devem ser autenticados no Registro Público de Empresas Mercantis.

**Parágrafo único.** A autenticação não se fará sem que esteja inscrito o empresário, ou a sociedade empresária, que poderá fazer autenticar livros não obrigatórios.

**Art. 1.182.** Sem prejuízo do disposto no art. 1.174, a escrituração ficará sob a responsabilidade de contabilista legalmente habilitado, salvo se nenhum houver na localidade.

**Art. 1.183.** A escrituração será feita em idioma e moeda correntes nacionais e em forma contábil, por ordem cronológica de dia, mês e ano, sem intervalos em branco, nem entrelinhas, borrões, rasuras, emendas ou transportes para as margens.

**Parágrafo único.** É permitido o uso de código de números ou de abreviaturas, que constem de livro próprio, regularmente autenticado.

**Art. 1.184.** No Diário serão lançadas, com individuação, clareza e caracterização do documento respectivo, dia a dia, por escrita direta ou reprodução, todas as operações relativas ao exercício da empresa.

**§ 1.º** Admite-se a escrituração resumida do Diário, com totais que não excedam o período de 30 (trinta) dias, relativamente a contas cujas operações sejam numerosas ou realizadas fora da sede do estabelecimento, desde que utilizados livros auxiliares regularmente autenticados, para registro individualizado, e conservados os documentos que permitam a sua perfeita verificação.

**§ 2.º** Serão lançados no Diário o balanço patrimonial e o de resultado econômico, devendo ambos ser assinados por técnico em Ciências Contábeis legalmente habilitado e pelo empresário ou sociedade empresária.

**Art. 1.185.** O empresário ou sociedade empresária que adotar o sistema de fichas de lançamentos poderá substituir o livro Diário pelo livro Balancetes Diários e Balanços, observadas as mesmas formalidades extrínsecas exigidas para aquele.

**Art. 1.186.** O livro Balancetes Diários e Balanços será escriturado de modo que registre:

**I –** a posição diária de cada uma das contas ou títulos contábeis, pelo respectivo saldo, em forma de balancetes diários;

**II –** o balanço patrimonial e o de resultado econômico, no encerramento do exercício.

**Art. 1.187.** Na coleta dos elementos para o inventário serão observados os critérios de avaliação a seguir determinados:

**I –** os bens destinados à exploração da atividade serão avaliados pelo custo de aquisição, devendo, na avaliação dos que se desgastam ou depreciam com o uso, pela ação do tempo ou outros fatores, atender-se à desvalorização respectiva, criando-se fundos de amortização para assegurar-lhes a substituição ou a conservação do valor;

**II –** os valores mobiliários, matéria-prima, bens destinados à alienação, ou que constituem produtos ou artigos da indústria ou comércio da empresa, podem ser estimados pelo custo de aquisição ou de fabricação, ou pelo preço corrente, sempre que este for inferior ao preço de custo, e quando o preço corrente ou venal estiver acima do valor do custo de aquisição, ou fabricação, e os bens forem avaliados pelo preço corrente, a diferença entre este e o preço de custo não será levada em conta para a distribuição de lucros, nem para as percentagens referentes a fundos de reserva;

**III –** o valor das ações e dos títulos de renda fixa pode ser determinado com base na respectiva cotação da Bolsa de Valores; os não cotados e as participações não acionárias serão considerados pelo seu valor de aquisição;

**IV –** os créditos serão considerados de conformidade com o presumível valor de realização, não se levando em conta os prescritos ou de difícil liquidação, salvo se houver, quanto aos últimos, previsão equivalente.

**Parágrafo único.** Entre os valores do ativo podem figurar, desde que se preceda, anualmente, à sua amortização:

**I –** as despesas de instalação da sociedade, até o limite correspondente a dez por cento do capital social;

**II –** os juros pagos aos acionistas da sociedade anônima, no período antecedente ao início das operações sociais, à taxa não superior a doze por cento ao ano, fixada no estatuto;

**III** – a quantia efetivamente paga a título de aviamento de estabelecimento adquirido pelo empresário ou sociedade.

**Art. 1.188.** O balanço patrimonial deverá exprimir, com fidelidade e clareza, a situação real da empresa e, atendidas as peculiaridades desta, bem como as disposições das leis especiais, indicará, distintamente, o ativo e o passivo.

**Parágrafo único.** Lei especial disporá sobre as informações que acompanharão o balanço patrimonial, em caso de sociedades coligadas.

**Art. 1.189.** O balanço de resultado econômico, ou demonstração da conta de lucros e perdas, acompanhará o balanço patrimonial e dele constarão crédito e débito, na forma da lei especial.

**Art. 1.190.** Ressalvados os casos previstos em lei, nenhuma autoridade, juiz ou tribunal, sob qualquer pretexto, poderá fazer ou ordenar diligência para verificar se o empresário ou a sociedade empresária observam, ou não, em seus livros e fichas, as formalidades prescritas em lei.

**Art. 1.191.** O juiz só poderá autorizar a exibição integral dos livros e papéis de escrituração quando necessária para resolver questões relativas a sucessão, comunhão ou sociedade, administração ou gestão à conta de outrem, ou em caso de falência.

§ 1.º O juiz ou tribunal que conhecer de medida cautelar ou de ação pode, a requerimento ou de ofício, ordenar que os livros de qualquer das partes, ou de ambas, sejam examinados na presença do empresário ou da sociedade empresária a que pertencerem, ou de pessoas por estes nomeadas, para deles se extrair o que interessar à questão.

§ 2.º Achando-se os livros em outra jurisdição, nela se fará o exame, perante o respectivo juiz.

**Art. 1.192.** Recusada a apresentação dos livros, nos casos do artigo antecedente, serão apreendidos judicialmente e, no do seu § 1.º, ter-se-á como verdadeiro o alegado pela parte contrária para se provar pelos livros.

**Parágrafo único.** A confissão resultante da recusa pode ser elidida por prova documental em contrário.

**Art. 1.193.** As restrições estabelecidas neste Capítulo ao exame da escrituração, em parte ou por inteiro, não se aplicam às autoridades fazendárias, no exercício da fiscalização do pagamento de impostos, nos termos estritos das respectivas leis especiais.

**Art. 1.194.** O empresário e a sociedade empresária são obrigados a conservar em boa guarda toda a escrituração, correspondência e mais papéis concernentes à sua atividade, enquanto não ocorrer prescrição ou decadência no tocante aos atos neles consignados.

**Art. 1.195.** As disposições deste Capítulo aplicam-se às sucursais, filiais ou agências, no Brasil, do empresário ou sociedade com sede em país estrangeiro.

# LIVRO III
## DO DIREITO DAS COISAS

## TÍTULO I
### DA POSSE

#### Capítulo I
DA POSSE E SUA CLASSIFICAÇÃO

**Art. 1.196.** Considera-se possuidor todo aquele que tem de fato o exercício, pleno ou não, de algum dos poderes inerentes à propriedade.

**Art. 1.197.** A posse direta, de pessoa que tem a coisa em seu poder, temporariamente, em virtude de direito pessoal, ou real, não anula a indireta, de quem aquela foi havida, podendo o possuidor direto defender a sua posse contra o indireto.

**Art. 1.198.** Considera-se detentor aquele que, achando-se em relação de dependência para com outro, conserva a posse em nome deste e em cumprimento de ordens ou instruções suas.

**Parágrafo único.** Aquele que começou a comportar-se do modo como prescreve este artigo, em relação ao bem e à outra pessoa, presume-se detentor, até que prove o contrário.

**Art. 1.199.** Se duas ou mais pessoas possuírem coisa indivisa, poderá cada uma exercer sobre ela atos possessórios, contanto que não excluam os dos outros compossuidores.

**Art. 1.200.** É justa a posse que não for violenta, clandestina ou precária.

**Art. 1.201.** É de boa-fé a posse, se o possuidor ignora o vício, ou o obstáculo que impede a aquisição da coisa.

**Parágrafo único.** O possuidor com justo título tem por si a presunção de boa-fé, salvo prova em contrário, ou quando a lei expressamente não admite esta presunção.

**Art. 1.202.** A posse de boa-fé só perde este caráter no caso e desde o momento em que as circunstâncias façam presumir que o possuidor não ignora que possui indevidamente.

**Art. 1.203.** Salvo prova em contrário, entende-se manter a posse o mesmo caráter com que foi adquirida.

## Capítulo II
### DA AQUISIÇÃO DA POSSE

**Art. 1.204.** Adquire-se a posse desde o momento em que se torna possível o exercício, em nome próprio, de qualquer dos poderes inerentes à propriedade.

**Art. 1.205.** A posse pode ser adquirida:

I – pela própria pessoa que a pretende ou por seu representante;

II – por terceiro sem mandato, dependendo de ratificação.

**Art. 1.206.** A posse transmite-se aos herdeiros ou legatários do possuidor com os mesmos caracteres.

**Art. 1.207.** O sucessor universal continua de direito a posse do seu antecessor; e ao sucessor singular é facultado unir sua posse à do antecessor, para os efeitos legais.

**Art. 1.208.** Não induzem posse os atos de mera permissão ou tolerância assim como não autorizam a sua aquisição os atos violentos, ou clandestinos, senão depois de cessar a violência ou a clandestinidade.

**Art. 1.209.** A posse do imóvel faz presumir, até prova contrária, a das coisas móveis que nele estiverem.

## Capítulo III
### DOS EFEITOS DA POSSE

**Art. 1.210.** O possuidor tem direito a ser mantido na posse em caso de turbação, restituído no de esbulho, e segurado de violência iminente, se tiver justo receio de ser molestado.

§ 1.º O possuidor turbado, ou esbulhado, poderá manter-se ou restituir-se por sua própria força, contanto que o faça logo; os atos de defesa, ou de desforço, não podem ir além do indispensável à manutenção, ou restituição da posse.

§ 2.º Não obsta à manutenção ou reintegração na posse a alegação de propriedade, ou de outro direito sobre a coisa.

**Art. 1.211.** Quando mais de uma pessoa se disser possuidora, manter-se-á provisoriamente a que tiver a coisa, se não estiver manifesto que a obteve de alguma das outras por modo vicioso.

**Art. 1.212.** O possuidor pode intentar a ação de esbulho, ou a de indenização, contra o terceiro, que recebeu a coisa esbulhada sabendo que o era.

**Art. 1.213.** O disposto nos artigos antecedentes não se aplica às servidões não aparentes, salvo quando os respectivos títulos provierem do possuidor do prédio serviente, ou daqueles de quem este o houve.

**Art. 1.214.** O possuidor de boa-fé tem direito, enquanto ela durar, aos frutos percebidos.

**Parágrafo único.** Os frutos pendentes ao tempo em que cessar a boa-fé devem ser restituídos, depois de deduzidas as despesas da produção e custeio; devem ser também restituídos os frutos colhidos com antecipação.

**Art. 1.215.** Os frutos naturais e industriais reputam-se colhidos e percebidos, logo que são separados; os civis reputam-se percebidos dia por dia.

**Art. 1.216.** O possuidor de má-fé responde por todos os frutos colhidos e percebidos, bem como pelos que, por culpa sua, deixou de perceber, desde o momento em que se constituiu de má-fé; tem direito às despesas da produção e custeio.

**Art. 1.217.** O possuidor de boa-fé não responde pela perda ou deterioração da coisa, a que não der causa.

**Art. 1.218.** O possuidor de má-fé responde pela perda, ou deterioração da coisa, ainda que acidentais, salvo se provar que de igual modo se teriam dado, estando ela na posse do reivindicante.

**Art. 1.219.** O possuidor de boa-fé tem direito à indenização das benfeitorias necessárias e úteis, bem como, quanto às voluptuárias, se não lhe forem pagas, a levantá-las, quando o puder sem detrimento da coisa, e poderá exercer o direito de retenção pelo valor das benfeitorias necessárias e úteis.

**Art. 1.220.** Ao possuidor de má-fé serão ressarcidas somente as benfeitorias necessárias; não lhe assiste o direito de retenção pela importância destas, nem o de levantar as voluptuárias.

**Art. 1.221.** As benfeitorias compensam-se com os danos, e só obrigam ao ressarcimento se ao tempo da evicção ainda existirem.

**Art. 1.222.** O reivindicante, obrigado a indenizar as benfeitorias ao possuidor de má-fé, tem o direito de optar entre o seu valor atual e o seu custo; ao possuidor de boa-fé indenizará pelo valor atual.

## Capítulo IV
### DA PERDA DA POSSE

**Art. 1.223.** Perde-se a posse quando cessa, embora contra a vontade do possuidor, o poder sobre o bem, ao qual se refere o art. 1.196.

**Art. 1.224.** Só se considera perdida a posse para quem não presenciou o esbulho, quando, tendo notícia dele, se abstém de retornar a coisa, ou, tentando recuperá-la, é violentamente repelido.

# TÍTULO II
## DOS DIREITOS REAIS

### Capítulo Único
#### DISPOSIÇÕES GERAIS

**Art. 1.225.** São direitos reais:

  **I** – a propriedade;

  **II** – a superfície;

**III** – as servidões;
**IV** – o usufruto;
**V** – o uso;
**VI** – a habitação;
**VII** – o direito do promitente comprador do imóvel;
**VIII** – o penhor;
**IX** – a hipoteca;
**X** – a anticrese;
**XI** – a concessão de uso especial para fins de moradia;
**XII** - a concessão de direito real de uso;

•• Inciso XII com redação determinada pela Lei n. 14.620, de 13-7-2023.

**XIII** - a laje;

•• Inciso XIII com redação determinada pela Lei n. 14.620, de 13-7-2023.

**XIV** - os direitos oriundos da imissão provisória na posse, quando concedida à União, aos Estados, ao Distrito Federal, aos Municípios ou às suas entidades delegadas e a respectiva cessão e promessa de cessão.

•• Inciso XIV acrescentado pela Lei n. 14.620, de 13-7-2023.

**Art. 1.226.** Os direitos reais sobre coisas móveis, quando constituídos, ou transmitidos por atos entre vivos, só se adquirem com a tradição.

**Art. 1.227.** Os direitos reais sobre imóveis constituídos, ou transmitidos por atos entre vivos, só se adquirem com o registro no Cartório de Registro de Imóveis dos referidos títulos (arts. 1.245 a 1.247), salvo os casos expressos neste Código.

# TÍTULO III
## DA PROPRIEDADE

### Capítulo I
DA PROPRIEDADE EM GERAL

*Seção I*
Disposições Preliminares

**Art. 1.228.** O proprietário tem a faculdade de usar, gozar e dispor da coisa, e o direito de reavê-la do poder de quem quer que injustamente a possua ou detenha.

**§ 1.º** O direito de propriedade deve ser exercido em consonância com as suas finalidades econômicas e sociais e de modo que sejam preservados, de conformidade com o estabelecido em lei especial, a flora, a fauna, as belezas naturais, o equilíbrio ecológico e o patrimônio histórico e artístico, bem como evitada a poluição do ar e das águas.

**§ 2.º** São defesos os atos que não trazem ao proprietário qualquer comodidade, ou utilidade, e sejam animados pela intenção de prejudicar outrem.

**§ 3.º** O proprietário pode ser privado da coisa, nos casos de desapropriação, por necessidade ou utilidade pública ou interesse social, bem como no de requisição, em caso de perigo público iminente.

**§ 4.º** O proprietário também pode ser privado da coisa se o imóvel reivindicado consistir em extensa área, na posse ininterrupta e de boa-fé, por mais de cinco anos, de considerável número de pessoas, e estas nela houverem realizado, em conjunto ou separadamente, obras e serviços considerados pelo juiz de interesse social e econômico relevante.

**§ 5.º** No caso do parágrafo antecedente, o juiz fixará a justa indenização devida ao proprietário; pago o preço, valerá a sentença como título para o registro do imóvel em nome dos possuidores.

**Art. 1.229.** A propriedade do solo abrange a do espaço aéreo e subsolo correspondentes, em altura e profundidade úteis ao seu exercício, não podendo o proprietário opor-se a atividades que sejam realizadas, por terceiros, a uma altura ou profundidade tais, que não tenha ele interesse legítimo em impedi-las.

**Art. 1.230.** A propriedade do solo não abrange as jazidas, minas e demais recursos minerais, os potenciais de energia hidráulica, os monumentos arqueológicos e outros bens referidos por leis especiais.

**Parágrafo único.** O proprietário do solo tem o direito de explorar os recursos minerais de emprego imediato na construção civil, desde que não submetidos a transformação industrial, obedecido o disposto em lei especial.

**Art. 1.231.** A propriedade presume-se plena e exclusiva, até prova em contrário.

**Art. 1.232.** Os frutos e mais produtos da coisa pertencem, ainda quando separados, ao seu proprietário, salvo se, por preceito jurídico especial, couberem a outrem.

*Seção II*
Da Descoberta

**Art. 1.233.** Quem quer que ache coisa alheia perdida há de restituí-la ao dono ou legítimo possuidor.

**Parágrafo único.** Não o conhecendo, o descobridor fará por encontrá-lo, e, se não o encontrar, entregará a coisa achada à autoridade competente.

**Art. 1.234.** Aquele que restituir a coisa achada, nos termos do artigo antecedente, terá direito a uma recompensa não inferior a cinco por cento do seu valor, e à indenização pelas despesas que houver feito com a conservação e transporte da coisa, se o dono não preferir abandoná-la.

**Parágrafo único.** Na determinação do montante da recompensa, considerar-se-á o esforço desenvolvido pelo descobridor para encontrar o dono, ou o legítimo possuidor, as possibilidades que teria este de encontrar a coisa e a situação econômica de ambos.

**Art. 1.235.** O descobridor responde pelos prejuízos causados ao proprietário ou possuidor legítimo, quando tiver procedido com dolo.

**Art. 1.236.** A autoridade competente dará conhecimento da descoberta através da imprensa e outros meios de informação, somente expedindo editais se o seu valor os comportar.

**Art. 1.237.** Decorridos sessenta dias da divulgação da notícia pela imprensa, ou do edital, não se apresentando quem comprove a propriedade sobre a coisa, será esta vendida em hasta pública e, deduzidas do preço as despesas, mais a recompensa do descobridor, pertencerá o remanescente ao Município em cuja circunscrição se deparou o objeto perdido.

**Parágrafo único.** Sendo de diminuto valor, poderá o Município abandonar a coisa em favor de quem a achou.

## Capítulo II
DA AQUISIÇÃO DA PROPRIEDADE IMÓVEL

### *Seção I*
Da Usucapião

**Art. 1.238.** Aquele que, por quinze anos, sem interrupção, nem oposição, possuir como seu um imóvel, adquire-lhe a propriedade, independentemente de título e boa-fé; podendo requerer ao juiz que assim o declare por sentença, a qual servirá de título para o registro no Cartório de Registro de Imóveis.

**Parágrafo único.** O prazo estabelecido neste artigo reduzir-se-á a dez anos se o possuidor houver estabelecido no imóvel a sua moradia habitual, ou nele realizado obras ou serviços de caráter produtivo.

**Art. 1.239.** Aquele que, não sendo proprietário de imóvel rural ou urbano, possua como sua, por cinco anos ininterruptos, sem oposição, área de terra em zona rural não superior a cinquenta hectares, tornando-a produtiva por seu trabalho ou de sua família, tendo nela sua moradia, adquirir-lhe-á a propriedade.

**Art. 1.240.** Aquele que possuir, como sua, área urbana de até duzentos e cinquenta metros quadrados, por cinco anos ininterruptamente e sem oposição, utilizando-a para sua moradia ou de sua família, adquirir-lhe-á o domínio, desde que não seja proprietário de outro imóvel urbano ou rural.

**§ 1.º** O título de domínio e a concessão de uso serão conferidos ao homem ou à mulher, ou a ambos, independentemente do estado civil.

**§ 2.º** O direito previsto no parágrafo antecedente não será reconhecido ao mesmo possuidor mais de uma vez.

**Art. 1.240-A.** Aquele que exercer, por 2 (dois) anos ininterruptamente e sem oposição, posse direta, com exclusividade, sobre imóvel urbano de até 250m$^2$ (duzentos e cinquenta metros quadrados) cuja propriedade divida com ex-cônjuge ou ex-companheiro que abandonou o lar, utilizando-o para sua moradia ou de sua família, adquirir-lhe-á o domínio integral, desde que não seja proprietário de outro imóvel urbano ou rural.

**§ 1.º** O direito previsto no *caput* não será reconhecido ao mesmo possuidor mais de uma vez.

**§ 2.º** (*Vetado.*)

**Art. 1.241.** Poderá o possuidor requerer ao juiz seja declarada adquirida, mediante usucapião, a propriedade imóvel.

**Parágrafo único.** A declaração obtida na forma deste artigo constituirá título hábil para o registro no Cartório de Registro de Imóveis.

**Art. 1.242.** Adquire também a propriedade do imóvel aquele que, contínua e incontestadamente, com justo título e boa-fé, o possuir por dez anos.

**Parágrafo único.** Será de cinco anos o prazo previsto neste artigo se o imóvel houver sido adquirido, onerosamente, com base no registro constante do respectivo cartório, cancelada posteriormente, desde que os possuidores nele tiverem estabelecido a sua moradia, ou realizado investimentos de interesse social e econômico.

**Art. 1.243.** O possuidor pode, para o fim de contar o tempo exigido pelos artigos antecedentes, acrescentar à sua posse a dos seus antecessores (art. 1.207), contanto que todas sejam contínuas, pacíficas e, nos casos do art. 1.242, com justo título e de boa-fé.

**Art. 1.244.** Estende-se ao possuidor o disposto quanto ao devedor acerca das causas que obstam, suspendem ou interrompem a prescrição, as quais também se aplicam à usucapião.

*Seção II*
Da Aquisição pelo Registro do Título

**Art. 1.245.** Transfere-se entre vivos a propriedade mediante o registro do título translativo no Registro de Imóveis.

§ 1.º Enquanto não se registrar o título translativo, o alienante continua a ser havido como dono do imóvel.

§ 2.º Enquanto não se promover, por meio de ação própria, a decretação de invalidade do registro, e o respectivo cancelamento, o adquirente continua a ser havido como dono do imóvel.

**Art. 1.246.** O registro é eficaz desde o momento em que se apresentar o título ao oficial do registro, e este o prenotar no protocolo.

**Art. 1.247.** Se o teor do registro não exprimir a verdade, poderá o interessado reclamar que se retifique ou anule.

**Parágrafo único.** Cancelado o registro, poderá o proprietário reivindicar o imóvel, independentemente da boa-fé ou do título do terceiro adquirente.

*Seção III*
Da Aquisição por Acessão

**Art. 1.248.** A acessão pode dar-se:

**I** – por formação de ilhas;

**II** – por aluvião;

**III** – por avulsão;

**IV** – por abandono de álveo;

**V** – por plantações ou construções.

*Subseção I*
Das ilhas

**Art. 1.249.** As ilhas que se formarem em correntes comuns ou particulares pertencem aos proprietários ribeirinhos fronteiros, observadas as regras seguintes:

**I** – as que se formarem no meio do rio consideram-se acréscimos sobrevindos aos terrenos ribeirinhos fronteiros de ambas as margens, na proporção de suas testadas, até a linha que dividir o álveo em duas partes iguais;

**II** – as que se formarem entre a referida linha e uma das margens consideram-se acréscimos aos terrenos ribeirinhos fronteiros desse mesmo lado;

**III** – as que se formarem pelo desdobramento de um novo braço do rio continuam a pertencer aos proprietários dos terrenos à custa dos quais se constituíram.

*Subseção II*
Da aluvião

**Art. 1.250.** Os acréscimos formados, sucessiva e imperceptivelmente, por depósitos e aterros naturais ao longo das margens das correntes, ou pelo desvio das águas destas, pertencem aos donos dos terrenos marginais, sem indenização.
**Parágrafo único.** O terreno aluvial, que se formar em frente de prédios de proprietários diferentes, dividir-se-á entre eles, na proporção da testada de cada um sobre a antiga margem.

*Subseção III*
Da avulsão

**Art. 1.251.** Quando, por força natural violenta, uma porção de terra se destacar de um prédio e se juntar a outro, o dono deste adquirirá a propriedade do acréscimo, se indenizar o dono do primeiro ou, sem indenização, se, em um ano, ninguém houver reclamado.
**Parágrafo único.** Recusando-se ao pagamento de indenização, o dono do prédio a que se juntou a porção de terra deverá aquiescer a que se remova a parte acrescida.

*Subseção IV*
Do álveo abandonado

**Art. 1.252.** O álveo abandonado de corrente pertence aos proprietários ribeirinhos das duas margens, sem que tenham indenização os donos dos terrenos por onde as águas abrirem novo curso, entendendo-se que os prédios marginais se estendem até o meio do álveo.

*Subseção V*
Das construções e plantações

**Art. 1.253.** Toda construção ou plantação existente em um terreno presume-se feita pelo proprietário e à sua custa, até que se prove o contrário.

**Art. 1.254.** Aquele que semeia, planta ou edifica em terreno próprio com sementes, plantas ou materiais alheios, adquire a propriedade destes; mas fica obrigado a pagar-lhes o valor, além de responder por perdas e danos, se agiu de má-fé.

**Art. 1.255.** Aquele que semeia, planta ou edifica em terreno alheio perde, em proveito do proprietário, as sementes, plantas e construções; se procedeu de boa-fé, terá direito a indenização.

**Parágrafo único.** Se a construção ou a plantação exceder consideravelmente o valor do terreno, aquele que, de boa-fé, plantou ou edificou, adquirirá a propriedade do solo, mediante pagamento da indenização fixada judicialmente, se não houver acordo.

**Art. 1.256.** Se de ambas as partes houve má-fé, adquirirá o proprietário as sementes, plantas e construções, devendo ressarcir o valor das acessões.

**Parágrafo único.** Presume-se má-fé no proprietário, quando o trabalho de construção, ou lavoura, se fez em sua presença e sem impugnação sua.

**Art. 1.257.** O disposto no artigo antecedente aplica-se ao caso de não pertencerem as sementes, plantas ou materiais a quem de boa-fé os empregou em solo alheio.

**Parágrafo único.** O proprietário das sementes, plantas ou materiais poderá cobrar do proprietário do solo a indenização devida, quando não puder havê-la do plantador ou construtor.

**Art. 1.258.** Se a construção, feita parcialmente em solo próprio, invade solo alheio em proporção não superior à vigésima parte deste, adquire o construtor de boa-fé a propriedade da parte do solo invadido, se o valor da construção exceder o dessa parte, e responde por indenização que represente, também, o valor da área perdida e a desvalorização da área remanescente.

**Parágrafo único.** Pagando em décuplo as perdas e danos previstos neste artigo, o construtor de má-fé adquire a propriedade da parte do solo que invadiu, se em proporção à vigésima parte deste e o valor da construção exceder consideravelmente o dessa parte e não se puder demolir a porção invasora sem grave prejuízo para a construção.

**Art. 1.259.** Se o construtor estiver de boa-fé, e a invasão do solo alheio exceder a vigésima parte deste, adquire a propriedade da parte do solo invadido, e responde por perdas e danos que abranjam o valor que a invasão acrescer à construção, mais o da área perdida e o da desvalorização da área remanescente; se de má-fé, é obrigado a demolir o que nele construiu, pagando as perdas e danos apurados, que serão devidos em dobro.

## Capítulo III
DA AQUISIÇÃO DA PROPRIEDADE MÓVEL

### Seção I
Da Usucapião

**Art. 1.260.** Aquele que possuir coisa móvel como sua, contínua e incontestadamente durante três anos, com justo título e boa-fé, adquirir-lhe-á a propriedade.

**Art. 1.261.** Se a posse da coisa móvel se prolongar por cinco anos, produzirá usucapião, independentemente de título ou boa-fé.

**Art. 1.262.** Aplica-se à usucapião das coisas móveis o disposto nos arts. 1.243 e 1.244.

*Seção II*
Da Ocupação

**Art. 1.263.** Quem se assenhorear de coisa sem dono para logo lhe adquire a propriedade, não sendo essa ocupação defesa por lei.

*Seção III*
Do Achado do Tesouro

**Art. 1.264.** O depósito antigo de coisas preciosas, oculto e de cujo dono não haja memória, será dividido por igual entre o proprietário do prédio e o que achar o tesouro casualmente.

**Art. 1.265.** O tesouro pertencerá por inteiro ao proprietário do prédio, se for achado por ele, ou em pesquisa que ordenou, ou por terceiro não autorizado.

**Art. 1.266.** Achando-se em terreno aforado, o tesouro será dividido por igual entre o descobridor e o enfiteuta, ou será deste por inteiro quando ele mesmo seja o descobridor.

*Seção IV*
Da Tradição

**Art. 1.267.** A propriedade das coisas não se transfere pelos negócios jurídicos antes da tradição.

**Parágrafo único.** Subentende-se a tradição quando o transmitente continua a possuir pelo constituto possessório; quando cede ao adquirente o direito à restituição da coisa, que se encontra em poder de terceiro; ou quando o adquirente já está na posse da coisa, por ocasião do negócio jurídico.

**Art. 1.268.** Feita por quem não seja proprietário, a tradição não aliena a propriedade, exceto se a coisa, oferecida ao público, em leilão ou estabelecimento comercial, for transferida em circunstâncias tais que, ao adquirente de boa-fé, como a qualquer pessoa, o alienante se afigurar dono.

§ 1.º Se o adquirente estiver de boa-fé e o alienante adquirir depois a propriedade, considera-se realizada a transferência desde o momento em que ocorreu a tradição.

§ 2.º Não transfere a propriedade a tradição, quando tiver por título um negócio jurídico nulo.

*Seção V*
Da Especificação

**Art. 1.269.** Aquele que, trabalhando em matéria-prima em parte alheia, obtiver espécie nova, desta será proprietário, se não se puder restituir à forma anterior.

**Art. 1.270.** Se toda a matéria for alheia, e não se puder reduzir à forma precedente, será do especificador de boa-fé a espécie nova.

§ 1.º Sendo praticável a redução, ou quando impraticável, se a espécie nova se obteve de má-fé, pertencerá ao dono da matéria-prima.

§ 2.º Em qualquer caso, inclusive o da pintura em relação à tela, da escultura, escritura e outro qualquer trabalho gráfico em relação à matéria-prima, a espécie nova será do especificador, se o seu valor exceder consideravelmente o da matéria-prima.

**Art. 1.271.** Aos prejudicados, nas hipóteses dos arts. 1.269 e 1.270, se ressarcirá o dano que sofrerem, menos ao especificador de má-fé, no caso do § 1.º do artigo antecedente, quando irredutível a especificação.

### *Seção VI*
Da Confusão, da Comissão e da Adjunção

**Art. 1.272.** As coisas pertencentes a diversos donos, confundidas, misturadas ou adjuntadas sem o consentimento deles, continuam a pertencer-lhes, sendo possível separá-las sem deterioração.

§ 1.º Não sendo possível a separação das coisas, ou exigindo dispêndio excessivo, subsiste indiviso o todo, cabendo a cada um dos donos quinhão proporcional ao valor da coisa com que entrou para a mistura ou agregado.

§ 2.º Se uma das coisas puder considerar-se principal, o dono sê-lo-á do todo, indenizando os outros.

**Art. 1.273.** Se a confusão, comissão ou adjunção se operou de má-fé, à outra parte caberá escolher entre adquirir a propriedade do todo, pagando o que não for seu, abatida a indenização que lhe for devida, ou renunciar ao que lhe pertencer, caso em que será indenizado.

**Art. 1.274.** Se da união de matérias de natureza diversa se formar espécie nova, à confusão, comissão ou adjunção aplicam-se as normas dos arts. 1.272 e 1.273.

### Capítulo IV
DA PERDA DA PROPRIEDADE

**Art. 1.275.** Além das causas consideradas neste Código, perde-se a propriedade:

   **I –** por alienação;

   **II –** pela renúncia;

**III** – por abandono;
**IV** – por perecimento da coisa;
**V** – por desapropriação.

**Parágrafo único.** Nos casos dos incisos I e II, os efeitos da perda da propriedade imóvel serão subordinados ao registro do título transmissivo ou do ato renunciativo no Registro de Imóveis.

**Art. 1.276.** O imóvel urbano que o proprietário abandonar, com a intenção de não mais o conservar em seu patrimônio, e que se não encontrar na posse de outrem, poderá ser arrecadado, como bem vago, e passar, três anos depois, à propriedade do Município ou à do Distrito Federal, se se achar nas respectivas circunscrições.

**§ 1.º** O imóvel situado na zona rural, abandonado nas mesmas circunstâncias, poderá ser arrecadado, como bem vago, e passar, três anos depois, à propriedade da União, onde quer que ele se localize.

**§ 2.º** Presumir-se-á de modo absoluto a intenção a que se refere este artigo, quando, cessados os atos de posse, deixar o proprietário de satisfazer os ônus fiscais.

## Capítulo V
DOS DIREITOS DE VIZINHANÇA

### Seção I
Do Uso Anormal da Propriedade

**Art. 1.277.** O proprietário ou o possuidor de um prédio tem o direito de fazer cessar as interferências prejudiciais à segurança, ao sossego e à saúde dos que o habitam, provocadas pela utilização de propriedade vizinha.

**Parágrafo único.** Proíbem-se as interferências considerando-se a natureza da utilização, a localização do prédio, atendidas as normas que distribuem as edificações em zonas, e os limites ordinários de tolerância dos moradores da vizinhança.

**Art. 1.278.** O direito a que se refere o artigo antecedente não prevalece quando as interferências forem justificadas por interesse público, caso em que o proprietário ou o possuidor, causador delas, pagará ao vizinho indenização cabal.

**Art. 1.279.** Ainda que por decisão judicial devam ser toleradas as interferências, poderá o vizinho exigir a sua redução, ou eliminação, quando estas se tornarem possíveis.

**Art. 1.280.** O proprietário ou o possuidor tem direito a exigir do dono do prédio vizinho a demolição, ou a reparação deste, quando ameace ruína, bem como que lhe preste caução pelo dano iminente.

**Art. 1.281.** O proprietário ou o possuidor de um prédio, em que alguém tenha direito de fazer obras, pode, no caso de dano iminente, exigir do autor delas as necessárias garantias contra o prejuízo eventual.

*Seção II*
Das Árvores Limítrofes

**Art. 1.282.** A árvore, cujo tronco estiver na linha divisória, presume-se pertencer em comum aos donos dos prédios confinantes.

**Art. 1.283.** As raízes e os ramos de árvore, que ultrapassarem a estrema do prédio, poderão ser cortados, até o plano vertical divisório, pelo proprietário do terreno invadido.

**Art. 1.284.** Os frutos caídos de árvore do terreno vizinho pertencem ao dono do solo onde caíram, se este for de propriedade particular.

## Seção III
### Da Passagem Forçada

**Art. 1.285.** O dono do prédio que não tiver acesso a via pública, nascente ou porto, pode, mediante pagamento de indenização cabal, constranger o vizinho a lhe dar passagem, cujo rumo será judicialmente fixado, se necessário.

**§ 1.º** Sofrerá o constrangimento o vizinho cujo imóvel mais natural e facilmente se prestar à passagem.

**§ 2.º** Se ocorrer alienação parcial do prédio, de modo que uma das partes perca o acesso a via pública, nascente ou porto, o proprietário da outra deve tolerar a passagem.

**§ 3.º** Aplica-se o disposto no parágrafo antecedente ainda quando, antes da alienação, existia passagem através de imóvel vizinho, não estando o proprietário deste constrangido, depois, a dar uma outra.

## Seção IV
### Da Passagem de Cabos e Tubulações

**Art. 1.286.** Mediante recebimento de indenização que atenda, também, à desvalorização da área remanescente, o proprietário é obrigado a tolerar a passagem, através de seu imóvel, de cabos, tubulações e outros condutos subterrâneos de serviços de utilidade pública, em proveito de proprietários vizinhos, quando de outro modo for impossível ou excessivamente onerosa.

**Parágrafo único.** O proprietário prejudicado pode exigir que a instalação seja feita de modo menos gravoso ao prédio onerado, bem como, depois, seja removida, à sua custa, para outro local do imóvel.

**Art. 1.287.** Se as instalações oferecerem grave risco, será facultado ao proprietário do prédio onerado exigir a realização de obras de segurança.

*Seção V*
Das Águas

**Art. 1.288.** O dono ou o possuidor do prédio inferior é obrigado a receber as águas que correm naturalmente do superior, não podendo realizar obras que embaracem o seu fluxo; porém a condição natural e anterior do prédio inferior não pode ser agravada por obras feitas pelo dono ou possuidor do prédio superior.

**Art. 1.289.** Quando as águas, artificialmente levadas ao prédio superior, ou aí colhidas, correrem dele para o inferior, poderá o dono deste reclamar que se desviem, ou se lhe indenize o prejuízo que sofrer.

**Parágrafo único.** Da indenização será deduzido o valor do benefício obtido.

**Art. 1.290.** O proprietário de nascente, ou do solo onde caem águas pluviais, satisfeitas as necessidades de seu consumo, não pode impedir, ou desviar o curso natural das águas remanescentes pelos prédios inferiores.

**Art. 1.291.** O possuidor do imóvel superior não poderá poluir as águas indispensáveis às primeiras necessidades da vida dos possuidores dos imóveis inferiores; as demais, que poluir, deverá recuperar, ressarcindo os danos que estes sofrerem, se não for possível a recuperação ou o desvio do curso artificial das águas.

**Art. 1.292.** O proprietário tem direito de construir barragens, açudes, ou outras obras para represamento de água em seu prédio; se as águas represadas invadirem prédio alheio, será o seu proprietário indenizado pelo dano sofrido, deduzido o valor do benefício obtido.

**Art. 1.293.** É permitido a quem quer que seja, mediante prévia indenização aos proprietários prejudicados, construir canais, através de prédios alheios, para receber as águas a que tenha direito, indispensáveis às primeiras necessidades da vida, e, desde que não cause prejuízo considerável à agricultura e à indústria, bem como para o escoamento de águas supérfluas ou acumuladas, ou a drenagem de terrenos.

§ 1.º Ao proprietário prejudicado, em tal caso, também assiste direito a ressarcimento pelos danos que de futuro lhe advenham da infiltração ou irrupção das águas, bem como da deterioração das obras destinadas a canalizá-las.

§ 2.º O proprietário prejudicado poderá exigir que seja subterrânea a canalização que atravessa áreas edificadas, pátios, hortas, jardins ou quintais.

§ 3.º O aqueduto será construído de maneira que cause o menor prejuízo aos proprietários dos imóveis vizinhos, e a expensas do seu dono, a quem incumbem também as despesas de conservação.

**Art. 1.294.** Aplica-se ao direito de aqueduto o disposto nos arts. 1.286 e 1.287.

**Art. 1.295.** O aqueduto não impedirá que os proprietários cerquem os imóveis e construam sobre ele, sem prejuízo para a sua segurança e conservação; os proprietários dos imóveis poderão usar das águas do aqueduto para as primeiras necessidades da vida.

**Art. 1.296.** Havendo no aqueduto águas supérfluas, outros poderão canalizá-las, para os fins previstos no art. 1.293, mediante pagamento de indenização aos proprietários prejudicados e ao dono do aqueduto, de importância equivalente às despesas que então seriam necessárias para a condução das águas até o ponto de derivação.

**Parágrafo único.** Têm preferência os proprietários dos imóveis atravessados pelo aqueduto.

*Seção VI*
Dos Limites entre Prédios e do Direito de Tapagem

**Art. 1.297.** O proprietário tem direito a cercar, murar, valar ou tapar de qualquer modo o seu prédio, urbano ou rural, e pode constranger o seu confinante a proceder com ele à demarcação entre os dois prédios, a aviventar rumos apagados e a renovar marcos destruídos ou arruinados, repartindo-se proporcionalmente entre os interessados as respectivas despesas.

**§ 1.º** Os intervalos, muros, cercas e os tapumes divisórios, tais como sebes vivas, cercas de arame ou de madeira, valas ou banquetas, presumem-se, até prova em contrário, pertencer a ambos os proprietários confinantes, sendo estes obrigados, de conformidade com os costumes da localidade, a concorrer, em partes iguais, para as despesas de sua construção e conservação.

**§ 2.º** As sebes vivas, as árvores, ou plantas quaisquer, que servem de marco divisório, só podem ser cortadas, ou arrancadas, de comum acordo entre proprietários.

**§ 3.º** A construção de tapumes especiais para impedir a passagem de animais de pequeno porte, ou para outro fim, pode ser exigida de quem provocou a necessidade deles, pelo proprietário, que não está obrigado a concorrer para as despesas.

**Art. 1.298.** Sendo confusos, os limites, em falta de outro meio, se determinarão de conformidade com a posse justa; e, não se achando ela provada, o terreno contestado se dividirá por partes iguais entre os prédios, ou, não sendo possível a divisão cômoda, se adjudicará a um deles, mediante indenização ao outro.

*Seção VII*
Do Direito de Construir

**Art. 1.299.** O proprietário pode levantar em seu terreno as construções que lhe aprouver, salvo o direito dos vizinhos e os regulamentos administrativos.

**Art. 1.300.** O proprietário construirá de maneira que o seu prédio não despeje águas, diretamente, sobre o prédio vizinho.

**Art. 1.301.** É defeso abrir janelas, ou fazer eirado, terraço ou varanda, a menos de metro e meio do terreno vizinho.

§ 1.º As janelas cuja visão não incida sobre a linha divisória, bem como as perpendiculares, não poderão ser abertas a menos de setenta e cinco centímetros.

§ 2.º As disposições deste artigo não abrangem as aberturas para luz ou ventilação, não maiores de dez centímetros de largura sobre vinte de comprimento e construídas a mais de dois metros de altura de cada piso.

**Art. 1.302.** O proprietário pode, no lapso de ano e dia após a conclusão da obra, exigir que se desfaça janela, sacada, terraço ou goteira sobre o seu prédio; escoado o prazo, não poderá, por sua vez, edificar sem atender ao disposto no artigo antecedente, nem impedir, ou dificultar, o escoamento das águas da goteira, com prejuízo para o prédio vizinho.

**Parágrafo único.** Em se tratando de vãos, ou aberturas para luz, seja qual for a quantidade, altura e disposição, o vizinho poderá, a todo tempo, levantar a sua edificação, ou contramuro, ainda que lhes vede a claridade.

**Art. 1.303.** Na zona rural, não será permitido levantar edificações a menos de três metros do terreno vizinho.

**Art. 1.304.** Nas cidades, vilas e povoados cuja edificação estiver adstrita a alinhamento, o dono de um terreno pode nele edificar, madeirando na parede divisória do prédio contíguo, se ela suportar a nova construção; mas terá de embolsar ao vizinho metade do valor da parede e do chão correspondentes.

**Art. 1.305.** O confinante, que primeiro construir, pode assentar a parede divisória até meia espessura no terreno contíguo, sem perder por isso o direito a haver meio valor dela se o vizinho a travejar, caso em que o primeiro fixará a largura e a profundidade do alicerce.

**Parágrafo único.** Se a parede divisória pertencer a um dos vizinhos, e não tiver capacidade para ser travejada pelo outro, não poderá este fazer-lhe alicerce ao pé sem prestar caução àquele, pelo risco a que expõe a construção anterior.

**Art. 1.306.** O condômino da parede-meia pode utilizá-la até ao meio da espessura, não pondo em risco a segurança ou a separação dos dois prédios, e avisando previamente o outro condômino das obras que ali tenciona fazer; não pode sem consentimento do outro, fazer, na parede-meia, armários, ou obras semelhantes, correspondendo a outras, da mesma natureza, já feitas do lado oposto.

**Art. 1.307.** Qualquer dos confinantes pode alterar a parede divisória, se necessário reconstruindo-a, para suportar o alteamento; arcará com todas as despesas, inclusive de conservação, ou com metade, se o vizinho adquirir meação também na parte aumentada.

**Art. 1.308.** Não é lícito encostar à parede divisória chaminés, fogões, fornos ou quaisquer aparelhos ou depósitos suscetíveis de produzir infiltrações ou interferências prejudiciais ao vizinho.

**Parágrafo único.** A disposição anterior não abrange as chaminés ordinárias e os fogões de cozinha.

**Art. 1.309.** São proibidas construções capazes de poluir, ou inutilizar, para uso ordinário, a água do poço, ou nascente alheia, a elas preexistentes.

**Art. 1.310.** Não é permitido fazer escavações ou quaisquer obras que tirem ao poço ou à nascente de outrem a água indispensável às suas necessidades normais.

**Art. 1.311.** Não é permitida a execução de qualquer obra ou serviço suscetível de provocar desmoronamento ou deslocação de terra, ou que comprometa a segurança do prédio vizinho, senão após haverem sido feitas as obras acautelatórias.

**Parágrafo único.** O proprietário do prédio vizinho tem direito a ressarcimento pelos prejuízos que sofrer, não obstante haverem sido realizadas as obras acautelatórias.

**Art. 1.312.** Todo aquele que violar as proibições estabelecidas nesta Seção é obrigado a demolir as construções feitas, respondendo por perdas e danos.

**Art. 1.313.** O proprietário ou ocupante do imóvel é obrigado a tolerar que o vizinho entre no prédio, mediante prévio aviso, para:

**I** – dele temporariamente usar, quando indispensável à reparação, construção, reconstrução ou limpeza de sua casa ou do muro divisório;

**II** – apoderar-se de coisas suas, inclusive animais que aí se encontrem casualmente.

**§ 1.º** O disposto neste artigo aplica-se aos casos de limpeza ou reparação de esgotos, goteiras, aparelhos higiênicos, poços e nascentes e ao aparo de cerca viva.

**§ 2.º** Na hipótese do inciso II, uma vez entregues as coisas buscadas pelo vizinho, poderá ser impedida a sua entrada no imóvel.

**§ 3.º** Se do exercício do direito assegurado neste artigo provier dano, terá o prejudicado direito a ressarcimento.

## Capítulo VI
## DO CONDOMÍNIO GERAL

### *Seção I*
### Do Condomínio Voluntário

#### *Subseção I*
#### Dos direitos e deveres dos condôminos

**Art. 1.314.** Cada condômino pode usar da coisa conforme sua destinação, sobre ela exercer todos os direitos compatíveis com a indivisão, reivindicá-la de terceiro, defender a sua posse e alhear a respectiva parte ideal, ou gravá-la.

**Parágrafo único.** Nenhum dos condôminos pode alterar a destinação da coisa comum, nem dar posse, uso ou gozo dela a estranhos, sem o consenso dos outros.

**Art. 1.315.** O condômino é obrigado, na proporção de sua parte, a concorrer para as despesas de conservação ou divisão da coisa, e a suportar os ônus a que estiver sujeita.

**Parágrafo único.** Presumem-se iguais as partes ideais dos condôminos.

**Art. 1.316.** Pode o condômino eximir-se do pagamento das despesas e dívidas, renunciando à parte ideal.

**§ 1.º** Se os demais condôminos assumem as despesas e as dívidas, a renúncia lhes aproveita, adquirindo a parte ideal de quem renunciou, na proporção dos pagamentos que fizerem.

**§ 2.º** Se não há condômino que faça os pagamentos, a coisa comum será dividida.

**Art. 1.317.** Quando a dívida houver sido contraída por todos os condôminos, sem se discriminar a parte de cada um na obrigação, nem se estipular solidariedade, entende-se que cada qual se obrigou proporcionalmente ao seu quinhão na coisa comum.

**Art. 1.318.** As dívidas contraídas por um dos condôminos em proveito da comunhão, e durante ela, obrigam o contratante; mas terá este ação regressiva contra os demais.

**Art. 1.319.** Cada condômino responde aos outros pelos frutos que percebeu da coisa e pelo dano que lhe causou.

**Art. 1.320.** A todo tempo será lícito ao condômino exigir a divisão da coisa comum, respondendo o quinhão de cada um pela sua parte nas despesas da divisão.

§ **1.º** Podem os condôminos acordar que fique indivisa a coisa comum por prazo não maior de cinco anos, suscetível de prorrogação ulterior.

§ **2.º** Não poderá exceder de cinco anos a indivisão estabelecida pelo doador ou pelo testador.

§ **3.º** A requerimento de qualquer interessado e se graves razões o aconselharem, pode o juiz determinar a divisão da coisa comum antes do prazo.

**Art. 1.321.** Aplicam-se à divisão do condomínio, no que couber, as regras de partilha de herança (arts. 2.013 a 2.022).

**Art. 1.322.** Quando a coisa for indivisível, e os consortes não quiserem adjudicá-la a um só, indenizando os outros, será vendida e repartido o apurado, preferindo-se, na venda, em condições iguais de oferta, o condômino ao estranho, e entre os condôminos aquele que tiver na coisa benfeitorias mais valiosas, e, não as havendo, o de quinhão maior.

**Parágrafo único.** Se nenhum dos condôminos tem benfeitorias na coisa comum e participam todos do condomínio em partes iguais, realizar-se-á licitação entre estranhos e, antes de adjudicada a coisa àquele que ofereceu maior lanço, proceder-se-á à licitação entre os condôminos, a fim de que a coisa seja adjudicada a quem afinal oferecer melhor lanço, preferindo, em condições iguais, o condômino ao estranho.

## *Subseção II*
### Da administração do condomínio

**Art. 1.323.** Deliberando a maioria sobre a administração da coisa comum, escolherá o administrador, que poderá ser estranho ao condomínio; resolvendo alugá-la, preferir-se-á, em condições iguais, o condômino ao que não o é.

**Art. 1.324.** O condômino que administrar sem oposição dos outros presume-se representante comum.

**Art. 1.325.** A maioria será calculada pelo valor dos quinhões.

§ 1.º As deliberações serão obrigatórias, sendo tomadas por maioria absoluta.

§ 2.º Não sendo possível alcançar maioria absoluta, decidirá o juiz, a requerimento de qualquer condômino, ouvidos os outros.

§ 3.º Havendo dúvida quanto ao valor do quinhão, será este avaliado judicialmente.

**Art. 1.326.** Os frutos da coisa comum, não havendo em contrário estipulação ou disposição de última vontade, serão partilhados na proporção dos quinhões.

## *Seção II*
### Do Condomínio Necessário

**Art. 1.327.** O condomínio por meação de paredes, cercas, muros e valas regula-se pelo disposto neste Código (arts. 1.297 e 1.298; 1.304 a 1.307).

**Art. 1.328.** O proprietário que tiver direito a estremar um imóvel com paredes, cercas, muros, valas ou valados, tê-lo-á igualmente a adquirir meação na parede, muro, valado ou cerca do vizinho, embolsando-lhe metade do que atualmente valer a obra e o terreno por ela ocupado (art. 1.297).

**Art. 1.329.** Não convindo os dois no preço da obra, será este arbitrado por peritos, a expensas de ambos os confinantes.

**Art. 1.330.** Qualquer que seja o valor da meação, enquanto aquele que pretender a divisão não o pagar ou depositar, nenhum uso poderá fazer na parede, muro, vala, cerca ou qualquer outra obra divisória.

## Capítulo VII
### DO CONDOMÍNIO EDILÍCIO

*Seção I*
Disposições Gerais

**Art. 1.331.** Pode haver, em edificações, partes que são propriedade exclusiva, e partes que são propriedade comum dos condôminos.

§ 1.º As partes suscetíveis de utilização independente, tais como apartamentos, escritórios, salas, lojas, sobrelojas, com as respectivas frações ideais no solo e nas outras partes comuns, sujeitam-se a propriedade exclusiva, podendo ser alienadas e gravadas livremente por seus proprietários, exceto os abrigos para veículos, que não poderão ser alienados ou alugados a pessoas estranhas ao condomínio, salvo autorização expressa na convenção de condomínio.

§ 2.º O solo, a estrutura do prédio, o telhado, a rede geral de distribuição de água, esgoto, gás e eletricidade, a calefação e refrigeração centrais, e as demais partes comuns, inclusive o acesso ao logradouro público, são utilizados em comum pelos condôminos, não podendo ser alienados separadamente, ou divididos.

§ 3.º A cada unidade imobiliária caberá, como parte inseparável, uma fração ideal no solo e nas outras partes comuns, que será identificada em forma decimal ou ordinária no instrumento de instituição do condomínio.

**§ 4.º** Nenhuma unidade imobiliária pode ser privada do acesso ao logradouro público.

**§ 5.º** O terraço de cobertura é parte comum, salvo disposição contrária da escritura de constituição do condomínio.

**Art. 1.332.** Institui-se o condomínio edilício por ato entre vivos ou testamento, registrado no Cartório de Registro de Imóveis, devendo constar daquele ato, além do disposto em lei especial:

**I –** a discriminação e individualização das unidades de propriedade exclusiva, estremadas uma das outras e das partes comuns;

**II –** a determinação da fração ideal atribuída a cada unidade, relativamente ao terreno e partes comuns;

**III –** o fim a que as unidades se destinam.

**Art. 1.333.** A convenção que constitui o condomínio edilício deve ser subscrita pelos titulares de, no mínimo, dois terços das frações ideais e torna-se, desde logo, obrigatória para os titulares de direito sobre as unidades, ou para quantos sobre elas tenham posse ou detenção.

**Parágrafo único.** Para ser oponível contra terceiros, a convenção do condomínio deverá ser registrada no Cartório de Registro de Imóveis.

**Art. 1.334.** Além das cláusulas referidas no art. 1.332 e das que os interessados houverem por bem estipular, a convenção determinará:

**I –** a quota proporcional e o modo de pagamento das contribuições dos condôminos para atender às despesas ordinárias e extraordinárias do condomínio;

**II –** sua forma de administração;

**III –** a competência das assembleias, forma de sua convocação e *quorum* exigido para as deliberações;

**IV –** as sanções a que estão sujeitos os condôminos, ou possuidores;

**V –** o regimento interno.

**§ 1.º** A convenção poderá ser feita por escritura pública ou por instrumento particular.

**§ 2.º** São equiparados aos proprietários, para os fins deste artigo, salvo disposição em contrário, os promitentes compradores e os cessionários de direitos relativos às unidades autônomas.

**Art. 1.335.** São direitos do condômino:

**I** – usar, fruir e livremente dispor das suas unidades;

**II** – usar das partes comuns, conforme a sua destinação, e contanto que não exclua a utilização dos demais compossuidores;

**III** – votar nas deliberações da assembleia e delas participar, estando quite.

**Art. 1.336.** São deveres do condômino:

**I** – contribuir para as despesas do condomínio, na proporção das suas frações ideais, salvo disposição em contrário na convenção;

**II** – não realizar obras que comprometam a segurança da edificação;

**III** – não alterar a forma e a cor da fachada, das partes e esquadrias externas;

**IV** – dar às suas partes a mesma destinação que tem a edificação, e não as utilizar de maneira prejudicial ao sossego, salubridade e segurança dos possuidores, ou aos bons costumes.

**§ 1.º** O condômino que não pagar a sua contribuição ficará sujeito aos juros moratórios convencionados ou, não sendo previstos, os de um por cento ao mês e multa de até dois por cento sobre o débito.

**§ 2.º** O condômino, que não cumprir qualquer dos deveres estabelecidos nos incisos II a IV, pagará a multa prevista no ato constitutivo ou na convenção, não podendo ela ser superior a cinco vezes o valor de suas contribuições mensais, independentemente das perdas e danos que se apurarem; não havendo disposição expressa, caberá à assembleia geral, por dois terços no mínimo dos condôminos restantes, deliberar sobre a cobrança da multa.

**Art. 1.337.** O condômino, ou possuidor, que não cumpre reiteradamente com os seus deveres perante o condomínio poderá, por deliberação de três quartos dos condôminos restantes, ser constrangido a pagar multa correspondente até ao quíntuplo do valor atribuído à contribuição para as despesas condominiais, conforme a gravidade das faltas e a reiteração, independentemente das perdas e danos que se apurem.

**Parágrafo único.** O condômino ou possuidor que, por seu reiterado comportamento antissocial, gerar incompatibilidade de convivência com os demais condôminos ou possuidores, poderá ser constrangido a pagar multa correspondente ao décuplo do valor atribuído à contribuição para as despesas condominiais, até ulterior deliberação da assembleia.

**Art. 1.338.** Resolvendo o condômino alugar área no abrigo para veículos, preferir-se-á, em condições iguais, qualquer dos condôminos a estranhos, e, entre todos, os possuidores.

**Art. 1.339.** Os direitos de cada condômino às partes comuns são inseparáveis de sua propriedade exclusiva; são também inseparáveis das frações ideais correspondentes as unidades imobiliárias, com as suas partes acessórias.

§ **1.º** Nos casos deste artigo é proibido alienar ou gravar os bens em separado.

§ **2.º** É permitido ao condômino alienar parte acessória de sua unidade imobiliária a outro condômino, só podendo fazê-lo a terceiro se essa faculdade constar do ato constitutivo do condomínio, e se a ela não se opuser a respectiva assembleia geral.

**Art. 1.340.** As despesas relativas a partes comuns de uso exclusivo de um condômino, ou de alguns deles, incumbem a quem delas se serve.

**Art. 1.341.** A realização de obras no condomínio depende:

I – se voluptuárias, de voto de dois terços dos condôminos;

II – se úteis, de voto da maioria dos condôminos.

§ 1.º As obras ou reparações necessárias podem ser realizadas, independentemente de autorização, pelo síndico, ou, em caso de omissão ou impedimento deste, por qualquer condômino.

§ 2.º Se as obras ou reparos necessários forem urgentes e importarem em despesas excessivas, determinada sua realização, o síndico ou o condômino que tomou a iniciativa delas dará ciência à assembleia, que deverá ser convocada imediatamente.

§ 3.º Não sendo urgentes, as obras ou reparos necessários, que importarem em despesas excessivas, somente poderão ser efetuadas após autorização da assembleia, especialmente convocada pelo síndico, ou, em caso de omissão ou impedimento deste, por qualquer dos condôminos.

§ 4.º O condômino que realizar obras ou reparos necessários será reembolsado das despesas que efetuar, não tendo direito à restituição das que fizer com obras ou reparos de outra natureza, embora de interesse comum.

**Art. 1.342.** A realização de obras, em partes comuns, em acréscimo às já existentes, a fim de lhes facilitar ou aumentar a utilização, depende da aprovação de dois terços dos votos dos condôminos, não sendo permitidas construções, nas partes comuns, suscetíveis de prejudicar a utilização, por qualquer dos condôminos, das partes próprias, ou comuns.

**Art. 1.343.** A construção de outro pavimento, ou, no solo comum, de outro edifício, destinado a conter novas unidades imobiliárias, depende da aprovação da unanimidade dos condôminos.

**Art. 1.344.** Ao proprietário do terraço de cobertura incumbem as despesas da sua conservação, de modo que não haja danos às unidades imobiliárias inferiores.

**Art. 1.345.** O adquirente de unidade responde pelos débitos do alienante, em relação ao condomínio, inclusive multas e juros moratórios.

**Art. 1.346.** É obrigatório o seguro de toda a edificação contra o risco de incêndio ou destruição, total ou parcial.

*Seção II*
Da Administração do Condomínio

**Art. 1.347.** A assembleia escolherá um síndico, que poderá não ser condômino, para administrar o condomínio, por prazo não superior a dois anos, o qual poderá renovar-se.

**Art. 1.348.** Compete ao síndico:

**I** – convocar a assembleia dos condôminos;

**II** – representar, ativa e passivamente, o condomínio, praticando, em juízo ou fora dele, os atos necessários à defesa dos interesses comuns;

**III** – dar imediato conhecimento à assembleia da existência de procedimento judicial ou administrativo, de interesse do condomínio;

**IV** – cumprir e fazer cumprir a convenção, o regimento interno e as determinações da assembleia;

**V** – diligenciar a conservação e a guarda das partes comuns e zelar pela prestação dos serviços que interessem aos possuidores;

**VI** – elaborar o orçamento da receita e da despesa relativa a cada ano;

**VII** – cobrar dos condôminos as suas contribuições, bem como impor e cobrar as multas devidas;

**VIII** – prestar contas à assembleia, anualmente e quando exigidas;

**IX** – realizar o seguro da edificação.

**§ 1.º** Poderá a assembleia investir outra pessoa, em lugar do síndico, em poderes de representação.

**§ 2.º** O síndico pode transferir a outrem, total ou parcialmente, os poderes de representação ou as funções administrativas, mediante aprovação da assembleia, salvo disposição em contrário da convenção.

**Art. 1.349.** A assembleia, especialmente convocada para o fim estabelecido no § 2.º do artigo antecedente, poderá, pelo voto da maioria absoluta de seus membros, destituir o síndico que praticar irregularidades, não prestar contas, ou não administrar convenientemente o condomínio.

**Art. 1.350.** Convocará o síndico, anualmente, reunião da assembleia dos condôminos, na forma prevista na convenção, a fim de aprovar o orçamento das despesas, as contribuições dos condôminos e a prestação de contas, e eventualmente eleger-lhe o substituto e alterar o regimento interno.

**§ 1.º** Se o síndico não convocar a assembleia, um quarto dos condôminos poderá fazê-lo.

**§ 2.º** Se a assembleia não se reunir, o juiz decidirá, a requerimento de qualquer condômino.

**Art. 1.351.** Depende da aprovação de 2/3 (dois terços) dos votos dos condôminos a alteração da convenção, bem como a mudança da destinação do edifício ou da unidade imobiliária.

**Art. 1.352.** Salvo quando exigido *quorum* especial, as deliberações da assembleia serão tomadas, em primeira convocação, por maioria de votos dos condôminos presentes que representem pelo menos metade das frações ideais.

**Parágrafo único.** Os votos serão proporcionais às frações ideais no solo e nas outras partes comuns pertencentes a cada condômino, salvo disposição diversa da convenção de constituição do condomínio.

**Art. 1.353.** Em segunda convocação, a assembleia poderá deliberar por maioria dos votos dos presentes, salvo quando exigido *quorum* especial.

§ 1.º Quando a deliberação exigir quórum especial previsto em lei ou em convenção e ele não for atingido, a assembleia poderá, por decisão da maioria dos presentes, autorizar o presidente a converter a reunião em sessão permanente, desde que cumulativamente:

**I** – sejam indicadas a data e a hora da sessão em seguimento, que não poderá ultrapassar 60 (sessenta) dias, e identificadas as deliberações pretendidas, em razão do quórum especial não atingido;

**II** – fiquem expressamente convocados os presentes e sejam obrigatoriamente convocadas as unidades ausentes, na forma prevista em convenção;

**III** – seja lavrada ata parcial, relativa ao segmento presencial da reunião da assembleia, da qual deverão constar as transcrições circunstanciadas de todos os argumentos até então apresentados relativos à ordem do dia, que deverá ser remetida aos condôminos ausentes;

**IV** – seja dada continuidade às deliberações no dia e na hora designados, e seja a ata correspondente lavrada em seguimento à que estava parcialmente redigida, com a consolidação de todas as deliberações.

§ 2.º Os votos consignados na primeira sessão ficarão registrados, sem que haja necessidade de comparecimento dos condôminos para sua confirmação, os quais poderão, se estiverem presentes no encontro seguinte, requerer a alteração do seu voto até o desfecho da deliberação pretendida.

§ 3.º A sessão permanente poderá ser prorrogada tantas vezes quantas necessárias, desde que a assembleia seja concluída no prazo total de 90 (noventa) dias, contado da data de sua abertura inicial.

**Art. 1.354.** A assembleia não poderá deliberar se todos os condôminos não forem convocados para a reunião.

**Art. 1.354-A.** A convocação, a realização e a deliberação de quaisquer modalidades de assembleia poderão dar-se de forma eletrônica, desde que:

I – tal possibilidade não seja vedada na convenção de condomínio;

II – sejam preservados aos condôminos os direitos de voz, de debate e de voto.

§ 1.º Do instrumento de convocação deverá constar que a assembleia será realizada por meio eletrônico, bem como as instruções sobre acesso, manifestação e forma de coleta de votos dos condôminos.

§ 2.º A administração do condomínio não poderá ser responsabilizada por problemas decorrentes dos equipamentos de informática ou da conexão à internet dos condôminos ou de seus representantes nem por quaisquer outras situações que não estejam sob o seu controle.

§ 3.º Somente após a somatória de todos os votos e a sua divulgação será lavrada a respectiva ata, também eletrônica, e encerrada a assembleia geral.

§ 4.º A assembleia eletrônica deverá obedecer aos preceitos de instalação, de funcionamento e de encerramento previstos no edital de convocação e poderá ser realizada de forma híbrida, com a presença física e virtual de condôminos concomitantemente no mesmo ato.

**§ 5.º** Normas complementares relativas às assembleias eletrônicas poderão ser previstas no regimento interno do condomínio e definidas mediante aprovação da maioria simples dos presentes em assembleia convocada para essa finalidade.

**§ 6.º** Os documentos pertinentes à ordem do dia poderão ser disponibilizados de forma física ou eletrônica aos participantes.

**Art. 1.355.** Assembleias extraordinárias poderão ser convocadas pelo síndico ou por um quarto dos condôminos.

**Art. 1.356.** Poderá haver no condomínio um conselho fiscal, composto de três membros, eleitos pela assembleia, por prazo não superior a dois anos, ao qual compete dar parecer sobre as contas do síndico.

*Seção III*
Da Extinção do Condomínio

**Art. 1.357.** Se a edificação for total ou consideravelmente destruída, ou ameace ruína, os condôminos deliberarão em assembleia sobre a reconstrução, ou venda, por votos que representem metade mais uma das frações ideais.

**§ 1.º** Deliberada a reconstrução, poderá o condômino eximir-se do pagamento das despesas respectivas, alienando os seus direitos a outros condôminos, mediante avaliação judicial.

**§ 2.º** Realizada a venda, em que se preferirá, em condições iguais de oferta, o condômino ao estranho, será repartido o apurado entre os condôminos, proporcionalmente ao valor das suas unidades imobiliárias.

**Art. 1.358.** Se ocorrer desapropriação, a indenização será repartida na proporção a que se refere o § 2.º do artigo antecedente.

## Seção IV
### Do Condomínio de Lotes

**Art. 1.358-A.** Pode haver, em terrenos, partes designadas de lotes que são propriedade exclusiva e partes que são propriedade comum dos condôminos.

§ 1.º A fração ideal de cada condômino poderá ser proporcional à área do solo de cada unidade autônoma, ao respectivo potencial construtivo ou a outros critérios indicados no ato de instituição.

§ 2.º Aplica-se, no que couber, ao condomínio de lotes:

**I** – o disposto sobre condomínio edilício neste Capítulo, respeitada a legislação urbanística; e

**II** – o regime jurídico das incorporações imobiliárias de que trata o Capítulo I do Título II da Lei n. 4.591, de 16 de dezembro de 1964, equiparando-se o empreendedor ao incorporador quanto aos aspectos civis e registrários.

§ 3.º Para fins de incorporação imobiliária, a implantação de toda a infraestrutura ficará a cargo do empreendedor.

## CAPÍTULO VII-A
### DO CONDOMÍNIO EM MULTIPROPRIEDADE

### Seção I
#### Disposições Gerais

**Art. 1.358-B.** A multipropriedade reger-se-á pelo disposto neste Capítulo e, de forma supletiva e subsidiária, pelas demais disposições deste Código e pelas disposições das Leis n. 4.591, de 16 de dezembro de 1964, e 8.078, de 11 de setembro de 1990 (Código de Defesa do Consumidor).

**Art. 1.358-C.** Multipropriedade é o regime de condomínio em que cada um dos proprietários de um mesmo imóvel é titular de uma fração de tempo, à qual corresponde a faculdade de uso e gozo, com exclusividade, da totalidade do imóvel, a ser exercida pelos proprietários de forma alternada.

**Parágrafo único.** A multipropriedade não se extinguirá automaticamente se todas as frações de tempo forem do mesmo multiproprietário.

**Art. 1.358-D.** O imóvel objeto da multipropriedade:

I – é indivisível, não se sujeitando a ação de divisão ou de extinção de condomínio;

II – inclui as instalações, os equipamentos e o mobiliário destinados a seu uso e gozo.

**Art. 1.358-E.** Cada fração de tempo é indivisível.

§ 1.º O período correspondente a cada fração de tempo será de, no mínimo, 7 (sete) dias, seguidos ou intercalados, e poderá ser:

I – fixo e determinado, no mesmo período de cada ano;

II – flutuante, caso em que a determinação do período será realizada de forma periódica, mediante procedimento objetivo que respeite, em relação a todos os multiproprietários, o princípio da isonomia, devendo ser previamente divulgado; ou

III – misto, combinando os sistemas fixo e flutuante.

§ 2.º Todos os multiproprietários terão direito a uma mesma quantidade mínima de dias seguidos durante o ano, podendo haver a aquisição de frações maiores que a mínima, com o correspondente direito ao uso por períodos também maiores.

*Seção II*
Da Instituição da Multipropriedade

**Art. 1.358-F.** Institui-se a multipropriedade por ato entre vivos ou testamento, registrado no competente cartório de registro de imóveis, devendo constar daquele ato a duração dos períodos correspondentes a cada fração de tempo.

**Art. 1.358-G.** Além das cláusulas que os multiproprietários decidirem estipular, a convenção de condomínio em multipropriedade determinará:

I – os poderes e deveres dos multiproprietários, especialmente em matéria de instalações, equipamentos e mobiliário do imóvel, de manutenção ordinária e extraordinária, de conservação e limpeza e de pagamento da contribuição condominial;

II – o número máximo de pessoas que podem ocupar simultaneamente o imóvel no período correspondente a cada fração de tempo;

III – as regras de acesso do administrador condominial ao imóvel para cumprimento do dever de manutenção, conservação e limpeza;

IV – a criação de fundo de reserva para reposição e manutenção dos equipamentos, instalações e mobiliário;

V – o regime aplicável em caso de perda ou destruição parcial ou total do imóvel, inclusive para efeitos de participação no risco ou no valor do seguro, da indenização ou da parte restante;

VI – as multas aplicáveis ao multiproprietário nas hipóteses de descumprimento de deveres.

**Art. 1.358-H.** O instrumento de instituição da multipropriedade ou a convenção de condomínio em multipropriedade poderá estabelecer o limite máximo de frações de tempo no mesmo imóvel que poderão ser detidas pela mesma pessoa natural ou jurídica.

**Parágrafo único.** Em caso de instituição da multipropriedade para posterior venda das frações de tempo a terceiros, o atendimento a eventual limite de frações de tempo por titular estabelecido no instrumento de instituição será obrigatório somente após a venda das frações.

### Seção III
### Dos Direitos e das Obrigações do Multiproprietário

**Art. 1.358-I.** São direitos do multiproprietário, além daqueles previstos no instrumento de instituição e na convenção de condomínio em multipropriedade:

**I** – usar e gozar, durante o período correspondente à sua fração de tempo, do imóvel e de suas instalações, equipamentos e mobiliário;

**II** – ceder a fração de tempo em locação ou comodato;

**III** – alienar a fração de tempo, por ato entre vivos ou por causa de morte, a título oneroso ou gratuito, ou onerá-la, devendo a alienação e a qualificação do sucessor, ou a oneração, ser informadas ao administrador;

**IV** – participar e votar, pessoalmente ou por intermédio de representante ou procurador, desde que esteja quite com as obrigações condominiais, em:

**a)** assembleia geral do condomínio em multipropriedade, e o voto do multiproprietário corresponderá à quota de sua fração de tempo no imóvel;

**b)** assembleia geral do condomínio edilício, quando for o caso, e o voto do multiproprietário corresponderá à quota de sua fração de tempo em relação à quota de poder político atribuído à unidade autônoma na respectiva convenção de condomínio edilício.

**Art. 1.358-J.** São obrigações do multiproprietário, além daquelas previstas no instrumento de instituição e na convenção de condomínio em multipropriedade:

**I** – pagar a contribuição condominial do condomínio em multipropriedade e, quando for o caso, do condomínio edilício, ainda que renuncie ao uso e gozo, total ou parcial, do imóvel, das áreas comuns ou das respectivas instalações, equipamentos e mobiliário;

**II –** responder por danos causados ao imóvel, às instalações, aos equipamentos e ao mobiliário por si, por qualquer de seus acompanhantes, convidados ou prepostos ou por pessoas por ele autorizadas;

**III –** comunicar imediatamente ao administrador os defeitos, avarias e vícios no imóvel dos quais tiver ciência durante a utilização;

**IV –** não modificar, alterar ou substituir o mobiliário, os equipamentos e as instalações do imóvel;

**V –** manter o imóvel em estado de conservação e limpeza condizente com os fins a que se destina e com a natureza da respectiva construção;

**VI –** usar o imóvel, bem como suas instalações, equipamentos e mobiliário, conforme seu destino e natureza;

**VII –** usar o imóvel exclusivamente durante o período correspondente à sua fração de tempo;

**VIII –** desocupar o imóvel, impreterivelmente, até o dia e hora fixados no instrumento de instituição ou na convenção de condomínio em multipropriedade, sob pena de multa diária, conforme convencionado no instrumento pertinente;

**IX –** permitir a realização de obras ou reparos urgentes.

**§ 1.º** Conforme previsão que deverá constar da respectiva convenção de condomínio em multipropriedade, o multiproprietário estará sujeito a:

**I –** multa, no caso de descumprimento de qualquer de seus deveres;

**II –** multa progressiva e perda temporária do direito de utilização do imóvel no período correspondente à sua fração de tempo, no caso de descumprimento reiterado de deveres.

**§ 2.º** A responsabilidade pelas despesas referentes a reparos no imóvel, bem como suas instalações, equipamentos e mobiliário, será:

**I –** de todos os multiproprietários, quando decorrentes do uso normal e do desgaste natural do imóvel;

**II –** exclusivamente do multiproprietário responsável pelo uso anormal, sem prejuízo de multa, quando decorrentes de uso anormal do imóvel.

**§ 3.º a § 5.º** (*Vetados.*)

**Art. 1.358-K.** Para os efeitos do disposto nesta Seção, são equiparados aos multiproprietários os promitentes compradores e os cessionários de direitos relativos a cada fração de tempo.

*Seção IV*
Da Transferência da Multipropriedade

**Art. 1.358-L.** A transferência do direito de multipropriedade e a sua produção de efeitos perante terceiros dar-se-ão na forma da lei civil e não dependerão da anuência ou cientificação dos demais multiproprietários.

**§ 1.º** Não haverá direito de preferência na alienação de fração de tempo, salvo se estabelecido no instrumento de instituição ou na convenção do condomínio em multipropriedade em favor dos demais multiproprietários ou do instituidor do condomínio em multipropriedade.

**§ 2.º** O adquirente será solidariamente responsável com o alienante pelas obrigações de que trata o § 5.º do art. 1.358-J deste Código caso não obtenha a declaração de inexistência de débitos referente à fração de tempo no momento de sua aquisição.

*Seção V*
Da Administração da Multipropriedade

**Art. 1.358-M.** A administração do imóvel e de suas instalações, equipamentos e mobiliário será de responsabilidade da pessoa indicada no instrumento de instituição ou na convenção de condomínio em multipropriedade, ou, na falta de indicação, de pessoa escolhida em assembleia geral dos condôminos.

**§ 1.º** O administrador exercerá, além daquelas previstas no instrumento de instituição e na convenção de condomínio em multipropriedade, as seguintes atribuições:

**I** – coordenação da utilização do imóvel pelos multiproprietários durante o período correspondente a suas respectivas frações de tempo;

**II** – determinação, no caso dos sistemas flutuante ou misto, dos períodos concretos de uso e gozo exclusivos de cada multiproprietário em cada ano;

**III** – manutenção, conservação e limpeza do imóvel;

**IV** – troca ou substituição de instalações, equipamentos ou mobiliário, inclusive:

**a)** determinar a necessidade da troca ou substituição;

**b)** providenciar os orçamentos necessários para a troca ou substituição;

**c)** submeter os orçamentos à aprovação pela maioria simples dos condôminos em assembleia;

**V** – elaboração do orçamento anual, com previsão das receitas e despesas;

**VI** – cobrança das quotas de custeio de responsabilidade dos multiproprietários;

**VII** – pagamento, por conta do condomínio edilício ou voluntário, com os fundos comuns arrecadados, de todas as despesas comuns.

**§ 2.º** A convenção de condomínio em multipropriedade poderá regrar de forma diversa a atribuição prevista no inciso IV do § 1.º deste artigo.

**Art. 1.358-N.** O instrumento de instituição poderá prever fração de tempo destinada à realização, no imóvel e em suas instalações, em seus equipamentos e em seu mobiliário, de reparos indispensáveis ao exercício normal do direito de multipropriedade.

**§ 1.º** A fração de tempo de que trata o *caput* deste artigo poderá ser atribuída:

I – ao instituidor da multipropriedade; ou

II – aos multiproprietários, proporcionalmente às respectivas frações.

**§ 2.º** Em caso de emergência, os reparos de que trata o *caput* deste artigo poderão ser feitos durante o período correspondente à fração de tempo de um dos multiproprietários.

*Seção VI*
Disposições Específicas Relativas às Unidades Autônomas de Condomínios Edilícios

**Art. 1.358-O.** O condomínio edilício poderá adotar o regime de multipropriedade em parte ou na totalidade de suas unidades autônomas, mediante:

I – previsão no instrumento de instituição; ou

II – deliberação da maioria absoluta dos condôminos.

**Parágrafo único.** No caso previsto no inciso I do *caput* deste artigo, a iniciativa e a responsabilidade para a instituição do regime da multipropriedade serão atribuídas às mesmas pessoas e observarão os mesmos requisitos indicados nas alíneas a, b e c e no § 1.º do art. 31 da Lei n. 4.591, de 16 de dezembro de 1964.

**Art. 1.358-P.** Na hipótese do art. 1.358-O, a convenção de condomínio edilício deve prever, além das matérias elencadas nos arts. 1.332, 1.334 e, se for o caso, 1.358-G deste Código:

**I** – a identificação das unidades sujeitas ao regime da multipropriedade, no caso de empreendimentos mistos;

**II** – a indicação da duração das frações de tempo de cada unidade autônoma sujeita ao regime da multipropriedade;

**III** – a forma de rateio, entre os multiproprietários de uma mesma unidade autônoma, das contribuições condominiais relativas à unidade, que, salvo se disciplinada de forma diversa no instrumento de instituição ou na convenção de condomínio em multipropriedade, será proporcional à fração de tempo de cada multiproprietário;

**IV** – a especificação das despesas ordinárias, cujo custeio será obrigatório, independentemente do uso e gozo do imóvel e das áreas comuns;

**V** – os órgãos de administração da multipropriedade;

**VI** – a indicação, se for o caso, de que o empreendimento conta com sistema de administração de intercâmbio, na forma prevista no § 2.º do art. 23 da Lei n. 11.771, de 17 de setembro de 2008, seja do período de fruição da fração de tempo, seja do local de fruição, caso em que a responsabilidade e as obrigações da companhia de intercâmbio limitam-se ao contido na documentação de sua contratação;

**VII** – a competência para a imposição de sanções e o respectivo procedimento, especialmente nos casos de mora no cumprimento das obrigações de custeio e nos casos de descumprimento da obrigação de desocupar o imóvel até o dia e hora previstos;

**VIII** – o quórum exigido para a deliberação de adjudicação da fração de tempo na hipótese de inadimplemento do respectivo multiproprietário;

**IX –** o quórum exigido para a deliberação de alienação, pelo condomínio edilício, da fração de tempo adjudicada em virtude do inadimplemento do respectivo multiproprietário.

**Art. 1.358-Q.** Na hipótese do art. 1.358-O deste Código, o regimento interno do condomínio edilício deve prever:

**I –** os direitos dos multiproprietários sobre as partes comuns do condomínio edilício;

**II –** os direitos e obrigações do administrador, inclusive quanto ao acesso ao imóvel para cumprimento do dever de manutenção, conservação e limpeza;

**III –** as condições e regras para uso das áreas comuns;

**IV –** os procedimentos a serem observados para uso e gozo dos imóveis e das instalações, equipamentos e mobiliário destinados ao regime da multipropriedade;

**V –** o número máximo de pessoas que podem ocupar simultaneamente o imóvel no período correspondente a cada fração de tempo;

**VI –** as regras de convivência entre os multiproprietários e os ocupantes de unidades autônomas não sujeitas ao regime da multipropriedade, quando se tratar de empreendimentos mistos;

**VII –** a forma de contribuição, destinação e gestão do fundo de reserva específico para cada imóvel, para reposição e manutenção dos equipamentos, instalações e mobiliário, sem prejuízo do fundo de reserva do condomínio edilício;

**VIII –** a possibilidade de realização de assembleias não presenciais, inclusive por meio eletrônico;

**IX –** os mecanismos de participação e representação dos titulares;

**X –** o funcionamento do sistema de reserva, os meios de confirmação e os requisitos a serem cumpridos pelo multiproprietário quando não exercer diretamente sua faculdade de uso;

**XI** – a descrição dos serviços adicionais, se existentes, e as regras para seu uso e custeio.

**Parágrafo único.** O regimento interno poderá ser instituído por escritura pública ou por instrumento particular.

**Art. 1.358-R.** O condomínio edilício em que tenha sido instituído o regime de multipropriedade em parte ou na totalidade de suas unidades autônomas terá necessariamente um administrador profissional.

§ 1.º O prazo de duração do contrato de administração será livremente convencionado.

§ 2.º O administrador do condomínio referido no *caput* deste artigo será também o administrador de todos os condomínios em multipropriedade de suas unidades autônomas.

§ 3.º O administrador será mandatário legal de todos os multiproprietários, exclusivamente para a realização dos atos de gestão ordinária da multipropriedade, incluindo manutenção, conservação e limpeza do imóvel e de suas instalações, equipamentos e mobiliário.

§ 4.º O administrador poderá modificar o regimento interno quanto aos aspectos estritamente operacionais da gestão da multipropriedade no condomínio edilício.

§ 5.º O administrador pode ser ou não um prestador de serviços de hospedagem.

**Art. 1.358-S.** Na hipótese de inadimplemento, por parte do multiproprietário, da obrigação de custeio das despesas ordinárias ou extraordinárias, é cabível, na forma da lei processual civil, a adjudicação ao condomínio edilício da fração de tempo correspondente.

**Parágrafo único.** Na hipótese de o imóvel objeto da multipropriedade ser parte integrante de empreendimento em que haja sistema de locação das frações de tempo no qual os titulares possam ou sejam obrigados a locar suas frações de tempo exclusivamente por meio de uma administração única, repartindo entre si as receitas das locações independentemente da efetiva ocupação de cada unidade autônoma, poderá a convenção do condomínio edilício regrar que em caso de inadimplência:

**I –** o inadimplente fique proibido de utilizar o imóvel até a integral quitação da dívida;

**II –** a fração de tempo do inadimplente passe a integrar o pool da administradora;

**III –** a administradora do sistema de locação fique automaticamente munida de poderes e obrigada a, por conta e ordem do inadimplente, utilizar a integralidade dos valores líquidos a que o inadimplente tiver direito para amortizar suas dívidas condominiais, seja do condomínio edilício, seja do condomínio em multipropriedade, até sua integral quitação, devendo eventual saldo ser imediatamente repassado ao multiproprietário.

**Art. 1.358-T.** O multiproprietário somente poderá renunciar de forma translativa a seu direito de multipropriedade em favor do condomínio edilício.

**Parágrafo único.** A renúncia de que trata o *caput* deste artigo só é admitida se o multiproprietário estiver em dia com as contribuições condominiais, com os tributos imobiliários e, se houver, com o foro ou a taxa de ocupação.

**Art. 1.358-U.** As convenções dos condomínios edilícios, os memoriais de loteamentos e os instrumentos de venda dos lotes em loteamentos urbanos poderão limitar ou impedir a instituição da multipropriedade nos respectivos imóveis, vedação que somente poderá ser alterada no mínimo pela maioria absoluta dos condôminos.

## Capítulo VIII
## DA PROPRIEDADE RESOLÚVEL

**Art. 1.359.** Resolvida a propriedade pelo implemento da condição ou pelo advento do termo, entendem-se também resolvidos os direitos reais concedidos na sua pendência, e o proprietário, em cujo favor se opera a resolução, pode reivindicar a coisa do poder de quem a possua ou detenha.

**Art. 1.360.** Se a propriedade se resolver por outra causa superveniente, o possuidor, que a tiver adquirido por título anterior à sua resolução, será considerado proprietário perfeito, restando à pessoa, em cujo benefício houve a resolução, ação contra aquele cuja propriedade se resolveu para haver a própria coisa ou o seu valor.

## Capítulo IX
## DA PROPRIEDADE FIDUCIÁRIA

**Art. 1.361.** Considera-se fiduciária a propriedade resolúvel de coisa móvel infungível que o devedor, com escopo de garantia, transfere ao credor.

**§ 1.º** Constitui-se a propriedade fiduciária com o registro do contrato, celebrado por instrumento público ou particular, que lhe serve de título, no Registro de Títulos e Documentos do domicílio do devedor, ou, em se tratando de veículos, na repartição competente para o licenciamento, fazendo-se a anotação no certificado de registro.

**§ 2.º** Com a constituição da propriedade fiduciária, dá-se o desdobramento da posse, tornando-se o devedor possuidor direto da coisa.

**§ 3.º** A propriedade superveniente, adquirida pelo devedor, torna eficaz, desde o arquivamento, a transferência da propriedade fiduciária.

**Art. 1.362.** O contrato, que serve de título à propriedade fiduciária, conterá:

**I –** o total da dívida, ou sua estimativa;

**II –** o prazo, ou a época do pagamento;

**III –** a taxa de juros, se houver;

**IV –** a descrição da coisa objeto da transferência, com os elementos indispensáveis à sua identificação.

**Art. 1.363.** Antes de vencida a dívida, o devedor, a suas expensas e risco, pode usar a coisa segundo sua destinação, sendo obrigado, como depositário:

**I –** a empregar na guarda da coisa a diligência exigida por sua natureza;

**II –** a entregá-la ao credor, se a dívida não for paga no vencimento.

**Art. 1.364.** Vencida a dívida, e não paga, fica o credor obrigado a vender, judicial ou extrajudicialmente, a coisa a terceiros, a aplicar o preço no pagamento de seu crédito e das despesas de cobrança, e a entregar o saldo, se houver, ao devedor.

**Art. 1.365.** É nula a cláusula que autoriza o proprietário fiduciário a ficar com a coisa alienada em garantia, se a dívida não for paga no vencimento.

**Parágrafo único.** O devedor pode, com a anuência do credor, dar seu direito eventual à coisa em pagamento da dívida, após o vencimento desta.

**Art. 1.366.** Quando, vendida a coisa, o produto não bastar para o pagamento da dívida e das despesas de cobrança, continuará o devedor obrigado pelo restante.

**Art. 1.367.** A propriedade fiduciária em garantia de bens móveis ou imóveis sujeita-se às disposições do Capítulo I do Título X do Livro III da Parte Especial deste Código, e no que for específico, à legislação especial pertinente, não se equiparando, para quaisquer efeitos, à propriedade plena de que trata o art. 1.231.

**Art. 1.368.** O terceiro, interessado ou não, que pagar a dívida, se sub-rogará de pleno direito no crédito e na propriedade fiduciária.

**Art. 1.368-A.** As demais espécies de propriedade fiduciária ou de titularidade fiduciária submetem-se à disciplina específica das respectivas leis especiais, somente se aplicando as disposições deste Código naquilo que não for incompatível com a legislação especial.

**Art. 1.368-B.** A alienação fiduciária em garantia de bem móvel ou imóvel confere direito real de aquisição ao fiduciente, seu cessionário ou sucessor.

**Parágrafo único.** O credor fiduciário que se tornar proprietário pleno do bem, por efeito de realização da garantia, mediante consolidação da propriedade, adjudicação, dação ou outra forma pela qual lhe tenha sido transmitida a propriedade plena, passa a responder pelo pagamento dos tributos sobre a propriedade e a posse, taxas, despesas condominais e quaisquer outro encargos, tributários ou não, indicentes sobre o bem objeto da garantia, a partir da data em que vier a ser imitido na posse direta do bem.

## CAPÍTULO X
### DO FUNDO DE INVESTIMENTO

**Art. 1.368-C.** O fundo de investimento é uma comunhão de recursos, constituído sob a forma de condomínio de natureza especial, destinado à aplicação em ativos financeiros, bens e direitos de qualquer natureza.

§ 1.º Não se aplicam ao fundo de investimento as disposições constantes dos arts. 1.314 ao 1.358-A deste Código.

§ 2.º Competirá à Comissão de Valores Mobiliários disciplinar o disposto no *caput* deste artigo.

**§ 3.º** O registro dos regulamentos dos fundos de investimentos na Comissão de Valores Mobiliários é condição suficiente para garantir a sua publicidade e a oponibilidade de efeitos em relação a terceiros.

**Art. 1.368-D.** O regulamento do fundo de investimento poderá, observado o disposto na regulamentação a que se refere o § 2.º do art. 1.368-C desta Lei, estabelecer:

**I** – a limitação da responsabilidade de cada investidor ao valor de suas cotas;

**II** – a limitação da responsabilidade, bem como parâmetros de sua aferição, dos prestadores de serviços do fundo de investimento, perante o condomínio e entre si, ao cumprimento dos deveres particulares de cada um, sem solidariedade; e

**III** – classes de cotas com direitos e obrigações distintos, com possibilidade de constituir patrimônio segregado para cada classe.

**§ 1.º** A adoção da responsabilidade limitada por fundo de investimento constituído sem a limitação de responsabilidade somente abrangerá fatos ocorridos após a respectiva mudança em seu regulamento.

**§ 2.º** A avaliação de responsabilidade dos prestadores de serviço deverá levar sempre em consideração os riscos inerentes às aplicações nos mercados de atuação do fundo de investimento e a natureza de obrigação de meio de seus serviços.

**§ 3.º** O patrimônio segregado referido no inciso III do *caput* deste artigo só responderá por obrigações vinculadas à classe respectiva, nos termos do regulamento.

**Art. 1.368-E.** Os fundos de investimento respondem diretamente pelas obrigações legais e contratuais por eles assumidas, e os prestadores de serviço não respondem por essas obrigações, mas respondem pelos prejuízos que causarem quando procederem com dolo ou má-fé.

**§ 1.º** Se o fundo de investimento com limitação de responsabilidade não possuir patrimônio suficiente para responder por suas dívidas, aplicam-se as regras de insolvência previstas nos arts. 955 a 965 deste Código.

**§ 2.º** A insolvência pode ser requerida judicialmente por credores, por deliberação própria dos cotistas do fundo de investimento, nos termos de seu regulamento, ou pela Comissão de Valores Mobiliários.

**§ 3.º** Caso o regulamento do fundo estabeleça classes de cotas com direitos e obrigações distintos, nos termos do inciso III do *caput* do art. 1.368-D deste Código, aplica-se o disposto neste artigo a cada classe de cotas, individualmente considerada.

•• § 3.º acrescentado pela Lei n. 14.754, de 12-12-2023.

**Art. 1.368-F.** O fundo de investimento constituído por lei específica e regulamentado pela Comissão de Valores Mobiliários deverá, no que couber, seguir as disposições deste Capítulo.

# TÍTULO IV
## DA SUPERFÍCIE

**Art. 1.369.** O proprietário pode conceder a outrem o direito de construir ou de plantar em seu terreno, por tempo determinado, mediante escritura pública devidamente registrada no Cartório de Registro de Imóveis.

**Parágrafo único.** O direito de superfície não autoriza obra no subsolo, salvo se for inerente ao objeto da concessão.

**Art. 1.370.** A concessão da superfície será gratuita ou onerosa; se onerosa, estipularão as partes se o pagamento será feito de uma só vez, ou parceladamente.

**Art. 1.371.** O superficiário responderá pelos encargos e tributos que incidirem sobre o imóvel.

**Art. 1.372.** O direito de superfície pode transferir-se a terceiros e, por morte do superficiário, aos seus herdeiros.
**Parágrafo único.** Não poderá ser estipulado pelo concedente, a nenhum título, qualquer pagamento pela transferência.
**Art. 1.373.** Em caso de alienação do imóvel ou do direito de superfície, o superficiário ou o proprietário tem direito de preferência, em igualdade de condições.
**Art. 1.374.** Antes do termo final, resolver-se-á a concessão se o superficiário der ao terreno destinação diversa daquela para que foi concedida.
**Art. 1.375.** Extinta a concessão, o proprietário passará a ter a propriedade plena sobre o terreno, construção ou plantação, independentemente de indenização, se as partes não houverem estipulado o contrário.
**Art. 1.376.** No caso de extinção do direito de superfície em consequência de desapropriação, a indenização cabe ao proprietário e ao superficiário, no valor correspondente ao direito real de cada um.
**Art. 1.377.** O direito de superfície, constituído por pessoa jurídica de direito público interno, rege-se por este Código, no que não for diversamente disciplinado em lei especial.

# TÍTULO V
## DAS SERVIDÕES

### Capítulo I
DA CONSTITUIÇÃO DAS SERVIDÕES

**Art. 1.378.** A servidão proporciona utilidade para o prédio dominante, e grava o prédio serviente, que pertence a diverso dono, e constitui-se mediante declaração expressa dos proprietários, ou por testamento, e subsequente registro no Cartório de Registro de Imóveis.

**Art. 1.379.** O exercício incontestado e contínuo de uma servidão aparente, por dez anos, nos termos do art. 1.242, autoriza o interessado a registrá-la em seu nome no Registro de Imóveis, valendo-lhe como título a sentença que julgar consumado a usucapião.
**Parágrafo único.** Se o possuidor não tiver título, o prazo da usucapião será de vinte anos.

## Capítulo II
### DO EXERCÍCIO DAS SERVIDÕES

**Art. 1.380.** O dono de uma servidão pode fazer todas as obras necessárias à sua conservação e uso, e, se a servidão pertencer a mais de um prédio, serão as despesas rateadas entre os respectivos donos.

**Art. 1.381.** As obras a que se refere o artigo antecedente devem ser feitas pelo dono do prédio dominante, se o contrário não dispuser expressamente o título.

**Art. 1.382.** Quando a obrigação incumbir ao dono do prédio serviente, este poderá exonerar-se, abandonando, total ou parcialmente, a propriedade ao dono do dominante.
**Parágrafo único.** Se o proprietário do prédio dominante se recusar a receber a propriedade do serviente, ou parte dela, caber-lhe-á custear as obras.

**Art. 1.383.** O dono do prédio serviente não poderá embaraçar de modo algum o exercício legítimo da servidão.

**Art. 1.384.** A servidão pode ser removida, de um local para outro, pelo dono do prédio serviente e à sua custa, se em nada diminuir as vantagens do prédio dominante, ou pelo dono deste e à sua custa, se houver considerável incremento da utilidade e não prejudicar o prédio serviente.

**Art. 1.385.** Restringir-se-á o exercício da servidão às necessidades do prédio dominante, evitando-se, quanto possível, agravar o encargo ao prédio serviente.

**§ 1.º** Constituída para certo fim, a servidão não se pode ampliar a outro.

**§ 2.º** Nas servidões de trânsito, a de maior inclui a de menor ônus, e a menor exclui a mais onerosa.

**§ 3.º** Se as necessidades da cultura, ou da indústria, do prédio dominante impuserem à servidão maior largueza, o dono do serviente é obrigado a sofrê-la; mas tem direito a ser indenizado pelo excesso.

**Art. 1.386.** As servidões prediais são indivisíveis, e subsistem, no caso de divisão dos imóveis, em benefício de cada uma das porções do prédio dominante, e continuam a gravar cada uma das do prédio serviente, salvo se, por natureza, ou destino, só se aplicarem a certa parte de um ou de outro.

## Capítulo III
### DA EXTINÇÃO DAS SERVIDÕES

**Art. 1.387.** Salvo nas desapropriações, a servidão, uma vez registrada, só se extingue, com respeito a terceiros, quando cancelada.

**Parágrafo único.** Se o prédio dominante estiver hipotecado, e a servidão se mencionar no título hipotecário, será também preciso, para cancelar, o consentimento do credor.

**Art. 1.388.** O dono do prédio serviente tem direito, pelos meios judiciais, ao cancelamento do registro, embora o dono do prédio dominante lho impugne:

**I –** quando o titular houver renunciado a sua servidão;

**II –** quando tiver cessado, para o prédio dominante, a utilidade ou a comodidade, que determinou a constituição da servidão;

**III –** quando o dono do prédio serviente resgatar a servidão.

**Art. 1.389.** Também se extingue a servidão, ficando ao dono do prédio serviente a faculdade de fazê-la cancelar, mediante a prova da extinção:

**I –** pela reunião dos dois prédios no domínio da mesma pessoa;
**II –** pela supressão das respectivas obras por efeito de contrato, ou de outro título expresso;
**III –** pelo não uso, durante dez anos contínuos.

# TÍTULO VI
## DO USUFRUTO

### Capítulo I
DISPOSIÇÕES GERAIS

**Art. 1.390.** O usufruto pode recair em um ou mais bens, móveis ou imóveis, em um patrimônio inteiro, ou parte deste, abrangendo-lhe, no todo ou em parte, os frutos e utilidades.

**Art. 1.391.** O usufruto de imóveis, quando não resulte de usucapião, constituir-se-á mediante registro no Cartório de Registro de Imóveis.

**Art. 1.392.** Salvo disposição em contrário, o usufruto estende-se aos acessórios da coisa e seus acrescidos.

§ 1.º Se, entre os acessórios e os acrescidos, houver coisas consumíveis, terá o usufrutuário o dever de restituir, findo o usufruto, as que ainda houver e, das outras, o equivalente em gênero, qualidade e quantidade, ou, não sendo possível, o seu valor, estimado ao tempo da restituição.

§ 2.º Se há no prédio em que recai o usufruto florestas ou os recursos minerais a que se refere o art. 1.230, devem o dono e o usufrutuário prefixar-lhe a extensão do gozo e a maneira de exploração.

§ 3.º Se o usufruto recai sobre universalidade ou quota-parte de bens, o usufrutuário tem direito à parte do tesouro achado por outrem, e ao preço pago pelo vizinho do prédio usufruído, para obter meação em parede, cerca, muro, vala ou valado.

**Art. 1.393.** Não se pode transferir o usufruto por alienação; mas o seu exercício pode ceder-se por título gratuito ou oneroso.

## Capítulo II
DOS DIREITOS DO USUFRUTUÁRIO

**Art. 1.394.** O usufrutuário tem direito à posse, uso, administração e percepção dos frutos.

**Art. 1.395.** Quando o usufruto recai em títulos de crédito, o usufrutuário tem direito a perceber os frutos e a cobrar as respectivas dívidas.

**Parágrafo único.** Cobradas as dívidas, o usufrutuário aplicará, de imediato, a importância em títulos da mesma natureza, ou em títulos da dívida pública federal, com cláusula de atualização monetária segundo índices oficiais regularmente estabelecidos.

**Art. 1.396.** Salvo direito adquirido por outrem, o usufrutuário faz seus os frutos naturais, pendentes ao começar o usufruto, sem encargo de pagar as despesas de produção.

**Parágrafo único.** Os frutos naturais, pendentes ao tempo em que cessa o usufruto, pertencem ao dono, também sem compensação das despesas.

**Art. 1.397.** As crias dos animais pertencem ao usufrutuário, deduzidas quantas bastem para inteirar as cabeças de gado existentes ao começar o usufruto.

**Art. 1.398.** Os frutos civis, vencidos na data inicial do usufruto, pertencem ao proprietário, e ao usufrutuário os vencidos na data em que cessa o usufruto.

**Art. 1.399.** O usufrutuário pode usufruir em pessoa, ou mediante arrendamento, o prédio, mas não mudar-lhe a destinação econômica, sem expressa autorização do proprietário.

## Capítulo III
### DOS DEVERES DO USUFRUTUÁRIO

**Art. 1.400.** O usufrutuário, antes de assumir o usufruto, inventariará, à sua custa, os bens que receber, determinando o estado em que se acham, e dará caução, fidejussória ou real, se lha exigir o dono, de velar-lhes pela conservação, e entregá-los findo o usufruto.

**Parágrafo único.** Não é obrigado à caução o doador que se reservar o usufruto da coisa doada.

**Art. 1.401.** O usufrutuário que não quiser ou não puder dar caução suficiente perderá o direito de administrar o usufruto; e, neste caso, os bens serão administrados pelo proprietário, que ficará obrigado, mediante caução, a entregar ao usufrutuário o rendimento deles, deduzidas as despesas de administração, entre as quais se incluirá a quantia fixada pelo juiz como remuneração do administrador.

**Art. 1.402.** O usufrutuário não é obrigado a pagar as deteriorações resultantes do exercício regular do usufruto.

**Art. 1.403.** Incumbem ao usufrutuário:

**I** – as despesas ordinárias de conservação dos bens no estado em que os recebeu;

**II** – as prestações e os tributos devidos pela posse ou rendimento da coisa usufruída.

**Art. 1.404.** Incumbem ao dono as reparações extraordinárias e as que não forem de custo módico; mas o usufrutuário lhe pagará os juros do capital despendido com as que forem necessárias à conservação, ou aumentarem o rendimento da coisa usufruída.

**§ 1.º** Não se consideram módicas as despesas superiores a dois terços do líquido rendimento em um ano.

**§ 2.º** Se o dono não fizer as reparações a que está obrigado, e que são indispensáveis à conservação da coisa, o usufrutuário pode realizá-las, cobrando daquele a importância despendida.

**Art. 1.405.** Se o usufruto recair num patrimônio, ou parte deste, será o usufrutuário obrigado aos juros da dívida que onerar o patrimônio ou a parte dele.

**Art. 1.406.** O usufrutuário é obrigado a dar ciência ao dono de qualquer lesão produzida contra a posse da coisa, ou os direitos deste.

**Art. 1.407.** Se a coisa estiver segurada, incumbe ao usufrutuário pagar, durante o usufruto, as contribuições do seguro.

**§ 1.º** Se o usufrutuário fizer o seguro, ao proprietário caberá o direito dele resultante contra o segurador.

**§ 2.º** Em qualquer hipótese, o direito do usufrutuário fica sub-rogado no valor da indenização do seguro.

**Art. 1.408.** Se um edifício sujeito a usufruto for destruído sem culpa do proprietário, não será este obrigado a reconstruí-lo, nem o usufruto se restabelecerá, se o proprietário reconstruir à sua custa o prédio; mas se a indenização do seguro for aplicada à reconstrução do prédio, restabelecer-se-á o usufruto.

**Art. 1.409.** Também fica sub-rogada no ônus do usufruto, em lugar do prédio, a indenização paga, se ele for desapropriado, ou a importância do dano, ressarcido pelo terceiro responsável no caso de danificação ou perda.

## Capítulo IV
### DA EXTINÇÃO DO USUFRUTO

**Art. 1.410.** O usufruto extingue-se, cancelando-se o registro no Cartório de Registro de Imóveis:

**I** – pela renúncia ou morte do usufrutuário;

**II** – pelo termo de sua duração;

**III** – pela extinção da pessoa jurídica, em favor de quem o usufruto foi constituído, ou, se ela perdurar, pelo decurso de 30 (trinta) anos da data em que se começou a exercer;

**IV** – pela cessação do motivo de que se origina;

**V** – pela destruição da coisa, guardadas as disposições dos arts. 1.407, 1.408, 2.ª parte, e 1.409;

**VI** – pela consolidação;

**VII** – por culpa do usufrutuário, quando aliena, deteriora, ou deixa arruinar os bens, não lhes acudindo com os reparos de conservação, ou quando, no usufruto de títulos de crédito, não dá às importâncias recebidas a aplicação prevista no parágrafo único do art. 1.395;

**VIII** – pelo não uso, ou não fruição, da coisa em que o usufruto recai (arts. 1.390 e 1.399).

**Art. 1.411.** Constituído o usufruto em favor de duas ou mais pessoas, extinguir- se-á a parte em relação a cada uma das que falecerem, salvo se, por estipulação expressa, o quinhão desses couber ao sobrevivente.

# TÍTULO VII
## DO USO

**Art. 1.412.** O usuário usará da coisa e perceberá os seus frutos, quanto o exigirem as necessidades suas e de sua família.

**§ 1.º** Avaliar-se-ão as necessidades pessoais do usuário conforme a sua condição social e o lugar onde viver.

**§ 2.º** As necessidades da família do usuário compreendem as de seu cônjuge, dos filhos solteiros e das pessoas de seu serviço doméstico.

**Art. 1.413.** São aplicáveis ao uso, no que não for contrário à sua natureza, as disposições relativas ao usufruto.

# TÍTULO VIII
## DA HABITAÇÃO

**Art. 1.414.** Quando o uso consistir no direito de habitar gratuitamente casa alheia, o titular deste direito não a pode alugar, nem emprestar, mas simplesmente ocupá-la com sua família.

**Art. 1.415.** Se o direito real de habitação for conferido a mais de uma pessoa, qualquer delas que sozinha habite a casa não terá de pagar aluguel à outra, ou às outras, mas não as pode inibir de exercerem, querendo, o direito, que também lhes compete, de habitá-la.

**Art. 1.416.** São aplicáveis à habitação, no que não for contrário à sua natureza, as disposições relativas ao usufruto.

# TÍTULO IX
## DO DIREITO DO PROMITENTE COMPRADOR

**Art. 1.417.** Mediante promessa de compra e venda, em que se não pactuou arrependimento, celebrada por instrumento público ou particular, e registrada no Cartório de Registro de Imóveis, adquire o promitente comprador direito real à aquisição do imóvel.

**Art. 1.418.** O promitente comprador, titular de direito real, pode exigir do promitente vendedor, ou de terceiros, a quem os direitos deste forem cedidos, a outorga da escritura definitiva de compra e venda, conforme o disposto no instrumento preliminar; e, se houver recusa, requerer ao juiz a adjudicação do imóvel.

# TÍTULO X
## DO PENHOR, DA HIPOTECA E DA ANTICRESE

### Capítulo I
DISPOSIÇÕES GERAIS

**Art. 1.419.** Nas dívidas garantidas por penhor, anticrese ou hipoteca, o bem dado em garantia fica sujeito, por vínculo real, ao cumprimento da obrigação.

**Art. 1.420.** Só aquele que pode alienar poderá empenhar, hipotecar ou dar em anticrese; só os bens que se podem alienar poderão ser dados em penhor, anticrese ou hipoteca.

**§ 1.º** A propriedade superveniente torna eficaz, desde o registro, as garantias reais estabelecidas por quem não era dono.

**§ 2.º** A coisa comum a dois ou mais proprietários não pode ser dada em garantia real, na sua totalidade, sem o consentimento de todos; mas cada um pode individualmente dar em garantia real a parte que tiver.

**Art. 1.421.** O pagamento de uma ou mais prestações da dívida não importa exoneração correspondente da garantia, ainda que esta compreenda vários bens, salvo disposição expressa no título ou na quitação.

**Art. 1.422.** O credor hipotecário e o pignoratício têm o direito de excutir a coisa hipotecada ou empenhada, e preferir, no pagamento, a outros credores, observada, quanto à hipoteca, a prioridade no registro.

**Parágrafo único.** Excetuam-se da regra estabelecida neste artigo as dívidas que, em virtude de outras leis, devam ser pagas precipuamente a quaisquer outros créditos.

**Art. 1.423.** O credor anticrético tem direito a reter em seu poder o bem, enquanto a dívida não for paga; extingue-se esse direito decorridos quinze anos da data de sua constituição.

**Art. 1.424.** Os contratos de penhor, anticrese ou hipoteca declararão, sob pena de não terem eficácia:

   **I** – o valor do crédito, sua estimação, ou valor máximo;

   **II** – o prazo fixado para pagamento;

   **III** – a taxa dos juros, se houver;

   **IV** – o bem dado em garantia com as suas especificações.

**Art. 1.425.** A dívida considera-se vencida:

   **I** – se, deteriorando-se, ou depreciando-se o bem dado em segurança, desfalcar a garantia, e o devedor, intimado, não a reforçar ou substituir;

**II** – se o devedor cair em insolvência ou falir;

**III** – se as prestações não forem pontualmente pagas, toda vez que deste modo se achar estipulado o pagamento. Neste caso, o recebimento posterior da prestação atrasada importa renúncia do credor ao seu direito de execução imediata;

**IV** – se perecer o bem dado em garantia, e não for substituído;

**V** – se se desapropriar o bem dado em garantia, hipótese na qual se depositará a parte do preço que for necessária para o pagamento integral do credor.

**§ 1.º** Nos casos de perecimento da coisa dada em garantia, esta se sub-rogará na indenização do seguro, ou no ressarcimento do dano, em benefício do credor, a quem assistirá sobre ela preferência até seu completo reembolso.

**§ 2.º** Nos casos dos incisos IV e V, só se vencerá a hipoteca antes do prazo estipulado se o perecimento, ou a desapropriação recair sobre o bem dado em garantia, e esta não abranger outras; subsistindo, no caso contrário, a dívida reduzida, com a respectiva garantia sobre os demais bens, não desapropriados ou destruídos.

**Art. 1.426.** Nas hipóteses do artigo anterior, de vencimento antecipado da dívida, não se compreendem os juros correspondentes ao tempo ainda não decorrido.

**Art. 1.427.** Salvo cláusula expressa, o terceiro que presta garantia real por dívida alheia não fica obrigado a substituí-la, ou reforçá-la, quando, sem culpa sua, se perca, deteriore, ou desvalorize.

**Art. 1.428.** É nula a cláusula que autoriza o credor pignoratício, anticrético ou hipotecário a ficar com o objeto da garantia, se a dívida não for paga no vencimento.

**Parágrafo único.** Após o vencimento, poderá o devedor dar a coisa em pagamento da dívida.

**Art. 1.429.** Os sucessores do devedor não podem remir parcialmente o penhor ou a hipoteca na proporção dos seus quinhões; qualquer deles, porém, pode fazê-lo no todo.

**Parágrafo único.** O herdeiro ou sucessor que fizer a remição fica sub-rogado nos direitos do credor pelas quotas que houver satisfeito.

**Art. 1.430.** Quando, excutido o penhor, ou executada a hipoteca, o produto não bastar para pagamento da dívida e despesas judiciais, continuará o devedor obrigado pessoalmente pelo restante.

## Capítulo II
DO PENHOR

*Seção I*
Da Constituição do Penhor

**Art. 1.431.** Constitui-se o penhor pela transferência efetiva da posse que, em garantia do débito ao credor ou a quem o represente, faz o devedor, ou alguém por ele, de uma coisa móvel, suscetível de alienação.

**Parágrafo único.** No penhor rural, industrial, mercantil e de veículos, as coisas empenhadas continuam em poder do devedor, que as deve guardar e conservar.

**Art. 1.432.** O instrumento do penhor deverá ser levado a registro, por qualquer dos contratantes; o do penhor comum será registrado no Cartório de Títulos e Documentos.

*Seção II*
Dos Direitos do Credor Pignoratício

**Art. 1.433.** O credor pignoratício tem direito:

I – à posse da coisa empenhada;

II – à retenção dela, até que o indenizem das despesas devidamente justificadas, que tiver feito, não sendo ocasionadas por culpa sua;

III – ao ressarcimento do prejuízo que houver sofrido por vício da coisa empenhada;

**IV** – a promover a execução judicial, ou a venda amigável, se lhe permitir expressamente o contrato, ou lhe autorizar o devedor mediante procuração;

**V** – a apropriar-se dos frutos da coisa empenhada que se encontra em seu poder;

**VI** – a promover a venda antecipada, mediante prévia autorização judicial, sempre que haja receio fundado de que a coisa empenhada se perca ou deteriore, devendo o preço ser depositado. O dono da coisa empenhada pode impedir a venda antecipada, substituindo-a, ou oferecendo outra garantia real idônea.

**Art. 1.434.** O credor não pode ser constrangido a devolver a coisa empenhada, ou uma parte dela, antes de ser integralmente pago, podendo o juiz, a requerimento do proprietário, determinar que seja vendida apenas uma das coisas, ou parte da coisa empenhada, suficiente para o pagamento do credor.

*Seção III*
Das Obrigações do Credor Pignoratício

**Art. 1.435.** O credor pignoratício é obrigado:

**I** – à custódia da coisa, como depositário, e a ressarcir ao dono a perda ou deterioração de que for culpado, podendo ser compensada na dívida, até a concorrente quantia, a importância da responsabilidade;

**II** – à defesa da posse da coisa empenhada e a dar ciência, ao dono dela, das circunstâncias que tornarem necessário o exercício de ação possessória;

**III** – a imputar o valor dos frutos, de que se apropriar (art. 1.433, inciso V) nas despesas de guarda e conservação, nos juros e no capital da obrigação garantida, sucessivamente;

**IV** – a restituí-la, com os respectivos frutos e acessões, uma vez paga a dívida;

**V** – a entregar o que sobeje do preço, quando a dívida for paga, no caso do inciso IV do art. 1.433.

*Seção IV*
Da Extinção do Penhor

**Art. 1.436.** Extingue-se o penhor:

**I** – extinguindo-se a obrigação;

**II** – perecendo a coisa;

**III** – renunciando o credor;

**IV** – confundindo-se na mesma pessoa as qualidades de credor e de dono da coisa;

**V** – dando-se a adjudicação judicial, a remissão ou a venda da coisa empenhada, feita pelo credor ou por ele autorizada.

**§ 1.º** Presume-se a renúncia do credor quando consentir na venda particular do penhor sem reserva de preço, quando restituir a sua posse ao devedor, ou quando anuir à sua substituição por outra garantia.

**§ 2.º** Operando-se a confusão tão somente quanto à parte da dívida pignoratícia, subsistirá inteiro o penhor quanto ao resto.

**Art. 1.437.** Produz efeitos a extinção do penhor depois de averbado o cancelamento do registro, à vista da respectiva prova.

*Seção V*
Do Penhor Rural

*Subseção I*
Disposições gerais

**Art. 1.438.** Constitui-se o penhor rural mediante instrumento público ou particular, registrado no Cartório de Registro de

Imóveis da circunscrição em que estiverem situadas as coisas empenhadas.

**Parágrafo único.** Prometendo pagar em dinheiro a dívida, que garante com penhor rural, o devedor poderá emitir, em favor do credor, cédula rural pignoratícia, na forma determinada em lei especial.

**Art. 1.439.** O penhor agrícola e o penhor pecuário não podem ser convencionados por prazos superiores aos das obrigações garantidas.

**§ 1.º** Embora vencidos os prazos, permanece a garantia, enquanto subsistirem os bens que a constituem.

**§ 2.º** A prorrogação deve ser averbada à margem do registro respectivo, mediante requerimento do credor e do devedor.

**Art. 1.440.** Se o prédio estiver hipotecado, o penhor rural poderá constituir-se independentemente da anuência do credor hipotecário, mas não lhe prejudica o direito de preferência, nem restringe a extensão da hipoteca, ao ser executada.

**Art. 1.441.** Tem o credor direito a verificar o estado das coisas empenhadas, inspecionando-as onde se acharem, por si ou por pessoa que credenciar.

*Subseção II*
Do penhor agrícola

**Art. 1.442.** Podem ser objeto de penhor:
   **I** – máquinas e instrumentos de agricultura;
   **II** – colheitas pendentes, ou em via de formação;
   **III** – frutos acondicionados ou armazenados;
   **IV** – lenha cortada e carvão vegetal;
   **V** – animais do serviço ordinário de estabelecimento agrícola.

**Art. 1.443.** O penhor agrícola que recai sobre colheita pendente, ou em via de formação, abrange a imediatamente seguinte, no caso de frustrar-se ou ser insuficiente a que se deu em garantia.

**Parágrafo único.** Se o credor não financiar a nova safra, poderá o devedor constituir com outrem novo penhor, em quantia máxima equivalente à do primeiro; o segundo penhor terá preferência sobre o primeiro, abrangendo este apenas o excesso apurado na colheita seguinte.

*Subseção III*
Do penhor pecuário

**Art. 1.444.** Podem ser objeto de penhor os animais que integram a atividade pastoril, agrícola ou de lacticínios.

**Art. 1.445.** O devedor não poderá alienar os animais empenhados sem prévio consentimento, por escrito, do credor.

**Parágrafo único.** Quando o devedor pretende alienar o gado empenhado ou, por negligência, ameace prejudicar o credor, poderá este requerer se depositem os animais sob a guarda de terceiro, ou exigir que se lhe pague a dívida de imediato.

**Art. 1.446.** Os animais da mesma espécie, comprados para substituir os mortos, ficam sub-rogados no penhor.

**Parágrafo único.** Presume-se a substituição prevista neste artigo, mas não terá eficácia contra terceiros, se não constar de menção adicional ao respectivo contrato, a qual deverá ser averbada.

*Seção VI*
Do Penhor Industrial e Mercantil

**Art. 1.447.** Podem ser objeto de penhor máquinas, aparelhos, materiais, instrumentos, instalados e em funcionamento, com os acessórios ou sem eles; animais, utilizados na indústria; sal e bens destinados à exploração das salinas; produtos de suinocultura, animais destinados à industrialização de carnes e derivados; matérias-primas e produtos industrializados.

**Parágrafo único.** Regula-se pelas disposições relativas aos armazéns gerais o penhor das mercadorias neles depositadas.

**Art. 1.448.** Constitui-se o penhor industrial, ou o mercantil, mediante instrumento público ou particular, registrado no Cartório de Registro de Imóveis da circunscrição onde estiverem situadas as coisas empenhadas.

**Parágrafo único.** Prometendo pagar em dinheiro a dívida, que garante com penhor industrial ou mercantil, o devedor poderá emitir, em favor do credor, cédula do respectivo crédito, na forma e para os fins que a lei especial determinar.

**Art. 1.449.** O devedor não pode, sem o consentimento por escrito do credor, alterar as coisas empenhadas ou mudar-lhes a situação, nem delas dispor. O devedor que, anuindo o credor, alienar as coisas empenhadas, deverá repor outros bens da mesma natureza, que ficarão sub-rogados no penhor.

**Art. 1.450.** Tem o credor direito a verificar o estado das coisas empenhadas, inspecionando-as onde se acharem, por si ou por pessoa que credenciar.

*Seção VII*
Do Penhor de Direitos e Títulos de Crédito

**Art. 1.451.** Podem ser objeto de penhor direitos, suscetíveis de cessão, sobre coisas móveis.

**Art. 1.452.** Constitui-se o penhor de direito mediante instrumento público ou particular, registrado no Registro de Títulos e Documentos.

**Parágrafo único.** O titular de direito empenhado deverá entregar ao credor pignoratício os documentos comprobatórios desse direito, salvo se tiver interesse legítimo em conservá-los.

**Art. 1.453.** O penhor de crédito não tem eficácia senão quando notificado ao devedor; por notificado tem-se o devedor que, em instrumento público ou particular, declarar-se ciente da existência do penhor.

**Art. 1.454.** O credor pignoratício deve praticar os atos necessários à conservação e defesa do direito empenhado e cobrar os juros e mais prestações acessórias compreendidas na garantia.

**Art. 1.455.** Deverá o credor pignoratício cobrar o crédito empenhado, assim que se torne exigível. Se este consistir numa prestação pecuniária, depositará a importância recebida, de acordo com o devedor pignoratício, ou onde o juiz determinar; se consistir na entrega da coisa, nesta se sub-rogará o penhor.

**Parágrafo único.** Estando vencido o crédito pignoratício, tem o credor direito a reter, da quantia recebida, o que lhe é devido, restituindo o restante ao devedor; ou a excutir a coisa a ele entregue.

**Art. 1.456.** Se o mesmo crédito for objeto de vários penhores, só ao credor pignoratício, cujo direito prefira aos demais, o devedor deve pagar; responde por perdas e danos aos demais credores o credor preferente que, notificado por qualquer um deles, não promover oportunamente a cobrança.

**Art. 1.457.** O titular do crédito empenhado só pode receber o pagamento com a anuência, por escrito, do credor pignoratício, caso em que o penhor se extinguirá.

**Art. 1.458.** O penhor, que recai sobre título de crédito, constitui-se mediante instrumento público ou particular ou endosso pignoratício, com a tradição do título ao credor, regendo-se pelas Disposições Gerais deste Título e, no que couber, pela presente Seção.

**Art. 1.459.** Ao credor, em penhor de título de crédito, compete o direito de:

**I** – conservar a posse do título e recuperá-la de quem quer que o detenha;

**II** – usar dos meios judiciais convenientes para assegurar os seus direitos, e os do credor do título empenhado;

**III** – fazer intimar ao devedor do título que não pague ao seu credor, enquanto durar o penhor;

**IV** – receber a importância consubstanciada no título e os respectivos juros, se exigíveis, restituindo o título ao devedor, quando este solver a obrigação.

**Art. 1.460.** O devedor do título empenhado que receber a intimação prevista no inciso III do artigo antecedente, ou se der por ciente do penhor, não poderá pagar ao seu credor. Se o fizer, responderá solidariamente por este, por perdas e danos, perante o credor pignoratício.

**Parágrafo único.** Se o credor der quitação ao devedor do título empenhado, deverá saldar imediatamente a dívida, em cuja garantia se constituiu o penhor.

### *Seção VIII*
Do Penhor de Veículos

**Art. 1.461.** Podem ser objeto de penhor os veículos empregados em qualquer espécie de transporte ou condução.

**Art. 1.462.** Constitui-se o penhor, a que se refere o artigo antecedente, mediante instrumento público ou particular, registrado no Cartório de Títulos e Documentos do domicílio do devedor, e anotado no certificado de propriedade.

**Parágrafo único.** Prometendo pagar em dinheiro a dívida garantida com o penhor, poderá o devedor emitir cédula de crédito, na forma e para os fins que a lei especial determinar.

**Art. 1.463.** (*Revogado pela Lei n. 14.179, de 30-6-2021.*)

**Art. 1.464.** Tem o credor direito a verificar o estado do veículo empenhado, inspecionando-o onde se achar, por si ou por pessoa que credenciar.

**Art. 1.465.** A alienação, ou a mudança, do veículo empenhado sem prévia comunicação ao credor importa no vencimento antecipado do crédito pignoratício.

**Art. 1.466.** O penhor de veículos só se pode convencionar pelo prazo máximo de dois anos, prorrogável até o limite de igual tempo, averbada a prorrogação à margem do registro respectivo.

*Seção IX*
Do Penhor Legal

**Art. 1.467.** São credores pignoratícios, independentemente de convenção:

**I** – os hospedeiros, ou fornecedores de pousada ou alimento, sobre as bagagens, móveis, joias ou dinheiro que os seus consumidores ou fregueses tiverem consigo nas respectivas casas ou estabelecimentos, pelas despesas ou consumo que aí tiverem feito;

**II** – o dono do prédio rústico ou urbano, sobre os bens móveis que o rendeiro ou inquilino tiver guarnecendo o mesmo prédio, pelos aluguéis ou rendas.

**Art. 1.468.** A conta das dívidas enumeradas no inciso I do artigo antecedente será extraída conforme a tabela impressa, prévia e ostensivamente exposta na casa, dos preços de hospedagem, da pensão ou dos gêneros fornecidos, sob pena de nulidade do penhor.

**Art. 1.469.** Em cada um dos casos do art. 1.467, o credor poderá tomar em garantia um ou mais objetos até o valor da dívida.

**Art. 1.470.** Os credores, compreendidos no art. 1.467, podem fazer efetivo o penhor, antes de recorrerem à autoridade judiciária, sempre que haja perigo na demora, dando aos devedores comprovante dos bens de que se apossarem.

**Art. 1.471.** Tomado o penhor, requererá o credor, ato contínuo, a sua homologação judicial.

**Art. 1.472.** Pode o locatário impedir a constituição do penhor mediante caução idônea.

### Capítulo III
DA HIPOTECA

#### *Seção I*
Disposições Gerais

**Art. 1.473.** Podem ser objeto de hipoteca:

**I** – os imóveis e os acessórios dos imóveis conjuntamente com eles;

**II** – o domínio direto;

**III** – o domínio útil;

**IV** – as estradas de ferro;

**V** – os recursos naturais a que se refere o art. 1.230, independentemente do solo onde se acham;

**VI** – os navios;

**VII** – as aeronaves;

**VIII** – o direito de uso especial para fins de moradia;

**IX** – o direito real de uso;

**X –** a propriedade superficiária;

•• Inciso X com redação determinada pela Lei n. 14.620, de 13-7-2023.

**XI –** os direitos oriundos da imissão provisória na posse, quando concedida à União, aos Estados, ao Distrito Federal, aos Municípios ou às suas entidades delegadas e a respectiva cessão e promessa de cessão.

•• Inciso XI acrescentado pela Lei n. 14.620, de 13-7-2023.

**§ 1.º** A hipoteca dos navios e das aeronaves reger-se-á pelo disposto em lei especial.

**§ 2.º** Os direitos de garantia instituídos nas hipóteses dos incisos IX e X do *caput* deste artigo ficam limitados à duração da concessão ou direito de superfície, caso tenham sido transferidos por período determinado.

**Art. 1.474.** A hipoteca abrange todas as acessões, melhoramentos ou construções do imóvel. Subsistem os ônus reais constituídos e registrados, anteriormente à hipoteca, sobre o mesmo imóvel.

**Art. 1.475.** É nula a cláusula que proíba ao proprietário alienar imóvel hipotecado.

**Parágrafo único.** Pode convencionar-se que vencerá o crédito hipotecário, se o imóvel for alienado.

**Art. 1.476.** O dono do imóvel hipotecado pode constituir outra hipoteca sobre ele, mediante novo título, em favor do mesmo ou de outro credor.

**Art. 1.477.** Salvo o caso de insolvência do devedor, o credor da segunda hipoteca, embora vencida, não poderá executar o imóvel antes de vencida a primeira.

**§ 1.º** Não se considera insolvente o devedor por faltar ao pagamento das obrigações garantidas por hipotecas posteriores à primeira.

•• Parágrafo único renumerado pela Lei n. 14.711, de 30-10-2023.

**§ 2.º** O inadimplemento da obrigação garantida por hipoteca faculta ao credor declarar vencidas as demais obrigações de que for titular garantidas pelo mesmo imóvel.

•• § 2.º acrescentado pela Lei n. 14.711, de 30-10-2023.

**Art. 1.478.** O credor hipotecário que efetuar o pagamento, a qualquer tempo, das dívidas garantidas pelas hipotecas anteriores sub-rogar-se-á nos seus direitos, sem prejuízo dos que lhe competirem contra o devedor comum.

•• *Caput* com redação determinada pela Lei n. 14.711, de 30-10-2023.

**Parágrafo único.** Se o primeiro credor estiver promovendo a execução da hipoteca, o credor da segunda depositará a importância do débito e as despesas judiciais.

**Art. 1.479.** O adquirente do imóvel hipotecado, desde que não se tenha obrigado pessoalmente a pagar as dívidas aos credores hipotecários, poderá exonerar-se da hipoteca, abandonando-lhes o imóvel.

**Art. 1.480.** O adquirente notificará o vendedor e os credores hipotecários, deferindo-lhes, conjuntamente, a posse do imóvel, ou o depositará em juízo.

**Parágrafo único.** Poderá o adquirente exercer a faculdade de abandonar o imóvel hipotecado, até as vinte e quatro horas subsequentes à citação, com que se inicia o procedimento executivo.

**Art. 1.481.** Dentro em trinta dias, contados do registro do título aquisitivo, tem o adquirente do imóvel hipotecado o direito de remi-lo, citando os credores hipotecários e propondo importância não inferior ao preço por que o adquiriu.

**§ 1.º** Se o credor impugnar o preço da aquisição ou a importância oferecida, realizar-se-á licitação, efetuando-se a venda judicial a quem oferecer maior preço, assegurada preferência ao adquirente do imóvel.

**§ 2.º** Não impugnado pelo credor, o preço da aquisição ou o preço proposto pelo adquirente, haver-se-á por definitivamente fixado para a remissão do imóvel, que ficará livre de hipoteca, uma vez pago ou depositado o preço.

**§ 3.º** Se o adquirente deixar de remir o imóvel, sujeitando-o a execução, ficará obrigado a ressarcir os credores hipotecários da desvalorização que, por sua culpa, o mesmo vier a sofrer, além das despesas judiciais da execução.

**§ 4.º** Disporá de ação regressiva contra o vendedor o adquirente que ficar privado do imóvel em consequência de licitação ou penhora, o que pagar a hipoteca, o que, por causa de adjudicação ou licitação, desembolsar com o pagamento da hipoteca importância excedente à da compra e o que suportar custas e despesas judiciais.

**Arts. 1.482 e 1.483.** (*Revogados pela Lei n. 13.105, de 16-3-2015.*)

**Art. 1.484.** É lícito aos interessados fazer constar das escrituras o valor entre si ajustado dos imóveis hipotecados, o qual, devidamente atualizado, será a base para as arrematações, adjudicações e remições, dispensada a avaliação.

**Art. 1.485.** Mediante simples averbação, requerida por ambas as partes, poderá prorrogar-se a hipoteca, até 30 (trinta) anos da data do contrato. Desde que perfaça esse prazo, só poderá subsistir o contrato de hipoteca reconstituindo-se por novo título e novo registro; e, nesse caso, lhe será mantida a precedência, que então lhe competir.

**Art. 1.486.** Podem o credor e o devedor, no ato constitutivo da hipoteca, autorizar a emissão da correspondente cédula hipotecária, na forma e para os fins previstos em lei especial.

**Art. 1.487.** A hipoteca pode ser constituída para garantia de dívida futura ou condicionada, desde que determinado o valor máximo do crédito a ser garantido.

**§ 1.º** Nos casos deste artigo, a execução da hipoteca dependerá de prévia e expressa concordância do devedor quanto à verificação da condição, ou ao montante da dívida.

**§ 2.º** Havendo divergência entre o credor e o devedor, caberá àquele fazer prova de seu crédito. Reconhecido este, o devedor responderá, inclusive, por perdas e danos, em razão da superveniente desvalorização do imóvel.

**Art. 1.487-A.** A hipoteca poderá, por requerimento do proprietário, ser posteriormente estendida para garantir novas obrigações em favor do mesmo credor, mantidos o registro e a publicidade originais, mas respeitada, em relação à extensão, a prioridade de direitos contraditórios ingressos na matrícula do imóvel.

•• *Caput* acrescentado pela Lei n. 14.711, de 30-10-2023.

**§ 1.º** A extensão da hipoteca não poderá exceder ao prazo e ao valor máximo garantido constantes da especialização da garantia original.

•• § 1.º acrescentado pela Lei n. 14.711, de 30-10-2023.

**§ 2.º** A extensão da hipoteca será objeto de averbação subsequente na matrícula do imóvel, assegurada a preferência creditória em favor da:

•• § 2.º, *caput*, acrescentado pela Lei n. 14.711, de 30-10-2023.

**I -** obrigação inicial, em relação às obrigações alcançadas pela extensão da hipoteca;

•• Inciso I acrescentado pela Lei n. 14.711, de 30-10-2023.

**II -** obrigação mais antiga, considerando-se o tempo da averbação, no caso de mais de uma extensão de hipoteca.

•• Inciso II acrescentado pela Lei n. 14.711, de 30-10-2023.

**§ 3.º** Na hipótese de superveniente multiplicidade de credores garantidos pela mesma hipoteca estendida, apenas o credor titular do crédito mais prioritário, conforme estabelecido no § 2.º deste artigo, poderá promover a execução judicial ou extrajudicial da garantia, exceto se convencionado de modo diverso por todos os credores.

•• § 3.º acrescentado pela Lei n. 14.711, de 30-10-2023.

**Art. 1.488.** Se o imóvel, dado em garantia hipotecária, vier a ser loteado, ou se nele se constituir condomínio edilício, poderá o ônus ser dividido, gravando cada lote ou unidade autônoma, se o requererem ao juiz o credor, o devedor ou os donos, obedecida a proporção entre o valor de cada um deles e o crédito.

**§ 1.º** O credor só poderá se opor ao pedido de desmembramento do ônus, provando que o mesmo importa em diminuição de sua garantia.

**§ 2.º** Salvo convenção em contrário, todas as despesas judiciais ou extrajudiciais necessárias ao desmembramento do ônus correm por conta de quem o requerer.

**§ 3.º** O desmembramento do ônus não exonera o devedor originário da responsabilidade a que se refere o art. 1.430, salvo anuência do credor.

### *Seção II*
### Da Hipoteca Legal

**Art. 1.489.** A lei confere hipoteca:

**I** – às pessoas de direito público interno (art. 41) sobre os imóveis pertencentes aos encarregados da cobrança, guarda ou administração dos respectivos fundos e rendas;

**II** – aos filhos, sobre os imóveis do pai ou da mãe que passar a outras núpcias, antes de fazer o inventário do casal anterior;

**III** – ao ofendido, ou aos seus herdeiros, sobre os imóveis do delinquente, para satisfação do dano causado pelo delito e pagamento das despesas judiciais;

**IV** – ao coerdeiro, para garantia do seu quinhão ou torna da partilha, sobre o imóvel adjudicado ao herdeiro reponente;

**V** – ao credor sobre o imóvel arrematado, para garantia do pagamento do restante do preço da arrematação.

**Art. 1.490.** O credor da hipoteca legal, ou quem o represente, poderá, provando a insuficiência dos imóveis especializados, exigir do devedor que seja reforçado com outros.

**Art. 1.491.** A hipoteca legal pode ser substituída por caução de títulos da dívida pública federal ou estadual, recebidos pelo valor de sua cotação mínima no ano corrente; ou por outra garantia, a critério do juiz, a requerimento do devedor.

*Seção III*
Do Registro da Hipoteca

**Art. 1.492.** As hipotecas serão registradas no cartório do lugar do imóvel, ou no de cada um deles, se o título se referir a mais de um.

**Parágrafo único.** Compete aos interessados, exibido o título, requerer o registro da hipoteca.

**Art. 1.493.** Os registros e averbações seguirão a ordem em que forem requeridas, verificando-se ela pela da sua numeração sucessiva no protocolo.

**Parágrafo único.** O número de ordem determina a prioridade, e esta a preferência entre as hipotecas.

**Art. 1.494.** (*Revogado pela Lei n. 14.382, de 27-6-2022.*)

**Art. 1.495.** Quando se apresentar ao oficial do registro título de hipoteca que mencione a constituição de anterior, não registrada, sobrestará ele na inscrição da nova, depois de a prenotar, até trinta dias, aguardando que o interessado inscreva a precedente; esgotado o prazo, sem que se requeira a inscrição desta, a hipoteca ulterior será registrada e obterá preferência.

**Art. 1.496.** Se tiver dúvida sobre a legalidade do registro requerido, o oficial fará, ainda assim, a prenotação do pedido. Se a dúvida, dentro em noventa dias, for julgada improcedente, o registro efetuar-se-á com o mesmo número que teria na data da prenotação; no caso contrário, cancelada esta, receberá o registro o número correspondente à data em que se tornar a requerer.

**Art. 1.497.** As hipotecas legais, de qualquer natureza, deverão ser registradas e especializadas.

§ **1.º** O registro e a especialização das hipotecas legais incumbem a quem está obrigado a prestar a garantia, mas os interessados podem promover a inscrição delas, ou solicitar ao Ministério Público que o faça.

§ **2.º** As pessoas, às quais incumbir o registro e a especialização das hipotecas legais, estão sujeitas a perdas e danos pela omissão.

**Art. 1.498.** Vale o registro da hipoteca, enquanto a obrigação perdurar; mas a especialização, em completando vinte anos, deve ser renovada.

*Seção IV*
Da Extinção da Hipoteca

**Art. 1.499.** A hipoteca extingue-se:
  **I** – pela extinção da obrigação principal;
  **II** – pelo perecimento da coisa;
  **III** – pela resolução da propriedade;
  **IV** – pela renúncia do credor;

**V** – pela remição;
**VI** – pela arrematação ou adjudicação.
**Art. 1.500.** Extingue-se ainda a hipoteca com a averbação, no Registro de Imóveis, do cancelamento do registro, à vista da respectiva prova.
**Art. 1.501.** Não extinguirá a hipoteca, devidamente registrada, a arrematação ou adjudicação, sem que tenham sido notificados judicialmente os respectivos credores hipotecários, que não forem de qualquer modo partes na execução.

*Seção V*
Da Hipoteca de Vias Férreas

**Art. 1.502.** As hipotecas sobre as estradas de ferro serão registradas no Município da estação inicial da respectiva linha.
**Art. 1.503.** Os credores hipotecários não podem embaraçar a exploração da linha, nem contrariar as modificações, que a administração deliberar, no leito da estrada, em suas dependências, ou no seu material.
**Art. 1.504.** A hipoteca será circunscrita à linha ou às linhas especificadas na escritura e ao respectivo material de exploração, no estado em que ao tempo da execução estiverem; mas os credores hipotecários poderão opor-se à venda da estrada, à de suas linhas, de seus ramais ou de parte considerável do material de exploração; bem como à fusão com outra empresa, sempre que com isso a garantia do débito enfraquecer.
**Art. 1.505.** Na execução das hipotecas será intimado o representante da União ou do Estado, para, dentro em quinze dias, remir a estrada de ferro hipotecada, pagando o preço da arrematação ou da adjudicação.

# Capítulo IV
## DA ANTICRESE

**Art. 1.506.** Pode o devedor ou outrem por ele, com a entrega do imóvel ao credor, ceder-lhe o direito de perceber, em compensação da dívida, os frutos e rendimentos.

**§ 1.º** É permitido estipular que os frutos e rendimentos do imóvel sejam percebidos pelo credor à conta de juros, mas se o seu valor ultrapassar a taxa máxima permitida em lei para as operações financeiras, o remanescente será imputado ao capital.

**§ 2.º** Quando a anticrese recair sobre bem imóvel, este poderá ser hipotecado pelo devedor ao credor anticrético, ou a terceiros, assim como o imóvel hipotecado poderá ser dado em anticrese.

**Art. 1.507.** O credor anticrético pode administrar os bens dados em anticrese e fruir seus frutos e utilidades, mas deverá apresentar anualmente balanço, exato e fiel, de sua administração.

**§ 1.º** Se o devedor anticrético não concordar com o que se contém no balanço, por ser inexato, ou ruinosa a administração, poderá impugná-lo, e, se o quiser, requerer a transformação em arrendamento, fixando o juiz o valor mensal do aluguel, o qual poderá ser corrigido anualmente.

**§ 2.º** O credor anticrético pode, salvo pacto em sentido contrário, arrendar os bens dados em anticrese a terceiro, mantendo, até ser pago, direito de retenção do imóvel, embora o aluguel desse arrendamento não seja vinculativo para o devedor.

**Art. 1.508.** O credor anticrético responde pelas deteriorações que, por culpa sua, o imóvel vier a sofrer, e pelos frutos e rendimentos que, por sua negligência, deixar de perceber.

**Art. 1.509.** O credor anticrético pode vindicar os seus direitos contra o adquirente dos bens, os credores quirografários e os hipotecários posteriores ao registro da anticrese.

**§ 1.º** Se executar os bens por falta de pagamento da dívida, ou permitir que outro credor o execute, sem opor o seu direito de retenção ao exequente, não terá preferência sobre o preço.

**§ 2.º** O credor anticrético não terá preferência sobre a indenização do seguro, quando o prédio seja destruído, nem, se forem desapropriados os bens, com relação à desapropriação.

**Art. 1.510.** O adquirente dos bens dados em anticrese poderá remi-los, antes do vencimento da dívida, pagando a sua totalidade à data do pedido de remição e imitir-se-á, se for o caso, na sua posse.

# TÍTULO XI
## DA LAJE

**Art. 1.510-A.** O proprietário de uma construção-base poderá ceder a superfície superior ou inferior de sua construção a fim de que o titular da laje mantenha unidade distinta daquela originalmente construída sobre o solo.

**§ 1.º** O direito real de laje contempla o espaço aéreo ou o subsolo de terrenos públicos ou privados, tomados em projeção vertical, como unidade imobiliária autônoma, não contemplando as demais áreas edificadas ou não pertencentes ao proprietário da construção-base.

**§ 2.º** O titular do direito real de laje responderá pelos encargos e tributos que incidirem sobre a sua unidade.

**§ 3.º** Os titulares da laje, unidade imobiliária autônoma constituída em matrícula própria, poderão dela usar, gozar e dispor.

**§ 4.º** A instituição do direito real de laje não implica a atribuição de fração ideal de terreno ao titular da laje ou a participação proporcional em áreas já edificadas.

**§ 5.º** Os Municípios e o Distrito Federal poderão dispor sobre posturas edilícias e urbanísticas associadas ao direito real de laje.

**§ 6.º** O titular da laje poderá ceder a superfície de sua construção para a instituição de um sucessivo direito real de laje, desde que haja autorização expressa dos titulares da construção-base e das demais lajes, respeitadas as posturas edilícias e urbanísticas vigentes.

**Art. 1.510-B.** É expressamente vedado ao titular da laje prejudicar com obras novas ou com falta de reparação a segurança, a linha arquitetônica ou o arranjo estético do edifício, observadas as posturas previstas em legislação local.

**Art. 1.510-C.** Sem prejuízo, no que couber, das normas aplicáveis aos condomínios edilícios, para fins do direito real de laje, as despesas necessárias à conservação e fruição das partes que sirvam a todo o edifício e ao pagamento de serviços de interesse comum serão partilhadas entre o proprietário da construção-base e o titular da laje, na proporção que venha a ser estipulada em contrato.

§ 1.º São partes que servem a todo o edifício:

**I** – os alicerces, colunas, pilares, paredes-mestras e todas as partes restantes que constituam a estrutura do prédio;

**II** – o telhado ou os terraços de cobertura, ainda que destinados ao uso exclusivo do titular da laje;

**III** – as instalações gerais de água, esgoto, eletricidade, aquecimento, ar condicionado, gás, comunicações e semelhantes que sirvam a todo o edifício; e

**IV** – em geral, as coisas que sejam afetadas ao uso de todo o edifício.

§ 2.º É assegurado, em qualquer caso, o direito de qualquer interessado em promover reparações urgentes na construção na forma do parágrafo único do art. 249 deste Código.

**Art. 1.510-D.** Em caso de alienação de qualquer das unidades sobrepostas, terão direito de preferência, em igualdade de condições com terceiros, os titulares da construção-base e da laje, nessa ordem, que serão cientificados por escrito para que se manifestem no prazo de trinta dias, salvo se o contrato dispuser de modo diverso.

§ 1.º O titular da construção-base ou da laje a quem não se der conhecimento da alienação poderá, mediante depósito do respectivo preço, haver para si a parte alienada a terceiros, se o requerer no prazo decadencial de cento e oitenta dias, contado da data de alienação.

**§ 2.º** Se houver mais de uma laje, terá preferência, sucessivamente, o titular das lajes ascendentes e o titular das lajes descendentes, assegurada a prioridade para a laje mais próxima à unidade sobreposta a ser alienada.

**Art. 1.510-E.** A ruína da construção-base implica extinção do direito real de laje, salvo:

**I** – se este tiver sido instituído sobre o subsolo;

**II** – se a construção-base for reconstruída no prazo de 5 (cinco) anos.

**Parágrafo único.** O disposto neste artigo não afasta o direito a eventual reparação civil contra o culpado pela ruína.

# LIVRO IV
## DO DIREITO DE FAMÍLIA

# TÍTULO I
## DO DIREITO PESSOAL

### *SUBTÍTULO I*
DO CASAMENTO

#### Capítulo I
DISPOSIÇÕES GERAIS

**Art. 1.511.** O casamento estabelece comunhão plena de vida, com base na igualdade de direitos e deveres dos cônjuges.

**Art. 1.512.** O casamento é civil e gratuita a sua celebração.

**Parágrafo único.** A habilitação para o casamento, o registro e a primeira certidão serão isentos de selos, emolumentos e custas, para as pessoas cuja pobreza for declarada, sob as penas da lei.

**Art. 1.513.** É defeso a qualquer pessoa, de direito público ou privado, interferir na comunhão de vida instituída pela família.

**Art. 1.514.** O casamento se realiza no momento em que o homem e a mulher manifestam, perante o juiz, a sua vontade de estabelecer vínculo conjugal, e o juiz os declara casados.

**Art. 1.515.** O casamento religioso, que atender às exigências da lei para a validade do casamento civil, equipara-se a este, desde que registrado no registro próprio, produzindo efeitos a partir da data de sua celebração.

**Art. 1.516.** O registro do casamento religioso submete-se aos mesmos requisitos exigidos para o casamento civil.

**§ 1.º** O registro civil do casamento religioso deverá ser promovido dentro de noventa dias de sua realização, mediante comunicação do celebrante ao ofício competente, ou por iniciativa de qualquer interessado, desde que haja sido homologada previamente a habilitação regulada neste Código. Após o referido prazo, o registro dependerá de nova habilitação.

**§ 2.º** O casamento religioso, celebrado sem as formalidades exigidas neste Código, terá efeitos civis se, a requerimento do casal, for registrado, a qualquer tempo, no registro civil, mediante prévia habilitação perante a autoridade competente e observado o prazo do art. 1.532.

**§ 3.º** Será nulo o registro civil do casamento religioso se, antes dele, qualquer dos consorciados houver contraído com outrem casamento civil.

## Capítulo II
### DA CAPACIDADE PARA O CASAMENTO

**Art. 1.517.** O homem e a mulher com dezesseis anos podem casar, exigindo-se autorização de ambos os pais, ou de seus representantes legais, enquanto não atingida a maioridade civil.

**Parágrafo único.** Se houver divergência entre os pais, aplica-se o disposto no parágrafo único do art. 1.631.

**Art. 1.518.** Até a celebração do casamento podem os pais ou tutores revogar a autorização.

**Art. 1.519.** A denegação do consentimento, quando injusta, pode ser suprida pelo juiz.

**Art. 1.520.** Não será permitido, em qualquer caso, o casamento de quem não atingiu a idade núbil, observado o disposto no art. 1.517 deste Código.

## Capítulo III
### DOS IMPEDIMENTOS

**Art. 1.521.** Não podem casar:

**I** – os ascendentes com os descendentes, seja o parentesco natural ou civil;

**II** – os afins em linha reta;

**III** – o adotante com quem foi cônjuge do adotado e o adotado com quem o foi do adotante;

**IV** – os irmãos, unilaterais ou bilaterais, e demais colaterais, até o terceiro grau inclusive;

**V** – o adotado com o filho do adotante;

**VI** – as pessoas casadas;

**VII** – o cônjuge sobrevivente com o condenado por homicídio ou tentativa de homicídio contra o seu consorte.

**Art. 1.522.** Os impedimentos podem ser opostos, até o momento da celebração do casamento, por qualquer pessoa capaz.

**Parágrafo único.** Se o juiz, ou o oficial de registro, tiver conhecimento da existência de algum impedimento, será obrigado a declará-lo.

## Capítulo IV
### DAS CAUSAS SUSPENSIVAS

**Art. 1.523.** Não devem casar:

**I** – o viúvo ou a viúva que tiver filho do cônjuge falecido, enquanto não fizer inventário dos bens do casal e der partilha aos herdeiros;

**II** – a viúva, ou a mulher cujo casamento se desfez por ser nulo ou ter sido anulado, até dez meses depois do começo da viuvez, ou da dissolução da sociedade conjugal;

**III** – o divorciado, enquanto não houver sido homologada ou decidida a partilha dos bens do casal;

**IV** – o tutor ou o curador e os seus descendentes, ascendentes, irmãos, cunhados ou sobrinhos, com a pessoa tutelada ou curatelada, enquanto não cessar a tutela ou curatela, e não estiverem saldadas as respectivas contas.

**Parágrafo único.** É permitido aos nubentes solicitar ao juiz que não lhes sejam aplicadas as causas suspensivas previstas nos incisos I, III e IV deste artigo, provando-se a inexistência de prejuízo, respectivamente, para o herdeiro, para o ex-cônjuge e para a pessoa tutelada ou curatelada; no caso do inciso II, a nubente deverá provar nascimento de filho, ou inexistência de gravidez, na fluência do prazo.

**Art. 1.524.** As causas suspensivas da celebração do casamento podem ser arguidas pelos parentes em linha reta de um dos nubentes, sejam consanguíneos ou afins, e pelos colaterais em segundo grau, sejam também consanguíneos ou afins.

## Capítulo V
### DO PROCESSO DE HABILITAÇÃO PARA O CASAMENTO

**Art. 1.525.** O requerimento de habilitação para o casamento será firmado por ambos os nubentes, de próprio punho, ou, a seu pedido, por procurador, e deve ser instruído com os seguintes documentos:

**I –** certidão de nascimento ou documento equivalente;

**II –** autorização por escrito das pessoas sob cuja dependência legal estiverem, ou ato judicial que a supra;

**III –** declaração de duas testemunhas maiores, parentes ou não, que atestem conhecê-los e afirmem não existir impedimento que os iniba de casar;

**IV –** declaração do estado civil, do domicílio e da residência atual dos contraentes e de seus pais, se forem conhecidos;

**V –** certidão de óbito do cônjuge falecido, de sentença declaratória de nulidade ou de anulação de casamento, transitada em julgado, ou do registro da sentença de divórcio.

**Art. 1.526.** A habilitação será feita pessoalmente perante o oficial do Registro Civil, com a audiência do Ministério Público.

**Parágrafo único.** Caso haja impugnação do oficial, do Ministério Público ou de terceiro, a habilitação será submetida ao juiz.

**Art. 1.527.** Estando em ordem a documentação, o oficial extrairá o edital, que se afixará durante quinze dias nas circunscrições do Registro Civil de ambos os nubentes, e, obrigatoriamente, se publicará na imprensa local, se houver.

**Parágrafo único.** A autoridade competente, havendo urgência, poderá dispensar a publicação.

**Art. 1.528.** É dever do oficial do registro esclarecer os nubentes a respeito dos fatos que podem ocasionar a invalidade do casamento, bem como sobre os diversos regimes de bens.

**Art. 1.529.** Tanto os impedimentos quanto as causas suspensivas serão opostos em declaração escrita e assinada, instruída com as provas do fato alegado, ou com a indicação do lugar onde possam ser obtidas.

**Art. 1.530.** O oficial do registro dará aos nubentes ou a seus representantes nota da oposição, indicando os fundamentos, as provas e o nome de quem a ofereceu.

**Parágrafo único.** Podem os nubentes requerer prazo razoável para fazer prova contrária aos fatos alegados, e promover as ações civis e criminais contra o oponente de má-fé.

**Art. 1.531.** Cumpridas as formalidades dos arts. 1.526 e 1.527 e verificada a inexistência de fato obstativo, o oficial do registro extrairá o certificado de habilitação.

**Art. 1.532.** A eficácia da habilitação será de noventa dias, a contar da data em que foi extraído o certificado.

## Capítulo VI
### DA CELEBRAÇÃO DO CASAMENTO

**Art. 1.533.** Celebrar-se-á o casamento, no dia, hora e lugar previamente designados pela autoridade que houver de presidir o ato, mediante petição dos contraentes, que se mostrem habilitados com a certidão do art. 1.531.

**Art. 1.534.** A solenidade realizar-se-á na sede do cartório, com toda publicidade, a portas abertas, presentes pelo menos duas testemunhas, parentes ou não dos contraentes, ou, querendo as partes e consentindo a autoridade celebrante, noutro edifício público ou particular.

§ 1.º Quando o casamento for em edifício particular, ficará este de portas abertas durante o ato.

§ 2.º Serão quatro as testemunhas na hipótese do parágrafo anterior e se algum dos contraentes não souber ou não puder escrever.

**Art. 1.535.** Presentes os contraentes, em pessoa ou por procurador especial, juntamente com as testemunhas e o oficial do registro, o presidente do ato, ouvida aos nubentes a afirmação de que pretendem casar por livre e espontânea vontade, declarará efetuado o casamento, nestes termos:

"De acordo com a vontade que ambos acabais de afirmar perante mim, de vos receberdes por marido e mulher, eu, em nome da lei, vos declaro casados".

**Art. 1.536.** Do casamento, logo depois de celebrado, lavrar-se-á o assento no livro de registro. No assento, assinado pelo presidente do ato, pelos cônjuges, as testemunhas, e o oficial do registro, serão exarados:

**I –** os prenomes, sobrenomes, datas de nascimento, profissão, domicílio e residência atual dos cônjuges;

**II –** os prenomes, sobrenomes, datas de nascimento ou de morte, domicílio e residência atual dos pais;

**III –** o prenome e sobrenome do cônjuge precedente e a data da dissolução do casamento anterior;

**IV –** a data da publicação dos proclamas e da celebração do casamento;

**V –** a relação dos documentos apresentados ao oficial do registro;

**VI –** o prenome, sobrenome, profissão, domicílio e residência atual das testemunhas;

**VII –** o regime do casamento, com a declaração da data e do cartório em cujas notas foi lavrada a escritura antenupcial, quando o regime não for o da comunhão parcial, ou o obrigatoriamente estabelecido.

**Art. 1.537.** O instrumento da autorização para casar transcrever-se-á integralmente na escritura antenupcial.

**Art. 1.538.** A celebração do casamento será imediatamente suspensa se algum dos contraentes:

**I** – recusar a solene afirmação da sua vontade;
**II** – declarar que esta não é livre e espontânea;
**III** – manifestar-se arrependido.

**Parágrafo único.** O nubente que, por algum dos fatos mencionados neste artigo, der causa à suspensão do ato, não será admitido a retratar-se no mesmo dia.

**Art. 1.539.** No caso de moléstia grave de um dos nubentes, o presidente do ato irá celebrá-lo onde se encontrar o impedido, sendo urgente, ainda que à noite, perante duas testemunhas que saibam ler e escrever.

**§ 1.º** A falta ou impedimento da autoridade competente para presidir o casamento suprir-se-á por qualquer dos seus substitutos legais, e a do oficial do Registro Civil por outro *ad hoc*, nomeado pelo presidente do ato.

**§ 2.º** O termo avulso, lavrado pelo oficial *ad hoc*, será registrado no respectivo registro dentro em 5 (cinco) dias, perante duas testemunhas, ficando arquivado.

**Art. 1.540.** Quando algum dos contraentes estiver em iminente risco de vida, não obtendo a presença da autoridade à qual incumba presidir o ato, nem a de seu substituto, poderá o casamento ser celebrado na presença de seis testemunhas, que com os nubentes não tenham parentesco em linha reta, ou, na colateral, até segundo grau.

**Art. 1.541.** Realizado o casamento, devem as testemunhas comparecer perante a autoridade judicial mais próxima, dentro em dez dias, pedindo que lhes tome por termo a declaração de:

**I** – que foram convocadas por parte do enfermo;
**II** – que este parecia em perigo de vida, mas em seu juízo;
**III** – que, em sua presença, declararam os contraentes, livre e espontaneamente, receber-se por marido e mulher.

**§ 1.º** Autuado o pedido e tomadas as declarações, o juiz procederá às diligências necessárias para verificar se os contraentes podiam ter-se habilitado, na forma ordinária, ouvidos os interessados que o requererem, dentro em quinze dias.

**§ 2.º** Verificada a idoneidade dos cônjuges para o casamento, assim o decidirá a autoridade competente, com recurso voluntário às partes.

**§ 3.º** Se da decisão não se tiver recorrido, ou se ela passar em julgado, apesar dos recursos interpostos, o juiz mandará registrá-la no livro do Registro dos Casamentos.

**§ 4.º** O assento assim lavrado retrotrairá os efeitos do casamento, quanto ao estado dos cônjuges, à data da celebração.

**§ 5.º** Serão dispensadas as formalidades deste e do artigo antecedente, se o enfermo convalescer e puder ratificar o casamento na presença da autoridade competente e do oficial do registro.

**Art. 1.542.** O casamento pode celebrar-se mediante procuração, por instrumento público, com poderes especiais.

**§ 1.º** A revogação do mandato não necessita chegar ao conhecimento do mandatário; mas, celebrado o casamento sem que o mandatário ou o outro contraente tivessem ciência da revogação, responderá o mandante por perdas e danos.

**§ 2.º** O nubente que não estiver em iminente risco de vida poderá fazer-se representar no casamento nuncupativo.

**§ 3.º** A eficácia do mandato não ultrapassará noventa dias.

**§ 4.º** Só por instrumento público se poderá revogar o mandato.

## Capítulo VII
DAS PROVAS DO CASAMENTO

**Art. 1.543.** O casamento celebrado no Brasil prova-se pela certidão do registro.

**Parágrafo único.** Justificada a falta ou perda do registro civil, é admissível qualquer outra espécie de prova.

**Art. 1.544.** O casamento de brasileiro, celebrado no estrangeiro, perante as respectivas autoridades ou os cônsules brasileiros, deverá ser registrado em 180 (cento e oitenta) dias, a contar da volta de um ou de ambos os cônjuges ao Brasil, no cartório do respectivo domicílio, ou, em sua falta, no 1.º Ofício da Capital do Estado em que passarem a residir.

**Art. 1.545.** O casamento de pessoas que, na posse do estado de casadas, não possam manifestar vontade, ou tenham falecido, não se pode contestar em prejuízo da prole comum, salvo mediante certidão do Registro Civil que prove que já era casada alguma delas, quando contraiu o casamento impugnado.

**Art. 1.546.** Quando a prova da celebração legal do casamento resultar de processo judicial, o registro da sentença no livro do Registro Civil produzirá, tanto no que toca aos cônjuges como no que respeita aos filhos, todos os efeitos civis desde a data do casamento.

**Art. 1.547.** Na dúvida entre as provas favoráveis e contrárias, julgar-se-á pelo casamento, se os cônjuges, cujo casamento se impugna, viverem ou tiverem vivido na posse do estado de casados.

## Capítulo VIII
DA INVALIDADE DO CASAMENTO

**Art. 1.548.** É nulo o casamento contraído:

I – (*Revogado pela Lei n. 13.146, de 6-7-2015.*)

II – por infringência de impedimento.

**Art. 1.549.** A decretação de nulidade de casamento, pelos motivos previstos no artigo antecedente, pode ser promovida mediante ação direta, por qualquer interessado, ou pelo Ministério Público.

**Art. 1.550.** É anulável o casamento:

**I** – de quem não completou a idade mínima para casar;

**II** – do menor em idade núbil, quando não autorizado por seu representante legal;

**III** – por vício da vontade, nos termos dos arts. 1.556 a 1.558;

**IV** – do incapaz de consentir ou manifestar, de modo inequívoco, o consentimento;

**V** – realizado pelo mandatário, sem que ele ou o outro contraente soubesse da revogação do mandato, e não sobrevindo coabitação entre os cônjuges;

**VI** – por incompetência da autoridade celebrante.

**§ 1.º** Equipara-se à revogação a invalidade do mandato judicialmente decretada.

**§ 2.º** A pessoa com deficiência mental ou intelectual em idade núbia poderá contrair matrimônio, expressando sua vontade diretamente ou por meio de seu responsável ou curador.

**Art. 1.551.** Não se anulará, por motivo de idade, o casamento de que resultou gravidez.

**Art. 1.552.** A anulação do casamento dos menores de dezesseis anos será requerida:

**I** – pelo próprio cônjuge menor;

**II** – por seus representantes legais;

**III** – por seus ascendentes.

**Art. 1.553.** O menor que não atingiu a idade núbil poderá, depois de completá-la, confirmar seu casamento, com a autorização de seus representantes legais, se necessária, ou com suprimento judicial.

**Art. 1.554.** Subsiste o casamento celebrado por aquele que, sem possuir a competência exigida na lei, exercer publicamente as funções de juiz de casamentos e, nessa qualidade, tiver registrado o ato no Registro Civil.

**Art. 1.555.** O casamento do menor em idade núbil, quando não autorizado por seu representante legal, só poderá ser anulado se a ação for proposta em cento e oitenta dias, por iniciativa do incapaz, ao deixar de sê-lo, de seus representantes legais ou de seus herdeiros necessários.

§ 1.º O prazo estabelecido neste artigo será contado do dia em que cessou a incapacidade, no primeiro caso; a partir do casamento, no segundo; e, no terceiro, da morte do incapaz.

§ 2.º Não se anulará o casamento quando à sua celebração houverem assistido os representantes legais do incapaz, ou tiverem, por qualquer modo, manifestado sua aprovação.

**Art. 1.556.** O casamento pode ser anulado por vício da vontade, se houve por parte de um dos nubentes, ao consentir, erro essencial quanto à pessoa do outro.

**Art. 1.557.** Considera-se erro essencial sobre a pessoa do outro cônjuge:

**I** – o que diz respeito à sua identidade, sua honra e boa fama, sendo esse erro tal que o seu conhecimento ulterior torne insuportável a vida em comum ao cônjuge enganado;

**II** – a ignorância de crime, anterior ao casamento, que, por sua natureza, torne insuportável a vida conjugal;

**III** – a ignorância, anterior ao casamento, de defeito físico irremediável que não caracterize deficiência ou de moléstia grave e transmissível, por contágio ou por herança, capaz de pôr em risco a saúde do outro cônjuge ou de sua descendência;

**IV** – (*Revogado pela Lei n. 13.146, de 6-7-2015.*)

**Art. 1.558.** É anulável o casamento em virtude de coação, quando o consentimento de um ou de ambos os cônjuges houver sido captado mediante fundado temor de mal considerável e iminente para a vida, a saúde e a honra, sua ou de seus familiares.

**Art. 1.559.** Somente o cônjuge que incidiu em erro, ou sofreu coação, pode demandar a anulação do casamento; mas a coabitação, havendo ciência do vício, valida o ato, ressalvadas as hipóteses dos incisos III e IV do art. 1.557.

**Art. 1.560.** O prazo para ser intentada a ação de anulação do casamento, a contar da data da celebração, é de:

**I** – cento e oitenta dias, no caso do inciso IV do art. 1.550;

**II** – dois anos, se incompetente a autoridade celebrante;

**III** – três anos, nos casos dos incisos I a IV do art. 1.557;

**IV** – quatro anos, se houver coação.

§ **1.º** Extingue-se, em cento e oitenta dias, o direito de anular o casamento dos menores de dezesseis anos, contado o prazo para o menor do dia em que perfez essa idade; e da data do casamento, para seus representantes legais ou ascendentes.

§ **2.º** Na hipótese do inciso V do art. 1.550, o prazo para anulação do casamento é de cento e oitenta dias, a partir da data em que o mandante tiver conhecimento da celebração.

**Art. 1.561.** Embora anulável ou mesmo nulo, se contraído de boa-fé por ambos os cônjuges, o casamento, em relação a estes como aos filhos, produz todos os efeitos até o dia da sentença anulatória.

§ **1.º** Se um dos cônjuges estava de boa-fé ao celebrar o casamento, os seus efeitos civis só a ele e aos filhos aproveitarão.

§ **2.º** Se ambos os cônjuges estavam de má-fé ao celebrar o casamento, os seus efeitos civis só aos filhos aproveitarão.

**Art. 1.562.** Antes de mover a ação de nulidade do casamento, a de anulação, a de separação judicial, a de divórcio direto ou a de dissolução de união estável, poderá requerer a parte, comprovando sua necessidade, a separação de corpos, que será concedida pelo juiz com a possível brevidade.

**Art. 1.563.** A sentença que decretar a nulidade do casamento retroagirá à data da sua celebração, sem prejudicar a aquisição de direitos, a título oneroso, por terceiros de boa-fé, nem a resultante de sentença transitada em julgado.

**Art. 1.564.** Quando o casamento for anulado por culpa de um dos cônjuges, este incorrerá:

I – na perda de todas as vantagens havidas do cônjuge inocente;

II – na obrigação de cumprir as promessas que lhe fez no contrato antenupcial.

### Capítulo IX
### DA EFICÁCIA DO CASAMENTO

**Art. 1.565.** Pelo casamento, homem e mulher assumem mutuamente a condição de consortes, companheiros e responsáveis pelos encargos da família.

§ 1.º Qualquer dos nubentes, querendo, poderá acrescer ao seu o sobrenome do outro.

§ 2.º O planejamento familiar é de livre decisão do casal, competindo ao Estado propiciar recursos educacionais e financeiros para o exercício desse direito, vedado qualquer tipo de coerção por parte de instituições privadas ou públicas.

**Art. 1.566.** São deveres de ambos os cônjuges:

I – fidelidade recíproca;

II – vida em comum, no domicílio conjugal;

III – mútua assistência;

IV – sustento, guarda e educação dos filhos;

V – respeito e consideração mútuos.

**Art. 1.567.** A direção da sociedade conjugal será exercida, em colaboração, pelo marido e pela mulher, sempre no interesse do casal e dos filhos.

**Parágrafo único.** Havendo divergência, qualquer dos cônjuges poderá recorrer ao juiz, que decidirá tendo em consideração aqueles interesses.

**Art. 1.568.** Os cônjuges são obrigados a concorrer, na proporção de seus bens e dos rendimentos do trabalho, para o sustento da família e a educação dos filhos, qualquer que seja o regime patrimonial.

**Art. 1.569.** O domicílio do casal será escolhido por ambos os cônjuges, mas um e outro podem ausentar-se do domicílio conjugal para atender a encargos públicos, ao exercício de sua profissão, ou a interesses particulares relevantes.

**Art. 1.570.** Se qualquer dos cônjuges estiver em lugar remoto ou não sabido, encarcerado por mais de cento e oitenta dias, interditado judicialmente ou privado, episodicamente, de consciência, em virtude de enfermidade ou de acidente, o outro exercerá com exclusividade a direção da família, cabendo-lhe a administração dos bens.

### Capítulo X
### DA DISSOLUÇÃO DA SOCIEDADE E
### DO VÍNCULO CONJUGAL

**Art. 1.571.** A sociedade conjugal termina:
   **I** – pela morte de um dos cônjuges;
   **II** – pela nulidade ou anulação do casamento;
   **III** – pela separação judicial;
   **IV** – pelo divórcio.

§ 1.º O casamento válido só se dissolve pela morte de um dos cônjuges ou pelo divórcio, aplicando-se a presunção estabelecida neste Código quanto ao ausente.

§ 2.º Dissolvido o casamento pelo divórcio direto ou por conversão, o cônjuge poderá manter o nome de casado; salvo, no segundo caso, dispondo em contrário a sentença de separação judicial.

**Art. 1.572.** Qualquer dos cônjuges poderá propor a ação de separação judicial, imputando ao outro qualquer ato que importe grave violação dos deveres do casamento e torne insuportável a vida em comum.

**§ 1.º** A separação judicial pode também ser pedida se um dos cônjuges provar ruptura da vida em comum há mais de um ano e a impossibilidade de sua reconstituição.

**§ 2.º** O cônjuge pode ainda pedir a separação judicial quando o outro estiver acometido de doença mental grave, manifestada após o casamento, que torne impossível a continuação da vida em comum, desde que, após uma duração de dois anos, a enfermidade tenha sido reconhecida de cura improvável.

**§ 3.º** No caso do § 2.º, reverterão ao cônjuge enfermo, que não houver pedido a separação judicial, os remanescentes dos bens que levou para o casamento, e se o regime dos bens adotado o permitir, a meação dos adquiridos na constância da sociedade conjugal.

**Art. 1.573.** Podem caracterizar a impossibilidade da comunhão de vida a ocorrência de algum dos seguintes motivos:

**I** – adultério;

**II** – tentativa de morte;

**III** – sevícia ou injúria grave;

**IV** – abandono voluntário do lar conjugal, durante um ano contínuo;

**V** – condenação por crime infamante;

**VI** – conduta desonrosa.

**Parágrafo único.** O juiz poderá considerar outros fatos que tornem evidente a impossibilidade da vida em comum.

**Art. 1.574.** Dar-se-á a separação judicial por mútuo consentimento dos cônjuges se forem casados por mais de um ano e o manifestarem perante o juiz, sendo por ele devidamente homologada a convenção.

**Parágrafo único.** O juiz pode recusar a homologação e não decretar a separação judicial se apurar que a convenção não preserva suficientemente os interesses dos filhos ou de um dos cônjuges.

**Art. 1.575.** A sentença de separação judicial importa a separação de corpos e a partilha de bens.

**Parágrafo único.** A partilha de bens poderá ser feita mediante proposta dos cônjuges e homologada pelo juiz ou por este decidida.

**Art. 1.576.** A separação judicial põe termo aos deveres de coabitação e fidelidade recíproca e ao regime de bens.

**Parágrafo único.** O procedimento judicial da separação caberá somente aos cônjuges, e, no caso de incapacidade, serão representados pelo curador, pelo ascendente ou pelo irmão.

**Art. 1.577.** Seja qual for a causa da separação judicial e o modo como esta se faça, é lícito aos cônjuges restabelecer, a todo tempo, a sociedade conjugal, por ato regular em juízo.

**Parágrafo único.** A reconciliação em nada prejudicará o direito de terceiros, adquirido antes e durante o estado de separado, seja qual for o regime de bens.

**Art. 1.578.** O cônjuge declarado culpado na ação de separação judicial perde o direito de usar o sobrenome do outro, desde que expressamente requerido pelo cônjuge inocente e se a alteração não acarretar:

**I –** evidente prejuízo para a sua identificação;

**II –** manifesta distinção entre o seu nome de família e o dos filhos havidos da união dissolvida;

**III** – dano grave reconhecido na decisão judicial.

**§ 1.º** O cônjuge inocente na ação de separação judicial poderá renunciar, a qualquer momento, ao direito de usar o sobrenome do outro.

**§ 2.º** Nos demais casos caberá a opção pela conservação do nome de casado.

**Art. 1.579.** O divórcio não modificará os direitos e deveres dos pais em relação aos filhos.

**Parágrafo único.** Novo casamento de qualquer dos pais, ou de ambos, não poderá importar restrições aos direitos e deveres previstos neste artigo.

**Art. 1.580.** Decorrido um ano do trânsito em julgado da sentença que houver decretado a separação judicial, ou da decisão concessiva da medida cautelar de separação de corpos, qualquer das partes poderá requerer sua conversão em divórcio.

**§ 1.º** A conversão em divórcio da separação judicial dos cônjuges será decretada por sentença, da qual não constará referência à causa que a determinou.

**§ 2.º** O divórcio poderá ser requerido, por um ou por ambos os cônjuges, no caso de comprovada separação de fato por mais de dois anos.

**Art. 1.581.** O divórcio pode ser concedido sem que haja prévia partilha de bens.

**Art. 1.582.** O pedido de divórcio somente competirá aos cônjuges.

**Parágrafo único.** Se o cônjuge for incapaz para propor a ação ou defender-se, poderá fazê-lo o curador, o ascendente ou o irmão.

## Capítulo XI
### DA PROTEÇÃO DA PESSOA DOS FILHOS

**Art. 1.583.** A guarda será unilateral ou compartilhada.

**§ 1.º** Compreende-se por guarda unilateral a atribuída a um só dos genitores ou a alguém que o substitua (art. 1.584, § 5.º) e, por guarda compartilhada a responsabilização conjunta e o exercício de direitos e deveres do pai e da mãe que não vivam sob o mesmo teto, concernentes ao poder familiar dos filhos comuns.

**§ 2.º** Na guarda compartilhada, o tempo de convívio com os filhos deve ser dividido de forma equilibrada com a mãe e com o pai, sempre tendo em vista as condições fáticas e os interesses dos filhos.

**I a III –** (*Revogados pela Lei n. 13.058, de 22-12-2014.*)

**§ 3.º** Na guarda compartilhada, a cidade considerada base de moradia dos filhos será aquela que melhor atender aos interesses dos filhos.

**§ 4.º** (*Vetado.*)

**§ 5.º** A guarda unilateral obriga o pai ou a mãe que não a detenha a supervisionar os interesses dos filhos, e, para possibilitar tal supervisão, qualquer dos genitores sempre será parte legítima para solicitar informações e/ou prestação de contas, objetivas ou subjetivas, em assuntos ou situações que direta ou indiretamente afetem a saúde física e psicológica e a educação de seus filhos.

**Art. 1.584.** A guarda, unilateral ou compartilhada, poderá ser:

**I –** requerida, por consenso, pelo pai e pela mãe, ou por qualquer deles, em ação autônoma de separação, de divórcio, de dissolução de união estável ou em medida cautelar;

**II –** decretada pelo juiz, em atenção a necessidades específicas do filho, ou em razão da distribuição de tempo necessário ao convívio deste com o pai e com a mãe.

**§ 1.º** Na audiência de conciliação, o juiz informará ao pai e à mãe o significado da guarda compartilhada, a sua importância, a similitude de deveres e direitos atribuídos aos genitores e as sanções pelo descumprimento de suas cláusulas.

**§ 2.º** Quando não houver acordo entre a mãe e o pai quanto à guarda do filho, encontrando-se ambos os genitores aptos a exercer o poder familiar, será aplicada a guarda compartilhada, salvo se um dos genitores declarar ao magistrado que não deseja a guarda da criança ou do adolescente ou quando houver elementos que evidenciem a probabilidade de risco de violência doméstica ou familiar.

- •• § 2.º com redação determinada pela Lei n. 14.713, de 30-10-2023.

**§ 3.º** Para estabelecer as atribuições do pai e da mãe e os períodos de convivência sob guarda compartilhada, o juiz, de ofício ou a requerimento do Ministério Público, poderá basear-se em orientação técnico-profissional ou de equipe interdisciplinar, que deverá visar à divisão equilibrada do tempo com o pai e com a mãe.

**§ 4.º** A alteração não autorizada ou o descumprimento imotivado de cláusula de guarda unilateral ou compartilhada poderá implicar a redução de prerrogativas atribuídas ao seu detentor.

**§ 5.º** Se o juiz verificar que o filho não deve permanecer sob a guarda do pai ou da mãe, deferirá a guarda a pessoa que revele compatibilidade com a natureza da medida, considerados, de preferência, o grau de parentesco e as relações de afinidade e afetividade.

**§ 6.º** Qualquer estabelecimento público ou privado é obrigado a prestar informações a qualquer dos genitores sobre os filhos destes, sob pena de multa de R$ 200,00 (duzentos reais) a R$ 500,00 (quinhentos reais) por dia pelo não atendimento da solicitação.

**Art. 1.585.** Em sede de medida cautelar de separação de corpos, em sede de medida cautelar de guarda ou em outra sede de fixação liminar de guarda, a decisão sobre guarda de filhos, mesmo que provisória, será proferida preferencialmente após a oitiva de ambas as partes perante o juiz, salvo se a proteção aos interesses dos filhos exigir a concessão de liminar sem a oitiva da outra parte, aplicando-se as disposições do art. 1.584.

**Art. 1.586.** Havendo motivos graves, poderá o juiz, em qualquer caso, a bem dos filhos, regular de maneira diferente da estabelecida nos artigos antecedentes a situação deles para com os pais.

**Art. 1.587.** No caso de invalidade do casamento, havendo filhos comuns, observar-se-á o disposto nos arts. 1.584 e 1.586.

**Art. 1.588.** O pai ou a mãe que contrair novas núpcias não perde o direito de ter consigo os filhos, que só lhe poderão ser retirados por mandado judicial, provado que não são tratados convenientemente.

**Art. 1.589.** O pai ou a mãe, em cuja guarda não estejam os filhos, poderá visitá-los e tê-los em sua companhia, segundo o que acordar com o outro cônjuge, ou for fixado pelo juiz, bem como fiscalizar sua manutenção e educação.

**Parágrafo único.** O direito de visita estende-se a qualquer dos avós, a critério do juiz, observados os interesses da criança ou do adolescente.

**Art. 1.590.** As disposições relativas à guarda e prestação de alimentos aos filhos menores estendem-se aos maiores incapazes.

## *SUBTÍTULO II*
DAS RELAÇÕES DE PARENTESCO

## **CAPÍTULO I**
DISPOSIÇÕES GERAIS

**Art. 1.591.** São parentes em linha reta as pessoas que estão umas para com as outras na relação de ascendentes e descendentes.

**Art. 1.592.** São parentes em linha colateral ou transversal, até o quarto grau, as pessoas provenientes de um só tronco, sem descenderem uma da outra.

**Art. 1.593.** O parentesco é natural ou civil, conforme resulte de consanguinidade ou outra origem.

**Art. 1.594.** Contam-se, na linha reta, os graus de parentesco pelo número de gerações, e, na colateral, também pelo número delas, subindo de um dos parentes até ao ascendente comum, e descendo até encontrar o outro parente.

**Art. 1.595.** Cada cônjuge ou companheiro é aliado aos parentes do outro pelo vínculo da afinidade.

§ 1.º O parentesco por afinidade limita-se aos ascendentes, aos descendentes e aos irmãos do cônjuge ou companheiro.

§ 2.º Na linha reta, a afinidade não se extingue com a dissolução do casamento ou da união estável.

### Capítulo II
DA FILIAÇÃO

**Art. 1.596.** Os filhos, havidos ou não da relação de casamento, ou por adoção, terão os mesmos direitos e qualificações, proibidas quaisquer designações discriminatórias relativas à filiação.

**Art. 1.597.** Presumem-se concebidos na constância do casamento os filhos:

**I** – nascidos cento e oitenta dias, pelo menos, depois de estabelecida a convivência conjugal;

**II** – nascidos nos trezentos dias subsequentes à dissolução da sociedade conjugal, por morte, separação judicial, nulidade e anulação do casamento;

**III** – havidos por fecundação artificial homóloga, mesmo que falecido o marido;

**IV** – havidos, a qualquer tempo, quando se tratar de embriões excedentários, decorrentes de concepção artificial homóloga;

**V** – havidos por inseminação artificial heteróloga, desde que tenha prévia autorização do marido.

**Art. 1.598.** Salvo prova em contrário, se, antes de decorrido o prazo previsto no inciso II do art. 1.523, a mulher contrair novas núpcias e lhe nascer algum filho, este se presume do primeiro marido, se nascido dentro dos trezentos dias a contar da data do falecimento deste e, do segundo, se o nascimento ocorrer após esse período e já decorrido o prazo a que se refere o inciso I do art. 1.597.

**Art. 1.599.** A prova da impotência do cônjuge para gerar, à época da concepção, ilide a presunção da paternidade.

**Art. 1.600.** Não basta o adultério da mulher, ainda que confessado, para ilidir a presunção legal da paternidade.

**Art. 1.601.** Cabe ao marido o direito de contestar a paternidade dos filhos nascidos de sua mulher, sendo tal ação imprescritível.

**Parágrafo único.** Contestada a filiação, os herdeiros do impugnante têm direito de prosseguir na ação.

**Art. 1.602.** Não basta a confissão materna para excluir a paternidade.

**Art. 1.603.** A filiação prova-se pela certidão do termo de nascimento registrada no Registro Civil.

**Art. 1.604.** Ninguém pode vindicar estado contrário ao que resulta do registro de nascimento, salvo provando-se erro ou falsidade do registro.

**Art. 1.605.** Na falta, ou defeito, do termo de nascimento, poderá provar-se a filiação por qualquer modo admissível em direito:

**I** – quando houver começo de prova por escrito, proveniente dos pais, conjunta ou separadamente;

**II** – quando existirem veementes presunções resultantes de fatos já certos.

**Art. 1.606.** A ação de prova de filiação compete ao filho, enquanto viver, passando aos herdeiros, se ele morrer menor ou incapaz.

**Parágrafo único.** Se iniciada a ação pelo filho, os herdeiros poderão continuá-la, salvo se julgado extinto o processo.

### Capítulo III
DO RECONHECIMENTO DOS FILHOS

**Art. 1.607.** O filho havido fora do casamento pode ser reconhecido pelos pais, conjunta ou separadamente.

**Art. 1.608.** Quando a maternidade constar do termo do nascimento do filho, a mãe só poderá contestá-la, provando a falsidade do termo, ou das declarações nele contidas.

**Art. 1.609.** O reconhecimento dos filhos havidos fora do casamento é irrevogável e será feito:

**I** – no registro do nascimento;

**II** – por escritura pública ou escrito particular, a ser arquivado em cartório;

**III** – por testamento, ainda que incidentalmente manifestado;

**IV** – por manifestação direta e expressa perante o juiz, ainda que o reconhecimento não haja sido o objeto único e principal do ato que o contém.

**Parágrafo único.** O reconhecimento pode preceder o nascimento do filho ou ser posterior ao seu falecimento, se ele deixar descendentes.

**Art. 1.610.** O reconhecimento não pode ser revogado, nem mesmo quando feito em testamento.

**Art. 1.611.** O filho havido fora do casamento, reconhecido por um dos cônjuges, não poderá residir no lar conjugal sem o consentimento do outro.

**Art. 1.612.** O filho reconhecido, enquanto menor, ficará sob a guarda do genitor que o reconheceu, e, se ambos o reconheceram e não houver acordo, sob a de quem melhor atender aos interesses do menor.

**Art. 1.613.** São ineficazes a condição e o termo apostos ao ato de reconhecimento do filho.

**Art. 1.614.** O filho maior não pode ser reconhecido sem o seu consentimento, e o menor pode impugnar o reconhecimento, nos quatro anos que se seguirem à maioridade, ou à emancipação.

**Art. 1.615.** Qualquer pessoa, que justo interesse tenha, pode contestar a ação de investigação de paternidade, ou maternidade.

**Art. 1.616.** A sentença que julgar procedente a ação de investigação produzirá os mesmos efeitos do reconhecimento; mas poderá ordenar que o filho se crie e eduque fora da companhia dos pais ou daquele que lhe contestou essa qualidade.

**Art. 1.617.** A filiação materna ou paterna pode resultar de casamento declarado nulo, ainda mesmo sem as condições do putativo.

## Capítulo IV
### DA ADOÇÃO

**Art. 1.618.** A adoção de crianças e adolescentes será deferida na forma prevista pela Lei n. 8.069, de 13 de julho de 1990 – Estatuto da Criança e do Adolescente.

**Parágrafo único.** *(Revogado pela Lei n. 12.010, de 3-8-2009.)*
**Art. 1.619.** A adoção de maiores de 18 (dezoito) anos dependerá da assistência efetiva do poder público e de sentença constitutiva, aplicando-se, no que couber, as regras gerais da Lei n. 8.069, de 13 de julho de 1990 – Estatuto da Criança e do Adolescente.
**Arts. 1.620 a 1.629.** *(Revogados pela Lei n. 12.010, de 3-8-2009.)*

## Capítulo V
DO PODER FAMILIAR

### Seção I
Disposições Gerais

**Art. 1.630.** Os filhos estão sujeitos ao poder familiar, enquanto menores.
**Art. 1.631.** Durante o casamento e a união estável, compete o poder familiar aos pais; na falta ou impedimento de um deles, o outro o exercerá com exclusividade.
**Parágrafo único.** Divergindo os pais quanto ao exercício do poder familiar, é assegurado a qualquer deles recorrer ao juiz para solução do desacordo.
**Art. 1.632.** A separação judicial, o divórcio e a dissolução da união estável não alteram as relações entre pais e filhos senão quanto ao direito, que aos primeiros cabe, de terem em sua companhia os segundos.
**Art. 1.633.** O filho, não reconhecido pelo pai, fica sob poder familiar exclusivo da mãe; se a mãe não for conhecida ou capaz de exercê-lo, dar-se-á tutor ao menor.

### Seção II
Do Exercício do Poder Familiar

**Art. 1.634.** Compete a ambos os pais, qualquer que seja a sua situação conjugal, o pleno exercício do poder familiar, que consiste em, quanto aos filhos:

**I –** dirigir-lhes a criação e a educação;

**II –** exercer a guarda unilateral ou compartilhada nos termos do art. 1.584;

**III –** conceder-lhes ou negar-lhes consentimento para casarem;

**IV –** conceder-lhes ou negar-lhes consentimento para viajarem ao exterior;

**V –** conceder-lhes ou negar-lhes consentimento para mudarem sua residência permanente para outro Município;

**VI –** nomear-lhes tutor por testamento ou documento autêntico, se o outro dos pais não lhe sobreviver, ou o sobrevivo não puder exercer o poder familiar;

**VII –** representá-los judicial e extrajudicialmente até os 16 (dezesseis) anos, nos atos da vida civil, e assisti-los, após essa idade, nos atos em que forem partes, suprindo-lhes o consentimento;

**VIII –** reclamá-los de quem ilegalmente os detenha;

**IX –** exigir que lhes prestem obediência, respeito e os serviços próprios de sua idade e condição.

### *Seção III*
Da Suspensão e Extinção do Poder Familiar

**Art. 1.635.** Extingue-se o poder familiar:

**I –** pela morte dos pais ou do filho;

**II –** pela emancipação, nos termos do art. 5.º, parágrafo único;

**III –** pela maioridade;

**IV –** pela adoção;

**V –** por decisão judicial, na forma do artigo 1.638.

**Art. 1.636.** O pai ou a mãe que contrai novas núpcias, ou estabelece união estável, não perde, quanto aos filhos do relacionamento anterior, os direitos ao poder familiar, exercendo-os sem qualquer interferência do novo cônjuge ou companheiro.

**Parágrafo único.** Igual preceito ao estabelecido neste artigo aplica-se ao pai ou à mãe solteiros que casarem ou estabelecerem união estável.

**Art. 1.637.** Se o pai, ou a mãe, abusar de sua autoridade, faltando aos deveres a eles inerentes ou arruinando os bens dos filhos, cabe ao juiz, requerendo algum parente, ou o Ministério Público, adotar a medida que lhe pareça reclamada pela segurança do menor e seus haveres, até suspendendo o poder familiar, quando convenha.

**Parágrafo único.** Suspende-se igualmente o exercício do poder familiar ao pai ou à mãe condenados por sentença irrecorrível, em virtude de crime cuja pena exceda a dois anos de prisão.

**Art. 1.638.** Perderá por ato judicial o poder familiar o pai ou a mãe que:

I – castigar imoderadamente o filho;

II – deixar o filho em abandono;

III – praticar atos contrários à moral e aos bons costumes;

IV – incidir, reiteradamente, nas faltas previstas no artigo antecedente;

V – entregar de forma irregular o filho a terceiros para fins de adoção.

**Parágrafo único.** Perderá também por ato judicial o poder familiar aquele que:

I – praticar contra outrem igualmente titular do mesmo poder familiar:

**a)** homicídio, feminicídio ou lesão corporal de natureza grave ou seguida de morte, quando se tratar de crime doloso envolvendo violência doméstica e familiar ou menosprezo ou discriminação à condição de mulher;

***b)*** estupro ou outro crime contra a dignidade sexual sujeito à pena de reclusão;

**II –** praticar contra filho, filha ou outro descendente:

***a)*** homicídio, feminicídio ou lesão corporal de natureza grave ou seguida de morte, quando se tratar de crime doloso envolvendo violência doméstica e familiar ou menosprezo ou discriminação à condição de mulher;

***b)*** estupro, estupro de vulnerável ou outro crime contra a dignidade sexual sujeito à pena de reclusão.

# TÍTULO II
## DO DIREITO PATRIMONIAL

*SUBTÍTULO I*
DO REGIME DE BENS ENTRE OS CÔNJUGES

### Capítulo I
DISPOSIÇÕES GERAIS

**Art. 1.639.** É lícito aos nubentes, antes de celebrado o casamento, estipular, quanto aos seus bens, o que lhes aprouver.

**§ 1.º** O regime de bens entre os cônjuges começa a vigorar desde a data do casamento.

**§ 2.º** É admissível alteração do regime de bens, mediante autorização judicial em pedido motivado de ambos os cônjuges, apurada a procedência das razões invocadas e ressalvados os direitos de terceiros.

**Art. 1.640.** Não havendo convenção, ou sendo ela nula ou ineficaz, vigorará, quanto aos bens entre os cônjuges, o regime da comunhão parcial.

**Parágrafo único.** Poderão os nubentes, no processo de habilitação, optar por qualquer dos regimes que este Código regula. Quanto à forma, reduzir-se-á a termo a opção pela comunhão parcial, fazendo-se o pacto antenupcial por escritura pública, nas demais escolhas.

**Art. 1.641.** É obrigatório o regime da separação de bens no casamento:

**I** – das pessoas que o contraírem com inobservância das causas suspensivas da celebração do casamento;

**II** – da pessoa maior de 70 (setenta) anos;

**III** – de todos os que dependerem, para casar, de suprimento judicial.

**Art. 1.642.** Qualquer que seja o regime de bens, tanto o marido quanto a mulher podem livremente:

**I** – praticar todos os atos de disposição e de administração necessários ao desempenho de sua profissão, com as limitações estabelecidas no inciso I do art. 1.647;

**II** – administrar os bens próprios;

**III** – desobrigar ou reivindicar os imóveis que tenham sido gravados ou alienados sem o seu consentimento ou sem suprimento judicial;

**IV** – demandar a rescisão dos contratos de fiança e doação, ou a invalidação do aval, realizados pelo outro cônjuge com infração do disposto nos incisos III e IV do art. 1.647;

**V** – reivindicar os bens comuns, móveis ou imóveis, doados ou transferidos pelo outro cônjuge ao concubino, desde que provado que os bens não foram adquiridos pelo esforço comum destes, se o casal estiver separado de fato por mais de cinco anos;

**VI** – praticar todos os atos que não lhes forem vedados expressamente.

**Art. 1.643.** Podem os cônjuges, independentemente de autorização um do outro:

**I** – comprar, ainda a crédito, as coisas necessárias à economia doméstica;

**II** – obter, por empréstimo, as quantias que a aquisição dessas coisas possa exigir.

**Art. 1.644.** As dívidas contraídas para os fins do artigo antecedente obrigam solidariamente ambos os cônjuges.

**Art. 1.645.** As ações fundadas nos incisos III, IV e V do art. 1.642 competem ao cônjuge prejudicado e a seus herdeiros.

**Art. 1.646.** No caso dos incisos III e IV do art. 1.642, o terceiro, prejudicado com a sentença favorável ao autor, terá direito regressivo contra o cônjuge, que realizou o negócio jurídico, ou seus herdeiros.

**Art. 1.647.** Ressalvado o disposto no art. 1.648, nenhum dos cônjuges pode, sem autorização do outro, exceto no regime da separação absoluta:

**I** – alienar ou gravar de ônus real os bens imóveis;

**II** – pleitear, como autor ou réu, acerca desses bens ou direitos;

**III** – prestar fiança ou aval;

**IV** – fazer doação, não sendo remuneratória, de bens comuns, ou dos que possam integrar futura meação.

**Parágrafo único.** São válidas as doações nupciais feitas aos filhos quando casarem ou estabelecerem economia separada.

**Art. 1.648.** Cabe ao juiz, nos casos do artigo antecedente, suprir a outorga, quando um dos cônjuges a denegue sem motivo justo, ou lhe seja impossível concedê-la.

**Art. 1.649.** A falta de autorização, não suprida pelo juiz, quando necessária (art. 1.647), tornará anulável o ato praticado, podendo o outro cônjuge pleitear-lhe a anulação, até dois anos depois de terminada a sociedade conjugal.

**Parágrafo único.** A aprovação torna válido o ato, desde que feita por instrumento público, ou particular, autenticado.

**Art. 1.650.** A decretação de invalidade dos atos praticados sem outorga, sem consentimento ou sem suprimento do juiz, só poderá ser demandada pelo cônjuge a quem cabia concedê-la, ou por seus herdeiros.

**Art. 1.651.** Quando um dos cônjuges não puder exercer a administração dos bens que lhe incumbe, segundo o regime de bens, caberá ao outro:

**I** – gerir os bens comuns e os do consorte;

**II** – alienar os bens móveis comuns;

**III** – alienar os imóveis comuns e os móveis ou imóveis do consorte, mediante autorização judicial.

**Art. 1.652.** O cônjuge, que estiver na posse dos bens particulares do outro, será para com este e seus herdeiros responsável:

**I** – como usufrutuário, se o rendimento for comum;

**II** – como procurador, se tiver mandato expresso ou tácito para os administrar;

**III** – como depositário, se não for usufrutuário, nem administrador.

## Capítulo II
DO PACTO ANTENUPCIAL

**Art. 1.653.** É nulo o pacto antenupcial se não for feito por escritura pública, e ineficaz se não lhe seguir o casamento.

**Art. 1.654.** A eficácia do pacto antenupcial, realizado por menor, fica condicionada à aprovação de seu representante legal, salvo as hipóteses de regime obrigatório de separação de bens.

**Art. 1.655.** É nula a convenção ou cláusula dela que contravenha disposição absoluta de lei.

**Art. 1.656.** No pacto antenupcial, que adotar o regime de participação final nos aquestos, poder-se-á convencionar a livre disposição dos bens imóveis, desde que particulares.

**Art. 1.657.** As convenções antenupciais não terão efeito perante terceiros senão depois de registradas, em livro especial, pelo oficial do Registro de Imóveis do domicílio dos cônjuges.

## Capítulo III
### DO REGIME DE COMUNHÃO PARCIAL

**Art. 1.658.** No regime de comunhão parcial, comunicam-se os bens que sobrevierem ao casal, na constância do casamento, com as exceções dos artigos seguintes.

**Art. 1.659.** Excluem-se da comunhão:

**I –** os bens que cada cônjuge possuir ao casar, e os que lhe sobrevierem, na constância do casamento, por doação ou sucessão, e os sub-rogados em seu lugar;

**II –** os bens adquiridos com valores exclusivamente pertencentes a um dos cônjuges em sub-rogação dos bens particulares;

**III –** as obrigações anteriores ao casamento;

**IV –** as obrigações provenientes de atos ilícitos, salvo reversão em proveito do casal;

**V –** os bens de uso pessoal, os livros e instrumentos de profissão;

**VI –** os proventos do trabalho pessoal de cada cônjuge;

**VII –** as pensões, meios-soldos, montepios e outras rendas semelhantes.

**Art. 1.660.** Entram na comunhão:

**I –** os bens adquiridos na constância do casamento por título oneroso, ainda que só em nome de um dos cônjuges;

**II** – os bens adquiridos por fato eventual, com ou sem o concurso de trabalho ou despesa anterior;

**III** – os bens adquiridos por doação, herança ou legado, em favor de ambos os cônjuges;

**IV** – as benfeitorias em bens particulares de cada cônjuge;

**V** – os frutos dos bens comuns, ou dos particulares de cada cônjuge, percebidos na constância do casamento, ou pendentes ao tempo de cessar a comunhão.

**Art. 1.661.** São incomunicáveis os bens cuja aquisição tiver por título uma causa anterior ao casamento.

**Art. 1.662.** No regime da comunhão parcial, presumem-se adquiridos na constância do casamento os bens móveis, quando não se provar que o foram em data anterior.

**Art. 1.663.** A administração do patrimônio comum compete a qualquer dos cônjuges.

§ 1.º As dívidas contraídas no exercício da administração obrigam os bens comuns e particulares do cônjuge que os administra, e os do outro na razão do proveito que houver auferido.

§ 2.º A anuência de ambos os cônjuges é necessária para os atos, a título gratuito, que impliquem cessão do uso ou gozo dos bens comuns.

§ 3.º Em caso de malversação dos bens, o juiz poderá atribuir a administração a apenas um dos cônjuges.

**Art. 1.664.** Os bens da comunhão respondem pelas obrigações contraídas pelo marido ou pela mulher para atender aos encargos da família, às despesas de administração e às decorrentes de imposição legal.

**Art. 1.665.** A administração e a disposição dos bens constitutivos do patrimônio particular competem ao cônjuge proprietário, salvo convenção diversa em pacto antenupcial.

**Art. 1.666.** As dívidas, contraídas por qualquer dos cônjuges na administração de seus bens particulares e em benefício destes, não obrigam os bens comuns.

## Capítulo IV
### DO REGIME DE COMUNHÃO UNIVERSAL

**Art. 1.667.** O regime de comunhão universal importa a comunicação de todos os bens presentes e futuros dos cônjuges e suas dívidas passivas, com as exceções do artigo seguinte.

**Art. 1.668.** São excluídos da comunhão:

I – os bens doados ou herdados com a cláusula de incomunicabilidade e os sub-rogados em seu lugar;

II – os bens gravados de fideicomisso e o direito do herdeiro fideicomissário, antes de realizada a condição suspensiva;

III – as dívidas anteriores ao casamento, salvo se provierem de despesas com seus aprestos, ou reverterem em proveito comum;

IV – as doações antenupciais feitas por um dos cônjuges ao outro com a cláusula de incomunicabilidade;

V – os bens referidos nos incisos V a VII do art. 1.659.

**Art. 1.669.** A incomunicabilidade dos bens enumerados no artigo antecedente não se estende aos frutos, quando se percebam ou vençam durante o casamento.

**Art. 1.670.** Aplica-se ao regime da comunhão universal o disposto no Capítulo antecedente, quanto à administração dos bens.

**Art. 1.671.** Extinta a comunhão, e efetuada a divisão do ativo e do passivo, cessará a responsabilidade de cada um dos cônjuges para com os credores do outro.

## Capítulo V
## DO REGIME DE PARTICIPAÇÃO FINAL NOS AQUESTOS

**Art. 1.672.** No regime de participação final nos aquestos, cada cônjuge possui patrimônio próprio, consoante disposto no artigo seguinte, e lhe cabe, à época da dissolução da sociedade conjugal, direito à metade dos bens adquiridos pelo casal, a título oneroso, na constância do casamento.

**Art. 1.673.** Integram o patrimônio próprio os bens que cada cônjuge possuía ao casar e os por ele adquiridos, a qualquer título, na constância do casamento.

**Parágrafo único.** A administração desses bens é exclusiva de cada cônjuge, que os poderá livremente alienar, se forem móveis.

**Art. 1.674.** Sobrevindo a dissolução da sociedade conjugal, apurar-se-á o montante dos aquestos, excluindo-se da soma dos patrimônios próprios:

**I** – os bens anteriores ao casamento e os que em seu lugar se sub-rogaram;

**II** – os que sobrevieram a cada cônjuge por sucessão ou liberalidade;

**III** – as dívidas relativas a esses bens.

**Parágrafo único.** Salvo prova em contrário, presumem-se adquiridos durante o casamento os bens móveis.

**Art. 1.675.** Ao determinar-se o montante dos aquestos, computar-se-á o valor das doações feitas por um dos cônjuges, sem a necessária autorização do outro; nesse caso, o bem poderá ser reivindicado pelo cônjuge prejudicado ou por seus herdeiros, ou declarado no monte partilhável, por valor equivalente ao da época da dissolução.

**Art. 1.676.** Incorpora-se ao monte o valor dos bens alienados em detrimento da meação, se não houver preferência do cônjuge lesado, ou de seus herdeiros, de os reivindicar.

**Art. 1.677.** Pelas dívidas posteriores ao casamento, contraídas por um dos cônjuges, somente este responderá, salvo prova de terem revertido, parcial ou totalmente, em benefício do outro.

**Art. 1.678.** Se um dos cônjuges solveu uma dívida do outro com bens do seu patrimônio, o valor do pagamento deve ser atualizado e imputado, na data da dissolução, à meação do outro cônjuge.

**Art. 1.679.** No caso de bens adquiridos pelo trabalho conjunto, terá cada um dos cônjuges uma quota igual no condomínio ou no crédito por aquele modo estabelecido.

**Art. 1.680.** As coisas móveis, em face de terceiros, presumem-se do domínio do cônjuge devedor, salvo se o bem for de uso pessoal do outro.

**Art. 1.681.** Os bens imóveis são de propriedade do cônjuge cujo nome constar no registro.

**Parágrafo único.** Impugnada a titularidade, caberá ao cônjuge proprietário provar a aquisição regular dos bens.

**Art. 1.682.** O direito à meação não é renunciável, cessível ou penhorável na vigência do regime matrimonial.

**Art. 1.683.** Na dissolução do regime de bens por separação judicial ou por divórcio, verificar-se-á o montante dos aquestos à data em que cessou a convivência.

**Art. 1.684.** Se não for possível nem conveniente a divisão de todos os bens em natureza, calcular-se-á o valor de alguns ou de todos para reposição em dinheiro ao cônjuge não proprietário.

**Parágrafo único.** Não se podendo realizar a reposição em dinheiro, serão avaliados e, mediante autorização judicial, alienados tantos bens quantos bastarem.

**Art. 1.685.** Na dissolução da sociedade conjugal por morte, verificar-se-á a meação do cônjuge sobrevivente de conformidade com os artigos antecedentes, deferindo-se a herança aos herdeiros na forma estabelecida neste Código.

**Art. 1.686.** As dívidas de um dos cônjuges, quando superiores à sua meação, não obrigam ao outro, ou a seus herdeiros.

## Capítulo VI
### DO REGIME DE SEPARAÇÃO DE BENS

**Art. 1.687.** Estipulada a separação de bens, estes permanecerão sob a administração exclusiva de cada um dos cônjuges, que os poderá livremente alienar ou gravar de ônus real.

**Art. 1.688.** Ambos os cônjuges são obrigados a contribuir para as despesas do casal na proporção dos rendimentos de seu trabalho e de seus bens, salvo estipulação em contrário no pacto antenupcial.

## *SUBTÍTULO II*
### DO USUFRUTO E DA ADMINISTRAÇÃO
### DOS BENS DE FILHOS MENORES

**Art. 1.689.** O pai e a mãe, enquanto no exercício do poder familiar:

I – são usufrutuários dos bens dos filhos;

II – têm a administração dos bens dos filhos menores sob sua autoridade.

**Art. 1.690.** Compete aos pais, e na falta de um deles ao outro, com exclusividade, representar os filhos menores de dezesseis anos, bem como assisti-los até completarem a maioridade ou serem emancipados.

**Parágrafo único.** Os pais devem decidir em comum as questões relativas aos filhos e a seus bens; havendo divergência, poderá qualquer deles recorrer ao juiz para a solução necessária.

**Art. 1.691.** Não podem os pais alienar, ou gravar de ônus real os imóveis dos filhos, nem contrair, em nome deles, obrigações que ultrapassem os limites da simples administração, salvo por necessidade ou evidente interesse da prole, mediante prévia autorização do juiz.

**Parágrafo único.** Podem pleitear a declaração de nulidade dos atos previstos neste artigo:

**I** – os filhos;

**II** – os herdeiros;

**III** – o representante legal.

**Art. 1.692.** Sempre que no exercício do poder familiar colidir o interesse dos pais com o do filho, a requerimento deste ou do Ministério Público o juiz lhe dará curador especial.

**Art. 1.693.** Excluem-se do usufruto e da administração dos pais:

**I** – os bens adquiridos pelo filho havido fora do casamento, antes do reconhecimento;

**II** – os valores auferidos pelo filho maior de 16 (dezesseis) anos, no exercício de atividade profissional e os bens com tais recursos adquiridos;

**III** – os bens deixados ou doados ao filho, sob a condição de não serem usufruídos, ou administrados, pelos pais;

**IV** – os bens que aos filhos couberem na herança, quando os pais forem excluídos da sucessão.

## *SUBTÍTULO III*
DOS ALIMENTOS

**Art. 1.694.** Podem os parentes, os cônjuges ou companheiros pedir uns aos outros os alimentos de que necessitem para viver de modo compatível com a sua condição social, inclusive para atender às necessidades de sua educação.

§ 1.º Os alimentos devem ser fixados na proporção das necessidades do reclamante e dos recursos da pessoa obrigada.

§ 2.º Os alimentos serão apenas os indispensáveis à subsistência, quando a situação de necessidade resultar de culpa de quem os pleiteia.

**Art. 1.695.** São devidos os alimentos quando quem os pretende não tem bens suficientes, nem pode prover, pelo seu trabalho, à própria mantença, e aquele, de quem se reclamam, pode fornecê-los, sem desfalque do necessário ao seu sustento.

**Art. 1.696.** O direito à prestação de alimentos é recíproco entre pais e filhos, e extensivo a todos os ascendentes, recaindo a obrigação nos mais próximos em grau, uns em falta de outros.

**Art. 1.697.** Na falta dos ascendentes cabe a obrigação aos descendentes, guardada a ordem de sucessão e, faltando estes, aos irmãos, assim germanos como unilaterais.

**Art. 1.698.** Se o parente, que deve alimentos em primeiro lugar, não estiver em condições de suportar totalmente o encargo, serão chamados a concorrer os de grau imediato; sendo várias as pessoas obrigadas a prestar alimentos, todas devem concorrer na proporção dos respectivos recursos, e, intentada ação contra uma delas, poderão as demais ser chamadas a integrar a lide.

**Art. 1.699.** Se, fixados os alimentos, sobrevier mudança na situação financeira de quem os supre, ou na de quem os recebe, poderá o interessado reclamar ao juiz, conforme as circunstâncias, exoneração, redução ou majoração do encargo.

**Art. 1.700.** A obrigação de prestar alimentos transmite-se aos herdeiros do devedor, na forma do art. 1.694.

**Art. 1.701.** A pessoa obrigada a suprir alimentos poderá pensionar o alimentando, ou dar-lhe hospedagem e sustento, sem prejuízo do dever de prestar o necessário à sua educação, quando menor.

**Parágrafo único.** Compete ao juiz, se as circunstâncias o exigirem, fixar a forma do cumprimento da prestação.

**Art. 1.702.** Na separação judicial litigiosa, sendo um dos cônjuges inocente e desprovido de recursos, prestar-lhe-á o outro a pensão alimentícia que o juiz fixar, obedecidos os critérios estabelecidos no art. 1.694.

**Art. 1.703.** Para a manutenção dos filhos, os cônjuges separados judicialmente contribuirão na proporção de seus recursos.

**Art. 1.704.** Se um dos cônjuges separados judicialmente vier a necessitar de alimentos, será o outro obrigado a prestá-los mediante pensão a ser fixada pelo juiz, caso não tenha sido declarado culpado na ação de separação judicial.

**Parágrafo único.** Se o cônjuge declarado culpado vier a necessitar de alimentos, e não tiver parentes em condições de prestá-los, nem aptidão para o trabalho, o outro cônjuge será obrigado a assegurá-los, fixando o juiz o valor indispensável à sobrevivência.

**Art. 1.705.** Para obter alimentos, o filho havido fora do casamento pode acionar o genitor, sendo facultado ao juiz determinar, a pedido de qualquer das partes, que a ação se processe em segredo de justiça.

**Art. 1.706.** Os alimentos provisionais serão fixados pelo juiz, nos termos da lei processual.

**Art. 1.707.** Pode o credor não exercer, porém lhe é vedado renunciar o direito a alimentos, sendo o respectivo crédito insuscetível de cessão, compensação ou penhora.

**Art. 1.708.** Com o casamento, a união estável ou o concubinato do credor, cessa o dever de prestar alimentos.

**Parágrafo único.** Com relação ao credor cessa, também, o direito a alimentos, se tiver procedimento indigno em relação ao devedor.

**Art. 1.709.** O novo casamento do cônjuge devedor não extingue a obrigação constante da sentença de divórcio.

**Art. 1.710.** As prestações alimentícias, de qualquer natureza, serão atualizadas segundo índice oficial regularmente estabelecido.

## SUBTÍTULO IV
### DO BEM DE FAMÍLIA

**Art. 1.711.** Podem os cônjuges, ou a entidade familiar, mediante escritura pública ou testamento, destinar parte de seu patrimônio para instituir bem de família, desde que não ultrapasse 1/3 (um terço) do patrimônio líquido existente ao tempo da instituição, mantidas as regras sobre a impenhorabilidade do imóvel residencial estabelecida em lei especial.

**Parágrafo único.** O terceiro poderá igualmente instituir bem de família por testamento ou doação, dependendo a eficácia do ato da aceitação expressa de ambos os cônjuges beneficiados ou da entidade familiar beneficiada.

**Art. 1.712.** O bem de família consistirá em prédio residencial urbano ou rural, com suas pertenças e acessórios, destinando-se em ambos os casos a domicílio familiar, e poderá abranger valores mobiliários, cuja renda será aplicada na conservação do imóvel e no sustento da família.

**Art. 1.713.** Os valores mobiliários, destinados aos fins previstos no artigo antecedente, não poderão exceder o valor do prédio instituído em bem de família, à época de sua instituição.

**§ 1.º** Deverão os valores mobiliários ser devidamente individualizados no instrumento de instituição do bem de família.

**§ 2.º** Se se tratar de títulos nominativos, a sua instituição como bem de família deverá constar dos respectivos livros de registro.

**§ 3.º** O instituidor poderá determinar que a administração dos valores mobiliários seja confiada a instituição financeira, bem como disciplinar a forma de pagamento da respectiva renda aos beneficiários, caso em que a responsabilidade dos administradores obedecerá às regras do contrato de depósito.

**Art. 1.714.** O bem de família, quer instituído pelos cônjuges ou por terceiro, constitui-se pelo registro de seu título no Registro de Imóveis.

**Art. 1.715.** O bem de família é isento de execução por dívidas posteriores à sua instituição, salvo as que provierem de tributos relativos ao prédio, ou de despesas de condomínio.

**Parágrafo único.** No caso de execução pelas dívidas referidas neste artigo, o saldo existente será aplicado em outro prédio, como bem de família, ou em títulos da dívida pública, para sustento familiar, salvo se motivos relevantes aconselharem outra solução, a critério do juiz.

**Art. 1.716.** A isenção de que trata o artigo antecedente durará enquanto viver um dos cônjuges, ou, na falta destes, até que os filhos completem a maioridade.

**Art. 1.717.** O prédio e os valores mobiliários, constituídos como bem da família, não podem ter destino diverso do previsto no art. 1.712 ou serem alienados sem o consentimento dos interessados e seus representantes legais, ouvido o Ministério Público.

**Art. 1.718.** Qualquer forma de liquidação da entidade administradora, a que se refere o § 3.º do art. 1.713, não atingirá os valores a ela confiados, ordenando o juiz a sua transferência para outra instituição semelhante, obedecendo-se, no caso de falência, ao disposto sobre pedido de restituição.

**Art. 1.719.** Comprovada a impossibilidade da manutenção do bem de família nas condições em que foi instituído, poderá o juiz, a requerimento dos interessados, extingui-lo ou autorizar a sub-rogação dos bens que o constituem em outros, ouvidos o instituidor e o Ministério Público.

**Art. 1.720.** Salvo disposição em contrário do ato de instituição, a administração do bem de família compete a ambos os cônjuges, resolvendo o juiz em caso de divergência.

**Parágrafo único.** Com o falecimento de ambos os cônjuges, a administração passará ao filho mais velho, se for maior, e, do contrário, a seu tutor.

**Art. 1.721.** A dissolução da sociedade conjugal não extingue o bem de família.

**Parágrafo único.** Dissolvida a sociedade conjugal pela morte de um dos cônjuges, o sobrevivente poderá pedir a extinção do bem de família, se for o único bem do casal.

**Art. 1.722.** Extingue-se, igualmente, o bem de família com a morte de ambos os cônjuges e a maioridade dos filhos, desde que não sujeitos a curatela.

# TÍTULO III
## DA UNIÃO ESTÁVEL

**Art. 1.723.** É reconhecida como entidade familiar a união estável entre o homem e a mulher, configurada na convivência pública, contínua e duradoura e estabelecida com o objetivo de constituição de família.

§ 1.º A união estável não se constituirá se ocorrerem os impedimentos do art. 1.521; não se aplicando a incidência do inciso VI no caso de a pessoa casada se achar separada de fato ou judicialmente.

**§ 2.º** As causas suspensivas do art. 1.523 não impedirão a caracterização da união estável.

**Art. 1.724.** As relações pessoais entre os companheiros obedecerão aos deveres de lealdade, respeito e assistência, e de guarda, sustento e educação dos filhos.

**Art. 1.725.** Na união estável, salvo contrato escrito entre os companheiros, aplica-se às relações patrimoniais, no que couber, o regime da comunhão parcial de bens.

**Art. 1.726.** A união estável poderá converter-se em casamento, mediante pedido dos companheiros ao juiz e assento no Registro Civil.

**Art. 1.727.** As relações não eventuais entre o homem e a mulher, impedidos de casar, constituem concubinato.

# TÍTULO IV
## DA TUTELA, DA CURATELA E DA TOMADA DE DECISÃO APOIADA

### Capítulo I
DA TUTELA

*Seção I*
Dos Tutores

**Art. 1.728.** Os filhos menores são postos em tutela:

I – com o falecimento dos pais, ou sendo estes julgados ausentes;

II – em caso de os pais decaírem do poder familiar.

**Art. 1.729.** O direito de nomear tutor compete aos pais, em conjunto.

**Parágrafo único.** A nomeação deve constar de testamento ou de qualquer outro documento autêntico.

**Art. 1.730.** É nula a nomeação de tutor pelo pai ou pela mãe que, ao tempo de sua morte, não tinha o poder familiar.

**Art. 1.731.** Em falta de tutor nomeado pelos pais incumbe a tutela aos parentes consanguíneos do menor, por esta ordem:

**I** – aos ascendentes, preferindo o de grau mais próximo ao mais remoto;

**II** – aos colaterais até o terceiro grau, preferindo os mais próximos aos mais remotos, e, no mesmo grau, os mais velhos aos mais moços; em qualquer dos casos, o juiz escolherá entre eles o mais apto a exercer a tutela em benefício do menor.

**Art. 1.732.** O juiz nomeará tutor idôneo e residente no domicílio do menor:

**I** – na falta de tutor testamentário ou legítimo;

**II** – quando estes forem excluídos ou escusados da tutela;

**III** – quando removidos por não idôneos o tutor legítimo e o testamentário.

**Art. 1.733.** Aos irmãos órfãos dar-se-á um só tutor.

**§ 1.º** No caso de ser nomeado mais de um tutor por disposição testamentária sem indicação de precedência, entende-se que a tutela foi cometida ao primeiro, e que os outros lhe sucederão pela ordem de nomeação, se ocorrer morte, incapacidade, escusa ou qualquer outro impedimento.

**§ 2.º** Quem institui um menor herdeiro, ou legatário seu, poderá nomear-lhe curador especial para os bens deixados, ainda que o beneficiário se encontre sob o poder familiar, ou tutela.

**Art. 1.734.** As crianças e os adolescentes cujos pais forem desconhecidos, falecidos ou que tiverem sido suspensos ou destituídos do poder familiar terão tutores nomeados pelo Juiz ou serão incluídos em programa de colocação familiar, na forma prevista pela Lei n. 8.069, de 13 de julho de 1990 – Estatuto da Criança e do Adolescente.

### *Seção II*
### Dos Incapazes de Exercer a Tutela

**Art. 1.735.** Não podem ser tutores e serão exonerados da tutela, caso a exerçam:

**I** – aqueles que não tiverem a livre administração de seus bens;

**II** – aqueles que, no momento de lhes ser deferida a tutela, se acharem constituídos em obrigação para com o menor, ou tiverem que fazer valer direitos contra este, e aqueles cujos pais, filhos ou cônjuges tiverem demanda contra o menor;

**III** – os inimigos do menor, ou de seus pais, ou que tiverem sido por estes expressamente excluídos da tutela;

**IV** – os condenados por crime de furto, roubo, estelionato, falsidade, contra a família ou os costumes, tenham ou não cumprido pena;

**V** – as pessoas de mau procedimento, ou falhas em probidade, e as culpadas de abuso em tutorias anteriores;

**VI** – aqueles que exercerem função pública incompatível com a boa administração da tutela.

### *Seção III*
### Da Escusa dos Tutores

**Art. 1.736.** Podem escusar-se da tutela:

**I** – mulheres casadas;

**II** – maiores de sessenta anos;

**III** – aqueles que tiverem sob sua autoridade mais de três filhos;

**IV** – os impossibilitados por enfermidade;

**V** – aqueles que habitarem longe do lugar onde se haja de exercer a tutela;

**VI** – aqueles que já exercerem tutela ou curatela;

**VII** – militares em serviço.

**Art. 1.737.** Quem não for parente do menor não poderá ser obrigado a aceitar a tutela, se houver no lugar parente idôneo, consanguíneo ou afim, em condições de exercê-la.

**Art. 1.738.** A escusa apresentar-se-á nos dez dias subsequentes à designação, sob pena de entender-se renunciado o direito de alegá-la; se o motivo escusatório ocorrer depois de aceita a tutela, os dez dias contar-se-ão do em que ele sobrevier.

**Art. 1.739.** Se o juiz não admitir a escusa, exercerá o nomeado a tutela, enquanto o recurso interposto não tiver provimento, e responderá desde logo pelas perdas e danos que o menor venha a sofrer.

*Seção IV*
Do Exercício da Tutela

**Art. 1.740.** Incumbe ao tutor, quanto à pessoa do menor:

**I** – dirigir-lhe a educação, defendê-lo e prestar-lhe alimentos, conforme os seus haveres e condição;

**II** – reclamar do juiz que providencie, como houver por bem, quando o menor haja mister correção;

**III** – adimplir os demais deveres que normalmente cabem aos pais, ouvida a opinião do menor, se este já contar doze anos de idade.

**Art. 1.741.** Incumbe ao tutor, sob a inspeção do juiz, administrar os bens do tutelado, em proveito deste, cumprindo seus deveres com zelo e boa-fé.

**Art. 1.742.** Para fiscalização dos atos do tutor, pode o juiz nomear um protutor.

**Art. 1.743.** Se os bens e interesses administrativos exigirem conhecimentos técnicos, forem complexos, ou realizados em lugares distantes do domicílio do tutor, poderá este, mediante aprovação judicial, delegar a outras pessoas físicas ou jurídicas o exercício parcial da tutela.

**Art. 1.744.** A responsabilidade do juiz será:

**I** – direta e pessoal, quando não tiver nomeado o tutor, ou não o houver feito oportunamente;

**II** – subsidiária, quando não tiver exigido garantia legal do tutor, nem o removido, tanto que se tornou suspeito.

**Art. 1.745.** Os bens do menor serão entregues ao tutor mediante termo especificado deles e seus valores, ainda que os pais o tenham dispensado.

**Parágrafo único.** Se o patrimônio do menor for de valor considerável, poderá o juiz condicionar o exercício da tutela à prestação de caução bastante, podendo dispensá-la se o tutor for de reconhecida idoneidade.

**Art. 1.746.** Se o menor possuir bens, será sustentado e educado a expensas deles, arbitrando o juiz para tal fim as quantias que lhe pareçam necessárias, considerado o rendimento da fortuna do pupilo quando o pai ou a mãe não as houver fixado.

**Art. 1.747.** Compete mais ao tutor:

**I** – representar o menor, até os dezesseis anos, nos atos da vida civil, e assisti-lo, após essa idade, nos atos em que for parte;

**II** – receber as rendas e pensões do menor, e as quantias a ele devidas;

**III** – fazer-lhe as despesas de subsistência e educação, bem como as de administração, conservação e melhoramentos de seus bens;

**IV** – alienar os bens do menor destinados a venda;

**V** – promover-lhe, mediante preço conveniente, o arrendamento de bens de raiz.

**Art. 1.748.** Compete também ao tutor, com autorização do juiz:

**I** – pagar as dívidas do menor;

**II** – aceitar por ele heranças, legados ou doações, ainda que com encargos;

**III** – transigir;

**IV** – vender-lhe os bens móveis, cuja conservação não convier, e os imóveis nos casos em que for permitido;

**V** – propor em juízo as ações, ou nelas assistir o menor, e promover todas as diligências a bem deste, assim como defendê-lo nos pleitos contra ele movidos.

**Parágrafo único.** No caso de falta de autorização, a eficácia de ato do tutor depende da aprovação ulterior do juiz.

**Art. 1.749.** Ainda com a autorização judicial, não pode o tutor, sob pena de nulidade:

**I** – adquirir por si, ou por interposta pessoa, mediante contrato particular, bens móveis ou imóveis pertencentes ao menor;

**II** – dispor dos bens do menor a título gratuito;

**III** – constituir-se cessionário de crédito ou de direito, contra o menor.

**Art. 1.750.** Os imóveis pertencentes aos menores sob tutela somente podem ser vendidos quando houver manifesta vantagem, mediante prévia avaliação judicial e aprovação do juiz.

**Art. 1.751.** Antes de assumir a tutela, o tutor declarará tudo o que o menor lhe deva, sob pena de não lhe poder cobrar, enquanto exerça a tutoria, salvo provando que não conhecia o débito quando a assumiu.

**Art. 1.752.** O tutor responde pelos prejuízos que, por culpa, ou dolo, causar ao tutelado; mas tem direito a ser pago pelo que realmente despender no exercício da tutela, salvo no caso do art. 1.734, e a perceber remuneração proporcional à importância dos bens administrados.

§ 1.º Ao protutor será arbitrada uma gratificação módica pela fiscalização efetuada.

§ 2.º São solidariamente responsáveis pelos prejuízos as pessoas às quais competia fiscalizar a atividade do tutor, e as que concorreram para o dano.

*Seção V*
Dos Bens do Tutelado

**Art. 1.753.** Os tutores não podem conservar em seu poder dinheiro dos tutelados, além do necessário para as despesas ordinárias com o seu sustento, a sua educação e a administração de seus bens.

§ 1.º Se houver necessidade, os objetos de ouro e prata, pedras preciosas e móveis serão avaliados por pessoa idônea e, após autorização judicial, alienados, e o seu produto convertido em títulos, obrigações e letras de responsabilidade direta ou indireta da União ou dos Estados, atendendo-se preferentemente à rentabilidade, e recolhidos ao estabelecimento bancário oficial ou aplicado na aquisição de imóveis, conforme for determinado pelo juiz.

**§ 2.º** O mesmo destino previsto no parágrafo antecedente terá o dinheiro proveniente de qualquer outra procedência.

**§ 3.º** Os tutores respondem pela demora na aplicação dos valores acima referidos, pagando os juros legais desde o dia em que deveriam dar esse destino, o que não os exime da obrigação, que o juiz fará efetiva, da referida aplicação.

**Art. 1.754.** Os valores que existirem em estabelecimento bancário oficial, na forma do artigo antecedente, não se poderão retirar, senão mediante ordem do juiz, e somente:

**I** – para as despesas com o sustento e educação do tutelado, ou a administração de seus bens;

**II** – para se comprarem bens imóveis e títulos, obrigações ou letras, nas condições previstas no § 1.º do artigo antecedente;

**III** – para se empregarem em conformidade com o disposto por quem os houver doado, ou deixado;

**IV** – para se entregarem aos órfãos, quando emancipados, ou maiores, ou, mortos eles, aos seus herdeiros.

### *Seção VI*
Da Prestação de Contas

**Art. 1.755.** Os tutores, embora o contrário tivessem disposto os pais dos tutelados, são obrigados a prestar contas da sua administração.

**Art. 1.756.** No fim de cada ano de administração, os tutores submeterão ao juiz o balanço respectivo, que, depois de aprovado, se anexará aos autos do inventário.

**Art. 1.757.** Os tutores prestarão contas de 2 (dois) em 2 (dois) anos, e também quando, por qualquer motivo, deixarem o exercício da tutela ou toda vez que o juiz achar conveniente.

**Parágrafo único.** As contas serão prestadas em juízo, e julgadas depois da audiência dos interessados, recolhendo o tutor imediatamente a estabelecimento bancário oficial os saldos, ou adquirindo bens imóveis, ou títulos, obrigações ou letras, na forma do § 1.º do art. 1.753.

**Art. 1.758.** Finda a tutela pela emancipação ou maioridade, a quitação do menor não produzirá efeito antes de aprovadas as contas pelo juiz, subsistindo inteira, até então, a responsabilidade do tutor.

**Art. 1.759.** Nos casos de morte, ausência, ou interdição do tutor, as contas serão prestadas por seus herdeiros ou representantes.

**Art. 1.760.** Serão levadas a crédito do tutor todas as despesas justificadas e reconhecidamente proveitosas ao menor.

**Art. 1.761.** As despesas com a prestação das contas serão pagas pelo tutelado.

**Art. 1.762.** O alcance do tutor, bem como o saldo contra o tutelado, são dívidas de valor e vencem juros desde o julgamento definitivo das contas.

*Seção VII*
Da Cessação da Tutela

**Art. 1.763.** Cessa a condição de tutelado:

I – com a maioridade ou a emancipação do menor;

II – ao cair o menor sob o poder familiar, no caso de reconhecimento ou adoção.

**Art. 1.764.** Cessam as funções do tutor:

I – ao expirar o termo, em que era obrigado a servir;

II – ao sobrevir escusa legítima;

III – ao ser removido.

**Art. 1.765.** O tutor é obrigado a servir por espaço de dois anos.
**Parágrafo único.** Pode o tutor continuar no exercício da tutela, além do prazo previsto neste artigo, se o quiser e o juiz julgar conveniente ao menor.
**Art. 1.766.** Será destituído o tutor, quando negligente, prevaricador ou incurso em incapacidade.

## Capítulo II
DA CURATELA

*Seção I*
Dos Interditos

**Art. 1.767.** Estão sujeitos a curatela:

I – aqueles que, por causa transitória ou permanente, não puderem exprimir sua vontade;

II – (*Revogado pela Lei n. 13.146, de 6-7-2015.*)

III – os ébrios habituais e os viciados em tóxico;

IV – (*Revogado pela Lei n. 13.146, de 6-7-2015.*)

V – os pródigos.

**Art. 1.768.** (*Revogado pela Lei 13.105, de 16-3-2015.*)

I – pelos pais ou tutores;

II – pelo cônjuge, ou por qualquer parente;

III – pelo Ministério Público;

IV – pela própria pessoa.

**Art. 1.769.** (*Revogado pela Lei 13.105, de 16-3-2015.*)

I – nos casos de deficiência mental ou intelectual;

II – se não existir ou não promover a interdição alguma das pessoas designadas nos incisos I e II do artigo antecedente;

III – se, existindo, forem menores ou incapazes as pessoas mencionadas no inciso II.

**Art. 1.770.** (*Revogado pela Lei n. 13.105, de 16-3-2015.*)
**Art. 1.771.** (*Revogado pela Lei n. 13.105, de 16-3-2015.*)
**Art. 1.772.** (*Revogado pela Lei n. 13.105, de 16-3-2015.*)
**Parágrafo único.** Para a escolha do curador, o juiz levará em conta a vontade e as preferências do interditando, a ausência de conflito de interesses e de influência indevida, a proporcionalidade e a adequação às circunstâncias da pessoa.
**Art. 1.773.** (*Revogado pela Lei n. 13.105, de 16-3-2015.*)
**Art. 1.774.** Aplicam-se à curatela as disposições concernentes à tutela, com as modificações dos artigos seguintes.
**Art. 1.775.** O cônjuge ou companheiro, não separado judicialmente ou *de fato*, é, de direito, curador do outro, quando interdito.

§ 1.º Na falta do cônjuge ou companheiro, é curador legítimo o pai ou a mãe; na falta destes, o descendente que se demonstrar mais apto.

§ 2.º Entre os descendentes, os mais próximos precedem aos mais remotos.

§ 3.º Na falta das pessoas mencionadas neste artigo, compete ao juiz a escolha do curador.

**Art. 1.775-A.** Na nomeação de curador para a pessoa com deficiência, o juiz poderá estabelecer curatela compartilhada a mais de uma pessoa.
**Art. 1.776.** (*Revogado pela Lei n. 13.146, de 6-7-2015.*)
**Art. 1.777.** As pessoas referidas no inciso I do art. 1.767 receberão todo o apoio necessário para ter preservado o direito à convivência familiar e comunitária, sendo evitado o seu recolhimento em estabelecimento que os afaste desse convívio.
**Art. 1.778.** A autoridade do curador estende-se à pessoa e aos bens dos filhos do curatelado, observado o art. 5.º.

*Seção II*
Da Curatela do Nascituro e do Enfermo
ou Portador de Deficiência Física

**Art. 1.779.** Dar-se-á curador ao nascituro, se o pai falecer estando grávida a mulher, e não tendo o poder familiar.

**Parágrafo único.** Se a mulher estiver interdita, seu curador será o do nascituro.

**Art. 1.780.** (*Revogado pela Lei n. 13.146, de 6-7-2015.*)

*Seção III*
Do Exercício da Curatela

**Art. 1.781.** As regras a respeito do exercício da tutela aplicam-se ao da curatela, com a restrição do art. 1.772 e as desta Seção.

**Art. 1.782.** A interdição do pródigo só o privará de, sem curador, emprestar, transigir, dar quitação, alienar, hipotecar, demandar ou ser demandado, e praticar, em geral, os atos que não sejam de mera administração.

**Art. 1.783.** Quando o curador for o cônjuge e o regime de bens do casamento for de comunhão universal, não será obrigado à prestação de contas, salvo determinação judicial.

### Capítulo III
DA TOMADA DE DECISÃO APOIADA

**Art. 1.783-A.** A tomada de decisão apoiada é o processo pelo qual a pessoa com deficiência elege pelo menos 2 (duas) pessoas idôneas, com as quais mantenha vínculos e que gozem de sua confiança, para prestar-lhe apoio na tomada de decisão sobre atos da vida civil, fornecendo-lhes os elementos e informações necessários para que possa exercer sua capacidade.

**§ 1.º** Para formular pedido de tomada de decisão apoiada, a pessoa com deficiência e os apoiadores devem apresentar termo em que constem os limites do apoio a ser oferecido e os compromissos dos apoiadores, inclusive o prazo de vigência do acordo e o respeito à vontade, aos direitos e aos interesses da pessoa que devem apoiar.

**§ 2.º** O pedido de tomada de decisão apoiada será requerido pela pessoa a ser apoiada, com indicação expressa das pessoas aptas a prestarem o apoio previsto no *caput* deste artigo.

**§ 3.º** Antes de se pronunciar sobre o pedido de tomada de decisão apoiada, o juiz, assistido por equipe multidisciplinar, após oitiva do Ministério Público, ouvirá pessoalmente o requerente e as pessoas que lhe prestarão apoio.

**§ 4.º** A decisão tomada por pessoa apoiada terá validade e efeitos sobre terceiros, sem restrições, desde que esteja inserida nos limites do apoio acordado.

**§ 5.º** Terceiro com quem a pessoa apoiada mantenha relação negocial pode solicitar que os apoiadores contra-assinem o contrato ou acordo, especificando, por escrito, sua função em relação ao apoiado.

**§ 6.º** Em caso de negócio jurídico que possa trazer risco ou prejuízo relevante, havendo divergência de opiniões entre a pessoa apoiada e um dos apoiadores, deverá o juiz, ouvido o Ministério Público, decidir sobre a questão.

**§ 7.º** Se o apoiador agir com negligência, exercer pressão indevida ou não adimplir as obrigações assumidas, poderá a pessoa apoiada ou qualquer pessoa apresentar denúncia ao Ministério Público ou ao juiz.

**§ 8.º** Se procedente a denúncia, o juiz destituirá o apoiador e nomeará, ouvida a pessoa apoiada e se for de seu interesse, outra pessoa para prestação de apoio.

**§ 9.º** A pessoa apoiada pode, a qualquer tempo, solicitar o término de acordo firmado em processo de tomada de decisão apoiada.

**§ 10.** O apoiador pode solicitar ao juiz a exclusão de sua participação do processo de tomada de decisão apoiada, sendo seu desligamento condicionado à manifestação do juiz sobre a matéria.

**§ 11.** Aplicam-se à tomada de decisão apoiada, no que couber, as disposições referentes à prestação de contas na curatela.

# LIVRO V
# DO DIREITO DAS SUCESSÕES

## TÍTULO I
### DA SUCESSÃO EM GERAL

#### Capítulo I
DISPOSIÇÕES GERAIS

**Art. 1.784.** Aberta a sucessão, a herança transmite-se, desde logo, aos herdeiros legítimos e testamentários.

**Art. 1.785.** A sucessão abre-se no lugar do último domicílio do falecido.

**Art. 1.786.** A sucessão dá-se por lei ou por disposição de última vontade.

**Art. 1.787.** Regula a sucessão e a legitimação para suceder a lei vigente ao tempo da abertura daquela.

**Art. 1.788.** Morrendo a pessoa sem testamento, transmite a herança aos herdeiros legítimos; o mesmo ocorrerá quanto aos bens que não forem compreendidos no testamento; e subsiste a sucessão legítima se o testamento caducar, ou for julgado nulo.

**Art. 1.789.** Havendo herdeiros necessários, o testador só poderá dispor da metade da herança.

**Art. 1.790.** A companheira ou o companheiro participará da sucessão do outro, quanto aos bens adquiridos onerosamente na vigência da união estável, nas condições seguintes:

**I –** se concorrer com filhos comuns, terá direito a uma quota equivalente à que por lei for atribuída ao filho;

**II –** se concorrer com descendentes só do autor da herança, tocar-lhe-á a metade do que couber a cada um daqueles;

**III –** se concorrer com outros parentes sucessíveis, terá direito a um terço da herança;

**IV –** não havendo parentes sucessíveis, terá direito à totalidade da herança.

## Capítulo II
DA HERANÇA E DE SUA ADMINISTRAÇÃO

**Art. 1.791.** A herança defere-se como um todo unitário, ainda que vários sejam os herdeiros.

**Parágrafo único.** Até a partilha, o direito dos coerdeiros, quanto à propriedade e posse da herança, será indivisível, e regular-se-á pelas normas relativas ao condomínio.

**Art. 1.792.** O herdeiro não responde por encargos superiores às forças da herança; incumbe-lhe, porém, a prova do excesso, salvo se houver inventário que a escuse, demonstrando o valor dos bens herdados.

**Art. 1.793.** O direito à sucessão aberta, bem como o quinhão de que disponha o coerdeiro, pode ser objeto de cessão por escritura pública.

**§ 1.º** Os direitos, conferidos ao herdeiro em consequência de substituição ou de direito de acrescer, presumem-se não abrangidos pela cessão feita anteriormente.

**§ 2.º** É ineficaz a cessão, pelo coerdeiro, de seu direito hereditário sobre qualquer bem da herança considerado singularmente.

**§ 3.º** Ineficaz é a disposição, sem prévia autorização do juiz da sucessão, por qualquer herdeiro, de bem componente do acervo hereditário, pendente a indivisibilidade.

**Art. 1.794.** O coerdeiro não poderá ceder a sua quota hereditária a pessoa estranha à sucessão, se outro coerdeiro a quiser, tanto por tanto.

**Art. 1.795.** O coerdeiro, a quem não se der conhecimento da cessão, poderá, depositado o preço, haver para si a quota cedida a estranho, se o requerer até cento e oitenta dias após a transmissão.

**Parágrafo único.** Sendo vários os coerdeiros a exercer a preferência, entre eles se distribuirá o quinhão cedido, na proporção das respectivas quotas hereditárias.

**Art. 1.796.** No prazo de trinta dias, a contar da abertura da sucessão, instaurar-se-á inventário do patrimônio hereditário, perante o juízo competente no lugar da sucessão, para fins de liquidação e, quando for o caso, de partilha da herança.

**Art. 1.797.** Até o compromisso do inventariante, a administração da herança caberá, sucessivamente:

I – ao cônjuge ou companheiro, se com o outro convivia ao tempo da abertura da sucessão;

II – ao herdeiro que estiver na posse e administração dos bens, e, se houver mais de um nessas condições, ao mais velho;

III – ao testamenteiro;

IV – a pessoa de confiança do juiz, na falta ou escusa das indicadas nos incisos antecedentes, ou quando tiverem de ser afastadas por motivo grave levado ao conhecimento do juiz.

## Capítulo III
### DA VOCAÇÃO HEREDITÁRIA

**Art. 1.798.** Legitimam-se a suceder as pessoas nascidas ou já concebidas no momento da abertura da sucessão.

**Art. 1.799.** Na sucessão testamentária podem ainda ser chamados a suceder:

**I** – os filhos, ainda não concebidos, de pessoas indicadas pelo testador, desde que vivas estas ao abrir-se a sucessão;

**II** – as pessoas jurídicas;

**III** – as pessoas jurídicas, cuja organização for determinada pelo testador sob a forma de fundação.

**Art. 1.800.** No caso do inciso I do artigo antecedente, os bens da herança serão confiados, após a liquidação ou partilha, a curador nomeado pelo juiz.

**§ 1.º** Salvo disposição testamentária em contrário, a curatela caberá à pessoa cujo filho o testador esperava ter por herdeiro, e, sucessivamente, às pessoas indicadas no art. 1.775.

**§ 2.º** Os poderes, deveres e responsabilidades do curador, assim nomeado, regem-se pelas disposições concernentes à curatela dos incapazes, no que couber.

**§ 3.º** Nascendo com vida o herdeiro esperado, ser-lhe-á deferida a sucessão, com os frutos e rendimentos relativos à deixa, a partir da morte do testador.

**§ 4.º** Se, decorridos dois anos após a abertura da sucessão, não for concebido o herdeiro esperado, os bens reservados, salvo disposição em contrário do testador, caberão aos herdeiros legítimos.

**Art. 1.801.** Não podem ser nomeados herdeiros nem legatários:

**I** – a pessoa que, a rogo, escreveu o testamento, nem o seu cônjuge ou companheiro, ou os seus ascendentes e irmãos;

**II** – as testemunhas do testamento;

**III** – o concubino do testador casado, salvo se este, sem culpa sua, estiver separado de fato do cônjuge há mais de cinco anos;

**IV** – o tabelião, civil ou militar, ou o comandante ou escrivão, perante quem se fizer, assim como o que fizer ou aprovar o testamento.

**Art. 1.802.** São nulas as disposições testamentárias em favor de pessoas não legitimadas a suceder, ainda quando simuladas sob a forma de contrato oneroso, ou feitas mediante interposta pessoa.

**Parágrafo único.** Presumem-se pessoas interpostas os ascendentes, os descendentes, os irmãos e o cônjuge ou companheiro do não legitimado a suceder.

**Art. 1.803.** É lícita a deixa ao filho do concubino, quando também o for do testador.

## Capítulo IV
### DA ACEITAÇÃO E RENÚNCIA DA HERANÇA

**Art. 1.804.** Aceita a herança, torna-se definitiva a sua transmissão ao herdeiro, desde a abertura da sucessão.

**Parágrafo único.** A transmissão tem-se por não verificada quando o herdeiro renuncia à herança.

**Art. 1.805.** A aceitação da herança, quando expressa, faz-se por declaração escrita; quando tácita, há de resultar tão somente de atos próprios da qualidade de herdeiro.

§ 1.º Não exprimem aceitação de herança os atos oficiosos, como o funeral do finado, os meramente conservatórios, ou os de administração e guarda provisória.

§ 2.º Não importa igualmente aceitação a cessão gratuita, pura e simples, da herança, aos demais coerdeiros.

**Art. 1.806.** A renúncia da herança deve constar expressamente de instrumento público ou termo judicial.

**Art. 1.807.** O interessado em que o herdeiro declare se aceita, ou não, a herança, poderá, vinte dias após aberta a sucessão, requerer ao juiz prazo razoável, não maior de trinta dias, para, nele, se pronunciar o herdeiro, sob pena de se haver a herança por aceita.

**Art. 1.808.** Não se pode aceitar ou renunciar a herança em parte, sob condição ou a termo.

**§ 1.º** O herdeiro, a quem se testarem legados, pode aceitá-los, renunciando a herança; ou, aceitando-a, repudiá-los.

**§ 2.º** O herdeiro, chamado, na mesma sucessão, a mais de um quinhão hereditário, sob títulos sucessórios diversos, pode livremente deliberar quanto aos quinhões que aceita e aos que renuncia.

**Art. 1.809.** Falecendo o herdeiro antes de declarar se aceita a herança, o poder de aceitar passa-lhe aos herdeiros, a menos que se trate de vocação adstrita a uma condição suspensiva, ainda não verificada.

**Parágrafo único.** Os chamados à sucessão do herdeiro falecido antes da aceitação, desde que concordem em receber a segunda herança, poderão aceitar ou renunciar a primeira.

**Art. 1.810.** Na sucessão legítima, a parte do renunciante acresce à dos outros herdeiros da mesma classe e, sendo ele o único desta, devolve-se aos da subsequente.

**Art. 1.811.** Ninguém pode suceder, representando herdeiro renunciante. Se, porém, ele for o único legítimo da sua classe, ou se todos os outros da mesma classe renunciarem a herança, poderão os filhos vir à sucessão, por direito próprio, e por cabeça.

**Art. 1.812.** São irrevogáveis os atos de aceitação ou de renúncia da herança.

**Art. 1.813.** Quando o herdeiro prejudicar os seus credores, renunciando à herança, poderão eles, com autorização do juiz, aceitá-la em nome do renunciante.

**§ 1.º** A habilitação dos credores se fará no prazo de trinta dias seguintes ao conhecimento do fato.

**§ 2.º** Pagas as dívidas do renunciante, prevalece a renúncia quanto ao remanescente, que será devolvido aos demais herdeiros.

## Capítulo V
### DOS EXCLUÍDOS DA SUCESSÃO

**Art. 1.814.** São excluídos da sucessão os herdeiros ou legatários:

**I –** que houverem sido autores, coautores ou partícipes de homicídio doloso, ou tentativa deste, contra a pessoa de cuja sucessão se tratar, seu cônjuge, companheiro, ascendente ou descendente;

**II –** que houverem acusado caluniosamente em juízo o autor da herança ou incorrerem em crime contra a sua honra, ou de seu cônjuge ou companheiro;

**III –** que, por violência ou meios fraudulentos, inibirem ou obstarem o autor da herança de dispor livremente de seus bens por ato de última vontade.

**Art. 1.815.** A exclusão do herdeiro ou legatário, em qualquer desses casos de indignidade, será declarada por sentença.

**§ 1.º** O direito de demandar a exclusão do herdeiro ou legatário extingue-se em quatro anos, contados da abertura da sucessão.

**§ 2.º** Na hipótese do inciso I do art. 1.814, o Ministério Público tem legitimidade para demandar a exclusão do herdeiro ou legatário.

**Art. 1.815-A.** Em qualquer dos casos de indignidade previstos no art. 1.814, o trânsito em julgado da sentença penal condenatória acarretará a imediata exclusão do herdeiro ou legatário indigno, independentemente da sentença prevista no *caput* do art. 1.815 deste Código.

•• Artigo acrescentado pela Lei n. 14.661, de 23-8-2023.

**Art. 1.816.** São pessoais os efeitos da exclusão; os descendentes do herdeiro excluído sucedem, como se ele morto fosse antes da abertura da sucessão.

**Parágrafo único.** O excluído da sucessão não terá direito ao usufruto ou à administração dos bens que a seus sucessores couberem na herança, nem à sucessão eventual desses bens.

**Art. 1.817.** São válidas as alienações onerosas de bens hereditários a terceiros de boa-fé, e os atos de administração legalmente praticados pelo herdeiro, antes da sentença de exclusão; mas aos herdeiros subsiste, quando prejudicados, o direito de demandar-lhe perdas e danos.

**Parágrafo único.** O excluído da sucessão é obrigado a restituir os frutos e rendimentos que dos bens da herança houver percebido, mas tem direito a ser indenizado das despesas com a conservação deles.

**Art. 1.818.** Aquele que incorreu em atos que determinem a exclusão da herança será admitido a suceder, se o ofendido o tiver expressamente reabilitado em testamento, ou em outro ato autêntico.

**Parágrafo único.** Não havendo reabilitação expressa, o indigno, contemplado em testamento do ofendido, quando o testador, ao testar, já conhecia a causa da indignidade, pode suceder no limite da disposição testamentária.

## Capítulo VI
### DA HERANÇA JACENTE

**Art. 1.819.** Falecendo alguém sem deixar testamento nem herdeiro legítimo notoriamente conhecido, os bens da herança, depois de arrecadados, ficarão sob a guarda e administração de um curador, até a sua entrega ao sucessor devidamente habilitado ou à declaração de sua vacância.

**Art. 1.820.** Praticadas as diligências de arrecadação e ultimado o inventário, serão expedidos editais na forma da lei processual, e, decorrido um ano de sua primeira publicação, sem que haja herdeiro habilitado, ou penda habilitação, será a herança declarada vacante.

**Art. 1.821.** É assegurado aos credores o direito de pedir o pagamento das dívidas reconhecidas, nos limites das forças da herança.

**Art. 1.822.** A declaração de vacância da herança não prejudicará os herdeiros que legalmente se habilitarem; mas, decorridos cinco anos da abertura da sucessão, os bens arrecadados passarão ao domínio do Município ou do Distrito Federal, se localizados nas respectivas circunscrições, incorporando-se ao domínio da União quando situados em território federal.

**Parágrafo único.** Não se habilitando até a declaração de vacância, os colaterais ficarão excluídos da sucessão.

**Art. 1.823.** Quando todos os chamados a suceder renunciarem à herança, será esta desde logo declarada vacante.

## Capítulo VII
DA PETIÇÃO DE HERANÇA

**Art. 1.824.** O herdeiro pode, em ação de petição de herança, demandar o reconhecimento de seu direito sucessório, para obter a restituição da herança, ou de parte dela, contra quem, na qualidade de herdeiro, ou mesmo sem título, a possua.

**Art. 1.825.** A ação de petição de herança, ainda que exercida por um só dos herdeiros, poderá compreender todos os bens hereditários.

**Art. 1.826.** O possuidor da herança está obrigado à restituição dos bens do acervo, fixando-se-lhe a responsabilidade segundo a sua posse, observado o disposto nos arts. 1.214 a 1.222.

**Parágrafo único.** A partir da citação, a responsabilidade do possuidor se há de aferir pelas regras concernentes à posse de má-fé e à mora.

**Art. 1.827.** O herdeiro pode demandar os bens da herança, mesmo em poder de terceiros, sem prejuízo da responsabilidade do possuidor originário pelo valor dos bens alienados.

**Parágrafo único.** São eficazes as alienações feitas, a título oneroso, pelo herdeiro aparente a terceiro de boa-fé.

**Art. 1.828.** O herdeiro aparente, que de boa-fé houver pago um legado, não está obrigado a prestar o equivalente ao verdadeiro sucessor, ressalvado a este o direito de proceder contra quem o recebeu.

# TÍTULO II
## DA SUCESSÃO LEGÍTIMA

### Capítulo I
DA ORDEM DA VOCAÇÃO HEREDITÁRIA

**Art. 1.829.** A sucessão legítima defere-se na ordem seguinte:

**I –** aos descendentes, em concorrência com o cônjuge sobrevivente, salvo se casado este com o falecido no regime da comunhão universal, ou no da separação obrigatória de bens (art. 1.640, parágrafo único); ou se, no regime da comunhão parcial, o autor da herança não houver deixado bens particulares;

**II –** aos ascendentes, em concorrência com o cônjuge;

**III –** ao cônjuge sobrevivente;

**IV –** aos colaterais.

**Art. 1.830.** Somente é reconhecido direito sucessório ao cônjuge sobrevivente se, ao tempo da morte do outro, não estavam separados judicialmente, nem separados de fato há mais de dois anos, salvo prova, neste caso, de que essa convivência se tornara impossível sem culpa do sobrevivente.

**Art. 1.831.** Ao cônjuge sobrevivente, qualquer que seja o regime de bens, será assegurado, sem prejuízo da participação que lhe caiba na herança, o direito real de habitação relativamente ao imóvel destinado à residência da família, desde que seja o único daquela natureza a inventariar.

**Art. 1.832.** Em concorrência com os descendentes (art. 1.829, I) caberá ao cônjuge quinhão igual ao dos que sucederem por cabeça, não podendo a sua quota ser inferior à quarta parte da herança, se for ascendente dos herdeiros com que concorrer.

**Art. 1.833.** Entre os descendentes, os em grau mais próximo excluem os mais remotos, salvo o direito de representação.

**Art. 1.834.** Os descendentes da mesma classe têm os mesmos direitos à sucessão de seus ascendentes.

**Art. 1.835.** Na linha descendente, os filhos sucedem por cabeça, e os outros descendentes, por cabeça ou por estirpe, conforme se achem ou não no mesmo grau.

**Art. 1.836.** Na falta de descendentes, são chamados à sucessão os ascendentes, em concorrência com o cônjuge sobrevivente.

§ 1.º Na classe dos ascendentes, o grau mais próximo exclui o mais remoto, sem distinção de linhas.

§ 2.º Havendo igualdade em grau e diversidade em linha, os ascendentes da linha paterna herdam a metade, cabendo a outra aos da linha materna.

**Art. 1.837.** Concorrendo com ascendente em primeiro grau, ao cônjuge tocará um terço da herança; caber-lhe-á a metade desta se houver um só ascendente, ou se maior for aquele grau.

**Art. 1.838.** Em falta de descendentes e ascendentes, será deferida a sucessão por inteiro ao cônjuge sobrevivente.

**Art. 1.839.** Se não houver cônjuge sobrevivente, nas condições estabelecidas no art. 1.830, serão chamados a suceder os colaterais até o quarto grau.

**Art. 1.840.** Na classe dos colaterais, os mais próximos excluem os mais remotos, salvo o direito de representação concedido aos filhos de irmãos.

**Art. 1.841.** Concorrendo à herança do falecido irmãos bilaterais com irmãos unilaterais, cada um destes herdará metade do que cada um daqueles herdar.

**Art. 1.842.** Não concorrendo à herança irmão bilateral, herdarão, em partes iguais, os unilaterais.

**Art. 1.843.** Na falta de irmãos, herdarão os filhos destes e, não os havendo, os tios.

§ **1.º** Se concorrerem à herança somente filhos de irmãos falecidos, herdarão por cabeça.

§ **2.º** Se concorrem filhos de irmãos bilaterais com filhos de irmãos unilaterais, cada um destes herdará a metade do que herdar cada um daqueles.

§ **3.º** Se todos forem filhos de irmãos bilaterais, ou todos de irmãos unilaterais, herdarão por igual.

**Art. 1.844.** Não sobrevivendo cônjuge, ou companheiro, nem parente algum sucessível, ou tendo eles renunciado a herança, esta se devolve ao Município ou ao Distrito Federal, se localizada nas respectivas circunscrições, ou à União, quando situada em território federal.

## Capítulo II
### DOS HERDEIROS NECESSÁRIOS

**Art. 1.845.** São herdeiros necessários os descendentes, os ascendentes e o cônjuge.

**Art. 1.846.** Pertence aos herdeiros necessários, de pleno direito, a metade dos bens da herança, constituindo a legítima.

**Art. 1.847.** Calcula-se a legítima sobre o valor dos bens existentes na abertura da sucessão, abatidas as dívidas e as despesas do funeral, adicionando-se, em seguida, o valor dos bens sujeitos a colação.

**Art. 1.848.** Salvo se houver justa causa, declarada no testamento, não pode o testador estabelecer cláusula de inalienabilidade, impenhorabilidade, e de incomunicabilidade, sobre os bens da legítima.

§ 1.º Não é permitido ao testador estabelecer a conversão dos bens da legítima em outros de espécie diversa.

§ 2.º Mediante autorização judicial e havendo justa causa, podem ser alienados os bens gravados, convertendo-se o produto em outros bens, que ficarão sub-rogados nos ônus dos primeiros.

**Art. 1.849.** O herdeiro necessário, a quem o testador deixar a sua parte disponível, ou algum legado, não perderá o direito à legítima.

**Art. 1.850.** Para excluir da sucessão os herdeiros colaterais, basta que o testador disponha de seu patrimônio sem os contemplar.

## Capítulo III
### DO DIREITO DE REPRESENTAÇÃO

**Art. 1.851.** Dá-se o direito de representação, quando a lei chama certos parentes do falecido a suceder em todos os direitos, em que ele sucederia, se vivo fosse.

**Art. 1.852.** O direito de representação dá-se na linha reta descendente, mas nunca na ascendente.

**Art. 1.853.** Na linha transversal, somente se dá o direito de representação em favor dos filhos de irmãos do falecido, quando com irmãos deste concorrerem.

**Art. 1.854.** Os representantes só podem herdar, como tais, o que herdaria o representado, se vivo fosse.

**Art. 1.855.** O quinhão do representado partir-se-á por igual entre os representantes.

**Art. 1.856.** O renunciante à herança de uma pessoa poderá representá-la na sucessão de outra.

# TÍTULO III
## DA SUCESSÃO TESTAMENTÁRIA

### Capítulo I
DO TESTAMENTO EM GERAL

**Art. 1.857.** Toda pessoa capaz pode dispor, por testamento, da totalidade dos seus bens, ou de parte deles, para depois de sua morte.

**§ 1.º** A legítima dos herdeiros necessários não poderá ser incluída no testamento.

**§ 2.º** São válidas as disposições testamentárias de caráter não patrimonial, ainda que o testador somente a elas se tenha limitado.

**Art. 1.858.** O testamento é ato personalíssimo, podendo ser mudado a qualquer tempo.

**Art. 1.859.** Extingue-se em cinco anos o direito de impugnar a validade do testamento, contado o prazo da data do seu registro.

### Capítulo II
DA CAPACIDADE DE TESTAR

**Art. 1.860.** Além dos incapazes, não podem testar os que, no ato de fazê-lo, não tiverem pleno discernimento.

**Parágrafo único.** Podem testar os maiores de dezesseis anos.

**Art. 1.861.** A incapacidade superveniente do testador não invalida o testamento, nem o testamento do incapaz se valida com a superveniência da capacidade.

## Capítulo III
DAS FORMAS ORDINÁRIAS DO TESTAMENTO

### Seção I
Disposições Gerais

**Art. 1.862.** São testamentos ordinários:

**I** – o público;

**II** – o cerrado;

**III** – o particular.

**Art. 1.863.** É proibido o testamento conjuntivo, seja simultâneo, recíproco ou correspectivo.

### Seção II
Do Testamento Público

**Art. 1.864.** São requisitos essenciais do testamento público:

**I** – ser escrito por tabelião ou por seu substituto legal em seu livro de notas, de acordo com as declarações do testador, podendo este servir-se de minuta, notas ou apontamentos;

**II** – lavrado o instrumento, ser lido em voz alta pelo tabelião ao testador e a duas testemunhas, a um só tempo; ou pelo testador, se o quiser, na presença destas e do oficial;

**III** – ser o instrumento, em seguida à leitura, assinado pelo testador, pelas testemunhas e pelo tabelião.

**Parágrafo único.** O testamento público pode ser escrito manualmente ou mecanicamente, bem como ser feito pela inserção da declaração de vontade em partes impressas de livro de notas, desde que rubricadas todas as páginas pelo testador, se mais de uma.

**Art. 1.865.** Se o testador não souber, ou não puder assinar, o tabelião ou seu substituto legal assim o declarará, assinando, neste caso, pelo testador, e, a seu rogo, uma das testemunhas instrumentárias.

**Art. 1.866.** O indivíduo inteiramente surdo, sabendo ler, lerá o seu testamento, e, se não o souber, designará quem o leia em seu lugar, presentes as testemunhas.

**Art. 1.867.** Ao cego só se permite o testamento público, que lhe será lido, em voz alta, duas vezes, uma pelo tabelião ou por seu substituto legal, e a outra por uma das testemunhas, designada pelo testador, fazendo-se de tudo circunstanciada menção no testamento.

*Seção III*

Do Testamento Cerrado

**Art. 1.868.** O testamento escrito pelo testador, ou por outra pessoa, a seu rogo, e por aquele assinado, será válido se aprovado pelo tabelião ou seu substituto legal, observadas as seguintes formalidades:

I – que o testador o entregue ao tabelião em presença de duas testemunhas;

II – que o testador declare que aquele é o seu testamento e quer que seja aprovado;

III – que o tabelião lavre, desde logo, o auto de aprovação, na presença de duas testemunhas, e o leia, em seguida, ao testador e testemunhas;

**IV** – que o auto de aprovação seja assinado pelo tabelião, pelas testemunhas e pelo testador.

**Parágrafo único.** O testamento cerrado pode ser escrito mecanicamente, desde que seu subscritor numere e autentique, com a sua assinatura, todas as páginas.

**Art. 1.869.** O tabelião deve começar o auto de aprovação imediatamente depois da última palavra do testador, declarando, sob sua fé, que o testador lhe entregou para ser aprovado na presença das testemunhas; passando a cerrar e coser o instrumento aprovado.

**Parágrafo único.** Se não houver espaço na última folha do testamento, para início da aprovação, o tabelião aporá nele o seu sinal público, mencionando a circunstância no auto.

**Art. 1.870.** Se o tabelião tiver escrito o testamento a rogo do testador, poderá, não obstante, aprová-lo.

**Art. 1.871.** O testamento pode ser escrito em língua nacional ou estrangeira, pelo próprio testador, ou por outrem, a seu rogo.

**Art. 1.872.** Não pode dispor de seus bens em testamento cerrado quem não saiba ou não possa ler.

**Art. 1.873.** Pode fazer testamento cerrado o surdo-mudo, contanto que o escreva todo, e o assine de sua mão, e que, ao entregá-lo ao oficial público, ante as duas testemunhas, escreva, na face externa do papel ou do envoltório, que aquele é o seu testamento, cuja aprovação lhe pede.

**Art. 1.874.** Depois de aprovado e cerrado, será o testamento entregue ao testador, e o tabelião lançará, no seu livro, nota do lugar, dia, mês e ano em que o testamento foi aprovado e entregue.

**Art. 1.875.** Falecido o testador, o testamento será apresentado ao juiz, que o abrirá e o fará registrar, ordenando seja cumprido, se não achar vício externo que o torne eivado de nulidade ou suspeito de falsidade.

*Seção IV*
Do Testamento Particular

**Art. 1.876.** O testamento particular pode ser escrito de próprio punho ou mediante processo mecânico.

**§ 1.º** Se escrito de próprio punho, são requisitos essenciais à sua validade seja lido e assinado por quem o escreveu, na presença de pelo menos três testemunhas, que o devem subscrever.

**§ 2.º** Se elaborado por processo mecânico, não pode conter rasuras ou espaços em branco, devendo ser assinado pelo testador, depois de o ter lido na presença de pelo menos três testemunhas, que o subscreverão.

**Art. 1.877.** Morto o testador, publicar-se-á em juízo o testamento, com citação dos herdeiros legítimos.

**Art. 1.878.** Se as testemunhas forem contestes sobre o fato da disposição, ou, ao menos, sobre a sua leitura perante elas, e se reconhecerem as próprias assinaturas, assim como a do testador, o testamento será confirmado.

**Parágrafo único.** Se faltarem testemunhas, por morte ou ausência, e se pelo menos uma delas o reconhecer, o testamento poderá ser confirmado, se, a critério do juiz, houver prova suficiente de sua veracidade.

**Art. 1.879.** Em circunstâncias excepcionais declaradas na cédula, o testamento particular de próprio punho e assinado pelo testador, sem testemunhas, poderá ser confirmado, a critério do juiz.

**Art. 1.880.** O testamento particular pode ser escrito em língua estrangeira, contanto que as testemunhas a compreendam.

## Capítulo IV
DOS CODICILOS

**Art. 1.881.** Toda pessoa capaz de testar poderá, mediante escrito particular seu, datado e assinado, fazer disposições especiais sobre o seu enterro, sobre esmolas de pouca monta a certas e determinadas pessoas, ou, indeterminadamente, aos pobres de certo lugar, assim como legar móveis, roupas ou joias, de pouco valor, de seu uso pessoal.

**Art. 1.882.** Os atos a que se refere o artigo antecedente, salvo direito de terceiro, valerão como codicilos, deixe ou não testamento o autor.

**Art. 1.883.** Pelo modo estabelecido no art. 1.881, poder-se-ão nomear ou substituir testamenteiros.

**Art. 1.884.** Os atos previstos nos artigos antecedentes revogam-se por atos iguais, e consideram-se revogados, se, havendo testamento posterior, de qualquer natureza, este os não confirmar ou modificar.

**Art. 1.885.** Se estiver fechado o codicilo, abrir-se-á do mesmo modo que o testamento cerrado.

## Capítulo V
DOS TESTAMENTOS ESPECIAIS

### *Seção I*
Disposições Gerais

**Art. 1.886.** São testamentos especiais:

**I** – o marítimo;

**II** – o aeronáutico;

**III** – o militar.

**Art. 1.887.** Não se admitem outros testamentos especiais além dos contemplados neste Código.

### *Seção II*
Do Testamento Marítimo e do Testamento Aeronáutico

**Art. 1.888.** Quem estiver em viagem, a bordo de navio nacional, de guerra ou mercante, pode testar perante o comandante, em presença de duas testemunhas, por forma que corresponda ao testamento público ou ao cerrado.

**Parágrafo único.** O registro do testamento será feito no diário de bordo.

**Art. 1.889.** Quem estiver em viagem, a bordo de aeronave militar ou comercial, pode testar perante pessoa designada pelo comandante, observado o disposto no artigo antecedente.

**Art. 1.890.** O testamento marítimo ou aeronáutico ficará sob a guarda do comandante, que o entregará às autoridades administrativas do primeiro porto ou aeroporto nacional, contra recibo averbado no diário de bordo.

**Art. 1.891.** Caducará o testamento marítimo, ou aeronáutico, se o testador não morrer na viagem, nem nos noventa dias subsequentes ao seu desembarque em terra, onde possa fazer, na forma ordinária, outro testamento.

**Art. 1.892.** Não valerá o testamento marítimo, ainda que feito no curso de uma viagem, se, ao tempo em que se fez, o navio estava em porto onde o testador pudesse desembarcar e testar na forma ordinária.

*Seção III*
Do Testamento Militar

**Art. 1.893.** O testamento dos militares e demais pessoas a serviço das Forças Armadas em campanha, dentro do País ou fora dele, assim como em praça sitiada, ou que esteja de comunicações interrompidas, poderá fazer-se, não havendo tabelião ou seu substituto legal, ante duas, ou três testemunhas, se o testador não puder, ou não souber assinar, caso em que assinará por ele uma delas.

§ 1.º Se o testador pertencer a corpo ou seção de corpo destacado, o testamento será escrito pelo respectivo comandante, ainda que de graduação ou posto inferior.

**§ 2.º** Se o testador estiver em tratamento em hospital, o testamento será escrito pelo respectivo oficial de saúde, ou pelo diretor do estabelecimento.

**§ 3.º** Se o testador for o oficial mais graduado, o testamento será escrito por aquele que o substituir.

**Art. 1.894.** Se o testador souber escrever, poderá fazer o testamento de seu punho, contanto que o date e assine por extenso, e o apresente aberto ou cerrado, na presença de duas testemunhas ao auditor, ou ao oficial de patente, que lhe faça as vezes neste mister.

**Parágrafo único.** O auditor, ou o oficial a quem o testamento se apresente notará, em qualquer parte dele, lugar, dia, mês e ano, em que lhe for apresentado, nota esta que será assinada por ele e pelas testemunhas.

**Art. 1.895.** Caduca o testamento militar, desde que, depois dele, o testador esteja, noventa dias seguidos, em lugar onde possa testar na forma ordinária, salvo se esse testamento apresentar as solenidades prescritas no parágrafo único do artigo antecedente.

**Art. 1.896.** As pessoas designadas no art. 1.893, estando empenhadas em combate, ou feridas, podem testar oralmente, confiando a sua última vontade a duas testemunhas.

**Parágrafo único.** Não terá efeito o testamento se o testador não morrer na guerra ou convalescer do ferimento.

## Capítulo VI
### DAS DISPOSIÇÕES TESTAMENTÁRIAS

**Art. 1.897.** A nomeação de herdeiro, ou legatário, pode fazer-se pura e simplesmente, sob condição, para certo fim ou modo, ou por certo motivo.

**Art. 1.898.** A designação do tempo em que deva começar ou cessar o direito do herdeiro, salvo nas disposições fideicomissárias, ter-se-á por não escrita.

**Art. 1.899.** Quando a cláusula testamentária for suscetível de interpretações diferentes, prevalecerá a que melhor assegure a observância da vontade do testador.

**Art. 1.900.** É nula a disposição:

**I –** que institua herdeiro ou legatário sob a condição captatória de que este disponha, também por testamento, em benefício do testador, ou de terceiro;

**II –** que se refira a pessoa incerta, cuja identidade não se possa averiguar;

**III –** que favoreça a pessoa incerta, cometendo a determinação de sua identidade a terceiro;

**IV –** que deixe a arbítrio do herdeiro, ou de outrem, fixar o valor do legado;

**V –** que favoreça as pessoas a que se referem os arts. 1.801 e 1.802.

**Art. 1.901.** Valerá a disposição:

**I –** em favor de pessoa incerta que deva ser determinada por terceiro, dentre duas ou mais pessoas mencionadas pelo testador, ou pertencentes a uma família, ou a um corpo coletivo, ou a um estabelecimento por ele designado;

**II –** em remuneração de serviços prestados ao testador, por ocasião da moléstia de que faleceu, ainda que fique ao arbítrio do herdeiro ou de outrem determinar o valor do legado.

**Art. 1.902.** A disposição geral em favor dos pobres, dos estabelecimentos particulares de caridade, ou dos de assistência pública, entender-se-á relativa aos pobres do lugar do domicílio do testador ao tempo de sua morte, ou dos estabelecimentos aí sitos, salvo se manifestamente constar que tinha em mente beneficiar os de outra localidade.

**Parágrafo único.** Nos casos deste artigo, as instituições particulares preferirão sempre às públicas.

**Art. 1.903.** O erro na designação da pessoa do herdeiro, do legatário, ou da coisa legada anula a disposição, salvo se, pelo contexto do testamento, por outros documentos, ou por fatos inequívocos, se puder identificar a pessoa ou coisa a que o testador queria referir-se.

**Art. 1.904.** Se o testamento nomear dois ou mais herdeiros, sem discriminar a parte de cada um, partilhar-se-á por igual, entre todos, a porção disponível do testador.

**Art. 1.905.** Se o testador nomear certos herdeiros individualmente e outros coletivamente, a herança será dividida em tantas quotas quantos forem os indivíduos e os grupos designados.

**Art. 1.906.** Se forem determinadas as quotas de cada herdeiro, e não absorverem toda a herança, o remanescente pertencerá aos herdeiros legítimos, segundo a ordem da vocação hereditária.

**Art. 1.907.** Se forem determinados os quinhões de uns e não os de outros herdeiros, distribuir-se-á por igual a estes últimos o que restar, depois de completas as porções hereditárias dos primeiros.

**Art. 1.908.** Dispondo o testador que não caiba ao herdeiro instituído certo e determinado objeto, dentre os da herança, tocará ele aos herdeiros legítimos.

**Art. 1.909.** São anuláveis as disposições testamentárias inquinadas de erro, dolo ou coação.

**Parágrafo único.** Extingue-se em quatro anos o direito de anular a disposição, contados de quando o interessado tiver conhecimento do vício.

**Art. 1.910.** A ineficácia de uma disposição testamentária importa a das outras que, sem aquela, não teriam sido determinadas pelo testador.

**Art. 1.911.** A cláusula de inalienabilidade, imposta aos bens por ato de liberalidade, implica impenhorabilidade e incomunicabilidade.

**Parágrafo único.** No caso de desapropriação de bens clausulados, ou de sua alienação, por conveniência econômica do donatário ou do herdeiro, mediante autorização judicial, o produto da venda converter-se-á em outros bens, sobre os quais incidirão as restrições apostas aos primeiros.

### Capítulo VII
DOS LEGADOS

#### *Seção I*
Disposições Gerais

**Art. 1.912.** É ineficaz o legado de coisa certa que não pertença ao testador no momento da abertura da sucessão.

**Art. 1.913.** Se o testador ordenar que o herdeiro ou legatário entregue coisa de sua propriedade a outrem, não o cumprindo ele, entender-se-á que renunciou à herança ou ao legado.

**Art. 1.914.** Se tão somente em parte a coisa legada pertencer ao testador, ou, no caso do artigo antecedente, ao herdeiro ou ao legatário, só quanto a essa parte valerá o legado.

**Art. 1.915.** Se o legado for de coisa que se determine pelo gênero, será o mesmo cumprido, ainda que tal coisa não exista entre os bens deixados pelo testador.

**Art. 1.916.** Se o testador legar coisa sua, singularizando-a, só terá eficácia o legado se, ao tempo do seu falecimento, ela se achava entre os bens da herança; se a coisa legada existir entre os bens do testador, mas em quantidade inferior à do legado, este será eficaz apenas quanto à existente.

**Art. 1.917.** O legado de coisa que deva encontrar-se em determinado lugar só terá eficácia se nele for achada, salvo se removida a título transitório.

**Art. 1.918.** O legado de crédito, ou de quitação de dívida, terá eficácia somente até a importância desta, ou daquele, ao tempo da morte do testador.

§ 1.º Cumpre-se o legado, entregando o herdeiro ao legatário o título respectivo.

§ 2.º Este legado não compreende as dívidas posteriores à data do testamento.

**Art. 1.919.** Não o declarando expressamente o testador, não se reputará compensação da sua dívida o legado que ele faça ao credor.

**Parágrafo único.** Subsistirá integralmente o legado, se a dívida lhe foi posterior, e o testador a solveu antes de morrer.

**Art. 1.920.** O legado de alimentos abrange o sustento, a cura, o vestuário e a casa, enquanto o legatário viver, além da educação, se ele for menor.

**Art. 1.921.** O legado de usufruto, sem fixação de tempo, entende-se deixado ao legatário por toda a sua vida.

**Art. 1.922.** Se aquele que legar um imóvel lhe ajuntar depois novas aquisições, estas, ainda que contíguas, não se compreendem no legado, salvo expressa declaração em contrário do testador.

**Parágrafo único.** Não se aplica o disposto neste artigo às benfeitorias necessárias, úteis ou voluptuárias feitas no prédio legado.

### *Seção II*
#### Dos Efeitos do Legado e do Seu Pagamento

**Art. 1.923.** Desde a abertura da sucessão, pertence ao legatário a coisa certa, existente no acervo, salvo se o legado estiver sob condição suspensiva.

**§ 1.º** Não se defere de imediato a posse da coisa, nem nela pode o legatário entrar por autoridade própria.

**§ 2.º** O legado de coisa certa existente na herança transfere também ao legatário os frutos que produzir, desde a morte do testador, exceto se dependente de condição suspensiva, ou de termo inicial.

**Art. 1.924.** O direito de pedir o legado não se exercerá, enquanto se litigue sobre a validade do testamento, e, nos legados condicionais, ou a prazo, enquanto esteja pendente a condição ou o prazo não se vença.

**Art. 1.925.** O legado em dinheiro só vence juros desde o dia em que se constituir em mora a pessoa obrigada a prestá-lo.

**Art. 1.926.** Se o legado consistir em renda vitalícia ou pensão periódica, esta ou aquela correrá da morte do testador.

**Art. 1.927.** Se o legado for de quantidades certas, em prestações periódicas, datará da morte do testador o primeiro período, e o legatário terá direito a cada prestação, uma vez encetado cada um dos períodos sucessivos, ainda que venha a falecer antes do termo dele.

**Art. 1.928.** Sendo periódicas as prestações, só no termo de cada período se poderão exigir.

**Parágrafo único.** Se as prestações forem deixadas a título de alimentos, pagar-se-ão no começo de cada período, sempre que outra coisa não tenha disposto o testador.

**Art. 1.929.** Se o legado consiste em coisa determinada pelo gênero, ao herdeiro tocará escolhê-la, guardando o meio-termo entre as congêneres da melhor e pior qualidade.

**Art. 1.930.** O estabelecido no artigo antecedente será observado, quando a escolha for deixada a arbítrio de terceiro; e, se este não a quiser ou não a puder exercer, ao juiz competirá fazê-la, guardado o disposto na última parte do artigo antecedente.

**Art. 1.931.** Se a opção foi deixada ao legatário, este poderá escolher, do gênero determinado, a melhor coisa que houver na herança; e, se nesta não existir coisa de tal gênero, dar-lhe-á de outra congênere o herdeiro, observada a disposição na última parte do art. 1.929.

**Art. 1.932.** No legado alternativo, presume-se deixada ao herdeiro a opção.

**Art. 1.933.** Se o herdeiro ou legatário a quem couber a opção falecer antes de exercê-la, passará este poder aos seus herdeiros.

**Art. 1.934.** No silêncio do testamento, o cumprimento dos legados incumbe aos herdeiros e, não os havendo, aos legatários, na proporção do que herdaram.

**Parágrafo único.** O encargo estabelecido neste artigo, não havendo disposição testamentária em contrário, caberá ao herdeiro ou legatário incumbido pelo testador da execução do legado; quando indicados mais de um, os onerados dividirão entre si o ônus, na proporção do que recebam da herança.

**Art. 1.935.** Se algum legado consistir em coisa pertencente a herdeiro ou legatário (art. 1.913), só a ele incumbirá cumpri-lo, com regresso contra os coerdeiros, pela quota de cada um, salvo se o contrário expressamente dispôs o testador.

**Art. 1.936.** As despesas e os riscos da entrega do legado correm à conta do legatário, se não dispuser diversamente o testador.

**Art. 1.937.** A coisa legada entregar-se-á, com seus acessórios, no lugar e estado em que se achava ao falecer o testador, passando ao legatário com todos os encargos que a onerarem.

**Art. 1.938.** Nos legados com encargo, aplica-se ao legatário o disposto neste Código quanto às doações de igual natureza.

### Seção III
### Da Caducidade dos Legados

**Art. 1.939.** Caducará o legado:

I – se, depois do testamento, o testador modificar a coisa legada, ao ponto de já não ter a forma nem lhe caber a denominação que possuía;

**II** – se o testador, por qualquer título, alienar no todo ou em parte a coisa legada; nesse caso, caducará até onde ela deixou de pertencer ao testador;

**III** – se a coisa perecer ou for evicta, vivo ou morto o testador, sem culpa do herdeiro ou legatário incumbido do seu cumprimento;

**IV** – se o legatário for excluído da sucessão, nos termos do art. 1.815;

**V** – se o legatário falecer antes do testador.

**Art. 1.940.** Se o legado for de duas ou mais coisas alternativamente, e algumas delas perecerem, subsistirá quanto às restantes; perecendo parte de uma, valerá, quanto ao seu remanescente, o legado.

## Capítulo VIII
### DO DIREITO DE ACRESCER ENTRE HERDEIROS E LEGATÁRIOS

**Art. 1.941.** Quando vários herdeiros, pela mesma disposição testamentária, forem conjuntamente chamados à herança em quinhões não determinados, e qualquer deles não puder ou não quiser aceitá-la, a sua parte acrescerá à dos coerdeiros, salvo o direito do substituto.

**Art. 1.942.** O direito de acrescer competirá aos colegatários, quando nomeados conjuntamente a respeito de uma só coisa, determinada e certa, ou quando o objeto do legado não puder ser dividido sem risco de desvalorização.

**Art. 1.943.** Se um dos coerdeiros ou colegatários, nas condições do artigo antecedente, morrer antes do testador; se renunciar a herança ou legado, ou destes for excluído, e, se a condição sob a qual foi instituído não se verificar, acrescerá o seu quinhão, salvo o direito do substituto, à parte dos coerdeiros ou colegatários conjuntos.

**Parágrafo único.** Os coerdeiros ou colegatários, aos quais acresceu o quinhão daquele que não quis ou não pôde suceder, ficam sujeitos às obrigações ou encargos que o oneravam.

**Art. 1.944.** Quando não se efetua o direito de acrescer, transmite-se aos herdeiros legítimos a quota vaga do nomeado.

**Parágrafo único.** Não existindo o direito de acrescer entre os colegatários, a quota do que faltar acresce ao herdeiro ou ao legatário incumbido de satisfazer esse legado, ou a todos os herdeiros, na proporção dos seus quinhões, se o legado se deduziu da herança.

**Art. 1.945.** Não pode o beneficiário do acréscimo repudiá-lo separadamente da herança ou legado que lhe caiba, salvo se o acréscimo comportar encargos especiais impostos pelo testador; nesse caso, uma vez repudiado, reverte o acréscimo para a pessoa a favor de quem os encargos foram instituídos.

**Art. 1.946.** Legado um só usufruto conjuntamente a duas ou mais pessoas, a parte da que faltar acresce aos colegatários.

**Parágrafo único.** Se não houver conjunção entre os colegatários, ou se, apesar de conjuntos, só lhes foi legada certa parte do usufruto, consolidar-se-ão na propriedade as quotas dos que faltarem, à medida que eles forem faltando.

## Capítulo IX
DAS SUBSTITUIÇÕES

### Seção I
Da Substituição Vulgar e da Recíproca

**Art. 1.947.** O testador pode substituir outra pessoa ao herdeiro ou ao legatário nomeado, para o caso de um ou outro não querer ou não poder aceitar a herança ou o legado, presumindo-se que a substituição foi determinada para as duas alternativas, ainda que o testador só a uma se refira.

**Art. 1.948.** Também é lícito ao testador substituir muitas pessoas por uma só, ou vice-versa, e ainda substituir com reciprocidade ou sem ela.

**Art. 1.949.** O substituto fica sujeito à condição ou encargo imposto ao substituído, quando não for diversa a intenção manifestada pelo testador, ou não resultar outra coisa da natureza da condição ou do encargo.

**Art. 1.950.** Se, entre muitos coerdeiros ou legatários de partes desiguais, for estabelecida substituição recíproca, a proporção dos quinhões fixada na primeira disposição entender-se-á mantida na segunda; se, com as outras anteriormente nomeadas, for incluída mais alguma pessoa na substituição, o quinhão vago pertencerá em partes iguais aos substitutos.

*Seção II*
Da Substituição Fideicomissária

**Art. 1.951.** Pode o testador instituir herdeiros ou legatários, estabelecendo que, por ocasião de sua morte, a herança ou o legado se transmita ao fiduciário, resolvendo-se o direito deste, por sua morte, a certo tempo ou sob certa condição, em favor de outrem, que se qualifica de fideicomissário.

**Art. 1.952.** A substituição fideicomissária somente se permite em favor dos não concebidos ao tempo da morte do testador.

**Parágrafo único.** Se, ao tempo da morte do testador, já houver nascido o fideicomissário, adquirirá este a propriedade dos bens fideicometidos, convertendo-se em usufruto o direito do fiduciário.

**Art. 1.953.** O fiduciário tem a propriedade da herança ou legado, mas restrita e resolúvel.

**Parágrafo único.** O fiduciário é obrigado a proceder ao inventário dos bens gravados, e a prestar caução de restituí-los se o exigir o fideicomissário.

**Art. 1.954.** Salvo disposição em contrário do testador, se o fiduciário renunciar a herança ou o legado, defere-se ao fideicomissário o poder de aceitar.

**Art. 1.955.** O fideicomissário pode renunciar a herança ou o legado, e, neste caso, o fideicomisso caduca, deixando de ser resolúvel a propriedade do fiduciário, se não houver disposição contrária do testador.

**Art. 1.956.** Se o fideicomissário aceitar a herança ou o legado, terá direito à parte que, ao fiduciário, em qualquer tempo acrescer.

**Art. 1.957.** Ao sobrevir a sucessão, o fideicomissário responde pelos encargos da herança que ainda restarem.

**Art. 1.958.** Caduca o fideicomisso se o fideicomissário morrer antes do fiduciário, ou antes de realizar-se a condição resolutória do direito deste último; nesse caso, a propriedade consolida-se no fiduciário, nos termos do art. 1.955.

**Art. 1.959.** São nulos os fideicomissos além do segundo grau.

**Art. 1.960.** A nulidade da substituição ilegal não prejudica a instituição, que valerá sem o encargo resolutório.

## Capítulo X
### DA DESERDAÇÃO

**Art. 1.961.** Os herdeiros necessários podem ser privados de sua legítima, ou deserdados, em todos os casos em que podem ser excluídos da sucessão.

**Art. 1.962.** Além das causas mencionadas no art. 1.814, autorizam a deserdação dos descendentes por seus ascendentes:

**I** – ofensa física;

**II** – injúria grave;

**III** – relações ilícitas com a madrasta ou com o padrasto;

**IV** – desamparo do ascendente em alienação mental ou grave enfermidade.

**Art. 1.963.** Além das causas enumeradas no art. 1.814, autorizam a deserdação dos ascendentes pelos descendentes:

**I** – ofensa física;

**II** – injúria grave;

**III** – relações ilícitas com a mulher ou companheira do filho ou a do neto, ou com o marido ou companheiro da filha ou o da neta;

**IV** – desamparo do filho ou neto com deficiência mental ou grave enfermidade.

**Art. 1.964.** Somente com expressa declaração de causa pode a deserdação ser ordenada em testamento.

**Art. 1.965.** Ao herdeiro instituído, ou àquele a quem aproveite a deserdação, incumbe provar a veracidade da causa alegada pelo testador.

**Parágrafo único.** O direito de provar a causa da deserdação extingue-se no prazo de quatro anos, a contar da data da abertura do testamento.

## Capítulo XI
DA REDUÇÃO DAS DISPOSIÇÕES TESTAMENTÁRIAS

**Art. 1.966.** O remanescente pertencerá aos herdeiros legítimos, quando o testador só em parte dispuser da quota hereditária disponível.

**Art. 1.967.** As disposições que excederem a parte disponível reduzir-se-ão aos limites dela, de conformidade com o disposto nos parágrafos seguintes.

§ 1.º Em se verificando excederem as disposições testamentárias a porção disponível, serão proporcionalmente reduzidas as quotas do herdeiro ou herdeiros instituídos, até onde baste, e, não bastando, também os legados, na proporção do seu valor.

§ 2.º Se o testador, prevenindo o caso, dispuser que se inteirem, de preferência, certos herdeiros e legatários, a redução far-se-á nos outros quinhões ou legados, observando-se a seu respeito a ordem estabelecida no parágrafo antecedente.

**Art. 1.968.** Quando consistir em prédio divisível o legado sujeito a redução, far-se-á esta dividindo-o proporcionalmente.

§ 1.º Se não for possível a divisão, e o excesso do legado montar a mais de um quarto do valor do prédio, o legatário deixará inteiro na herança o imóvel legado, ficando com o direito de pedir aos herdeiros o valor que couber na parte disponível; se o excesso não for de mais de um quarto, aos herdeiros fará tornar em dinheiro o legatário, que ficará com o prédio.

§ 2.º Se o legatário for ao mesmo tempo herdeiro necessário, poderá inteirar sua legítima no mesmo imóvel, de preferência aos outros, sempre que ela e a parte subsistente do legado lhe absorverem o valor.

## Capítulo XII
### DA REVOGAÇÃO DO TESTAMENTO

**Art. 1.969.** O testamento pode ser revogado pelo mesmo modo e forma como pode ser feito.

**Art. 1.970.** A revogação do testamento pode ser total ou parcial.
**Parágrafo único.** Se parcial, ou se o testamento posterior não contiver cláusula revogatória expressa, o anterior subsiste em tudo que não for contrário ao posterior.

**Art. 1.971.** A revogação produzirá seus efeitos, ainda quando o testamento, que a encerra, vier a caducar por exclusão, incapacidade ou renúncia do herdeiro nele nomeado; não valerá, se o testamento revogatório for anulado por omissão ou infração de solenidades essenciais ou por vícios intrínsecos.

**Art. 1.972.** O testamento cerrado que o testador abrir ou dilacerar, ou for aberto ou dilacerado com seu consentimento, haver-se-á como revogado.

### Capítulo XIII
### DO ROMPIMENTO DO TESTAMENTO

**Art. 1.973.** Sobrevindo descendente sucessível ao testador, que não o tinha ou não o conhecia quando testou, rompe-se o testamento em todas as suas disposições, se esse descendente sobreviver ao testador.

**Art. 1.974.** Rompe-se também o testamento feito na ignorância de existirem outros herdeiros necessários.

**Art. 1.975.** Não se rompe o testamento, se o testador dispuser da sua metade, não contemplando os herdeiros necessários de cuja existência saiba, ou quando os exclua dessa parte.

### Capítulo XIV
### DO TESTAMENTEIRO

**Art. 1.976.** O testador pode nomear um ou mais testamenteiros, conjuntos ou separados, para lhe darem cumprimento às disposições de última vontade.

**Art. 1.977.** O testador pode conceder ao testamenteiro a posse e a administração da herança, ou de parte dela, não havendo cônjuge ou herdeiros necessários.

**Parágrafo único.** Qualquer herdeiro pode requerer partilha imediata, ou devolução da herança, habilitando o testamenteiro com os meios necessários para o cumprimento dos legados, ou dando caução de prestá-los.

**Art. 1.978.** Tendo o testamenteiro a posse e a administração dos bens, incumbe-lhe requerer inventário e cumprir o testamento.

**Art. 1.979.** O testamenteiro nomeado, ou qualquer parte interessada, pode requerer, assim como o juiz pode ordenar, de ofício, ao detentor do testamento, que o leve a registro.

**Art. 1.980.** O testamenteiro é obrigado a cumprir as disposições testamentárias, no prazo marcado pelo testador, e a dar contas do que recebeu e despendeu, subsistindo sua responsabilidade enquanto durar a execução do testamento.

**Art. 1.981.** Compete ao testamenteiro, com ou sem o concurso do inventariante e dos herdeiros instituídos, defender a validade do testamento.

**Art. 1.982.** Além das atribuições exaradas nos artigos antecedentes, terá o testamenteiro as que lhe conferir o testador, nos limites da lei.

**Art. 1.983.** Não concedendo o testador prazo maior, cumprirá o testamenteiro o testamento e prestará contas em cento e oitenta dias, contados da aceitação da testamentaria.

**Parágrafo único.** Pode esse prazo ser prorrogado se houver motivo suficiente.

**Art. 1.984.** Na falta de testamenteiro nomeado pelo testador, a execução testamentária compete a um dos cônjuges, e, em falta destes, ao herdeiro nomeado pelo juiz.

**Art. 1.985.** O encargo da testamentaria não se transmite aos herdeiros do testamenteiro, nem é delegável; mas o testamenteiro pode fazer-se representar em juízo e fora dele, mediante mandatário com poderes especiais.

**Art. 1.986.** Havendo simultaneamente mais de um testamenteiro, que tenha aceitado o cargo, poderá cada qual exercê-lo, em falta dos outros; mas todos ficam solidariamente obrigados a dar conta dos bens que lhes forem confiados, salvo se cada um tiver, pelo testamento, funções distintas, e a elas se limitar.

**Art. 1.987.** Salvo disposição testamentária em contrário, o testamenteiro, que não seja herdeiro ou legatário, terá direito a um prêmio, que, se o testador não o houver fixado, será de um por cento a cinco por cento, arbitrado pelo juiz, sobre a herança líquida, conforme a importância dela e maior ou menor dificuldade na execução do testamento.

**Parágrafo único.** O prêmio arbitrado será pago à conta da parte disponível, quando houver herdeiro necessário.

**Art. 1.988.** O herdeiro ou o legatário nomeado testamenteiro poderá preferir o prêmio à herança ou ao legado.

**Art. 1.989.** Reverterá à herança o prêmio que o testamenteiro perder, por ser removido ou por não ter cumprido o testamento.

**Art. 1.990.** Se o testador tiver distribuído toda a herança em legados, exercerá o testamenteiro as funções de inventariante.

# TÍTULO IV
## DO INVENTÁRIO E DA PARTILHA

### Capítulo I
DO INVENTÁRIO

**Art. 1.991.** Desde a assinatura do compromisso até a homologação da partilha, a administração da herança será exercida pelo inventariante.

## Capítulo II
### DOS SONEGADOS

**Art. 1.992.** O herdeiro que sonegar bens da herança, não os descrevendo no inventário quando estejam em seu poder, ou, com o seu conhecimento, no de outrem, ou que os omitir na colação, a que os deva levar, ou que deixar de restituí- los, perderá o direito que sobre eles lhe cabia.

**Art. 1.993.** Além da pena cominada no artigo antecedente, se o sonegador for o próprio inventariante, remover-se-á, em se provando a sonegação, ou negando ele a existência dos bens, quando indicados.

**Art. 1.994.** A pena de sonegados só se pode requerer e impor em ação movida pelos herdeiros ou pelos credores da herança.

**Parágrafo único.** A sentença que se proferir na ação de sonegados, movida por qualquer dos herdeiros ou credores, aproveita aos demais interessados.

**Art. 1.995.** Se não se restituírem os bens sonegados, por já não os ter o sonegador em seu poder, pagará ele a importância dos valores que ocultou, mais as perdas e danos.

**Art. 1.996.** Só se pode arguir de sonegação o inventariante depois de encerrada a descrição dos bens, com a declaração, por ele feita, de não existirem outros por inventariar e partir, assim como arguir o herdeiro, depois de declarar-se no inventário que não os possui.

## Capítulo III
### DO PAGAMENTO DAS DÍVIDAS

**Art. 1.997.** A herança responde pelo pagamento das dívidas do falecido; mas, feita a partilha, só respondem os herdeiros, cada qual em proporção da parte que na herança lhe coube.

**§ 1.º** Quando, antes da partilha, for requerido no inventário o pagamento de dívidas constantes de documentos, revestidos de formalidades legais, constituindo prova bastante da obrigação, e houver impugnação, que não se funde na alegação de pagamento, acompanhada de prova valiosa, o juiz mandará reservar, em poder do inventariante, bens suficientes para solução do débito, sobre os quais venha a recair oportunamente a execução.

**§ 2.º** No caso previsto no parágrafo antecedente, o credor será obrigado a iniciar a ação de cobrança no prazo de trinta dias, sob pena de se tornar de nenhum efeito a providência indicada.

**Art. 1.998.** As despesas funerárias, haja ou não herdeiros legítimos, sairão do monte da herança; mas as de sufrágios por alma do falecido só obrigarão a herança quando ordenadas em testamento ou codicilo.

**Art. 1.999.** Sempre que houver ação regressiva de uns contra outros herdeiros, a parte do coerdeiro insolvente dividir-se-á em proporção entre os demais.

**Art. 2.000.** Os legatários e credores da herança podem exigir que do patrimônio do falecido se discrimine o do herdeiro, e, em concurso com os credores deste, ser-lhes-ão preferidos no pagamento.

**Art. 2.001.** Se o herdeiro for devedor ao espólio, sua dívida será partilhada igualmente entre todos, salvo se a maioria consentir que o débito seja imputado inteiramente no quinhão do devedor.

## Capítulo IV
### DA COLAÇÃO

**Art. 2.002.** Os descendentes que concorrerem à sucessão do ascendente comum são obrigados, para igualar as legítimas, a conferir o valor das doações que dele em vida receberam, sob pena de sonegação.

**Parágrafo único.** Para cálculo da legítima, o valor dos bens conferidos será computado na parte indisponível, sem aumentar a disponível.

**Art. 2.003.** A colação tem por fim igualar, na proporção estabelecida neste Código, as legítimas dos descendentes e do cônjuge sobrevivente, obrigando também os donatários que, ao tempo do falecimento do doador, já não possuírem os bens doados.

**Parágrafo único.** Se, computados os valores das doações feitas em adiantamento de legítima, não houver no acervo bens suficientes para igualar as legítimas dos descendentes e do cônjuge, os bens assim doados serão conferidos em espécie, ou, quando deles já não disponha o donatário, pelo seu valor ao tempo da liberalidade.

**Art. 2.004.** O valor de colação dos bens doados será aquele, certo ou estimativo, que lhes atribuir o ato de liberalidade.

§ 1.º Se do ato de doação não constar valor certo, nem houver estimação feita naquela época, os bens serão conferidos na partilha pelo que então se calcular valessem ao tempo da liberalidade.

§ 2.º Só o valor dos bens doados entrará em colação; não assim o das benfeitorias acrescidas, as quais pertencerão ao herdeiro donatário, correndo também à conta deste os rendimentos ou lucros, assim como os danos e perdas que eles sofrerem.

**Art. 2.005.** São dispensadas da colação as doações que o doador determinar saiam da parte disponível, contanto que não a excedam, computado o seu valor ao tempo da doação.

**Parágrafo único.** Presume-se imputada na parte disponível a liberalidade feita a descendente que, ao tempo do ato, não seria chamado à sucessão na qualidade de herdeiro necessário.

**Art. 2.006.** A dispensa da colação pode ser outorgada pelo doador em testamento, ou no próprio título de liberalidade.

**Art. 2.007.** São sujeitas à redução as doações em que se apurar excesso quanto ao que o doador poderia dispor, no momento da liberalidade.

§ 1.º O excesso será apurado com base no valor que os bens doados tinham, no momento da liberalidade.

§ 2.º A redução da liberalidade far-se-á pela restituição ao monte do excesso assim apurado; a restituição será em espécie, ou, se não mais existir o bem em poder do donatário, em dinheiro, segundo o seu valor ao tempo da abertura da sucessão, observadas, no que forem aplicáveis, as regras deste Código sobre a redução das disposições testamentárias.

§ 3.º Sujeita-se a redução, nos termos do parágrafo antecedente, a parte da doação feita a herdeiros necessários que exceder a legítima e mais a quota disponível.

§ 4.º Sendo várias as doações a herdeiros necessários, feitas em diferentes datas, serão elas reduzidas a partir da última, até a eliminação do excesso.

**Art. 2.008.** Aquele que renunciou a herança ou dela foi excluído, deve, não obstante, conferir as doações recebidas, para o fim de repor o que exceder o disponível.

**Art. 2.009.** Quando os netos, representando os seus pais, sucederem aos avós, serão obrigados a trazer à colação, ainda que não o hajam herdado, o que os pais teriam de conferir.

**Art. 2.010.** Não virão à colação os gastos ordinários do ascendente com o descendente, enquanto menor, na sua educação, estudos, sustento, vestuário, tratamento nas enfermidades, enxoval, assim como as despesas de casamento, ou as feitas no interesse de sua defesa em processo-crime.

**Art. 2.011.** As doações remuneratórias de serviços feitos ao ascendente também não estão sujeitas a colação.

**Art. 2.012.** Sendo feita a doação por ambos os cônjuges, no inventário de cada um se conferirá por metade.

## Capítulo V
### DA PARTILHA

**Art. 2.013.** O herdeiro pode sempre requerer a partilha, ainda que o testador o proíba, cabendo igual faculdade aos seus cessionários e credores.

**Art. 2.014.** Pode o testador indicar os bens e valores que devem compor os quinhões hereditários, deliberando ele próprio a partilha, que prevalecerá, salvo se o valor dos bens não corresponder às quotas estabelecidas.

**Art. 2.015.** Se os herdeiros forem capazes, poderão fazer partilha amigável, por escritura pública, termo nos autos do inventário, ou escrito particular, homologado pelo juiz.

**Art. 2.016.** Será sempre judicial a partilha, se os herdeiros divergirem, assim como se algum deles for incapaz.

**Art. 2.017.** No partilhar os bens, observar-se-á, quanto ao seu valor, natureza e qualidade, a maior igualdade possível.

**Art. 2.018.** É válida a partilha feita por ascendente, por ato entre vivos ou de última vontade, contanto que não prejudique a legítima dos herdeiros necessários.

**Art. 2.019.** Os bens insuscetíveis de divisão cômoda, que não couberem na meação do cônjuge sobrevivente ou no quinhão de um só herdeiro, serão vendidos judicialmente, partilhando-se o valor apurado, a não ser que haja acordo para serem adjudicados a todos.

§ 1.º Não se fará a venda judicial se o cônjuge sobrevivente ou um ou mais herdeiros requererem lhes seja adjudicado o bem, repondo aos outros, em dinheiro, a diferença, após avaliação atualizada.

**§ 2.º** Se a adjudicação for requerida por mais de um herdeiro, observar-se-á o processo da licitação.

**Art. 2.020.** Os herdeiros em posse dos bens da herança, o cônjuge sobrevivente e o inventariante são obrigados a trazer ao acervo os frutos que perceberam, desde a abertura da sucessão; têm direito ao reembolso das despesas necessárias e úteis que fizeram, e respondem pelo dano a que, por dolo ou culpa, deram causa.

**Art. 2.021.** Quando parte da herança consistir em bens remotos do lugar do inventário, litigiosos, ou de liquidação morosa ou difícil, poderá proceder-se, no prazo legal, à partilha dos outros, reservando-se aqueles para uma ou mais sobrepartilhas, sob a guarda e a administração do mesmo ou diverso inventariante, e consentimento da maioria dos herdeiros.

**Art. 2.022.** Ficam sujeitos a sobrepartilha os bens sonegados e quaisquer outros bens da herança de que se tiver ciência após a partilha.

## Capítulo VI
### DA GARANTIA DOS QUINHÕES HEREDITÁRIOS

**Art. 2.023.** Julgada a partilha, fica o direito de cada um dos herdeiros circunscrito aos bens do seu quinhão.

**Art. 2.024.** Os coerdeiros são reciprocamente obrigados a indenizar-se no caso de evicção dos bens aquinhoados.

**Art. 2.025.** Cessa a obrigação mútua estabelecida no artigo antecedente, havendo convenção em contrário, e bem assim dando-se a evicção por culpa do evicto, ou por fato posterior à partilha.

**Art. 2.026.** O evicto será indenizado pelos coerdeiros na proporção de suas quotas hereditárias, mas, se algum deles se achar insolvente, responderão os demais na mesma proporção, pela parte desse, menos a quota que corresponderia ao indenizado.

### Capítulo VII
### DA ANULAÇÃO
### DA PARTILHA

**Art. 2.027.** A partilha é anulável pelos vícios e defeitos que invalidam, em geral, os negócios jurídicos.
**Parágrafo único.** Extingue-se em 1 (um) ano o direito de anular a partilha.

# LIVRO COMPLEMENTAR
## DAS DISPOSIÇÕES FINAIS E TRANSITÓRIAS

**Art. 2.028.** Serão os da lei anterior os prazos, quando reduzidos por este Código, e se, na data de sua entrada em vigor, já houver transcorrido mais da metade do tempo estabelecido na lei revogada.

**Art. 2.029.** Até dois anos após a entrada em vigor deste Código, os prazos estabelecidos no parágrafo único do art. 1.238 e no parágrafo único do art. 1.242 serão acrescidos de dois anos, qualquer que seja o tempo transcorrido na vigência do anterior, Lei n. 3.071, de 1.º de janeiro de 1916.

**Art. 2.030.** O acréscimo de que trata o artigo antecedente, será feito nos casos a que se refere o § 4.º do art. 1.228.

**Art. 2.031.** As associações, sociedades e fundações, constituídas na forma das leis anteriores, bem como os empresários, deverão se adaptar às disposições deste Código até 11 de janeiro de 2007.

**Parágrafo único.** O disposto neste artigo não se aplica às organizações religiosas nem aos partidos políticos.

**Art. 2.032.** As fundações, instituídas segundo a legislação anterior, inclusive as de fins diversos dos previstos no parágrafo único do art. 62, subordinam-se, quanto ao seu funcionamento, ao disposto neste Código.

**Art. 2.033.** Salvo o disposto em lei especial, as modificações dos atos constitutivos das pessoas jurídicas referidas no art. 44, bem como a sua transformação, incorporação, cisão ou fusão, regem-se desde logo por este Código.

**Art. 2.034.** A dissolução e a liquidação das pessoas jurídicas referidas no artigo antecedente, quando iniciadas antes da vigência deste Código, obedecerão ao disposto nas leis anteriores.

**Art. 2.035.** A validade dos negócios e demais atos jurídicos, constituídos antes da entrada em vigor deste Código, obedece ao disposto nas leis anteriores, referidas no art. 2.045, mas os seus efeitos, produzidos após a vigência deste Código, aos preceitos dele se subordinam, salvo se houver sido prevista pelas partes determinada forma de execução.

**Parágrafo único.** Nenhuma convenção prevalecerá se contrariar preceitos de ordem pública, tais como os estabelecidos por este Código para assegurar a função social da propriedade e dos contratos.

**Art. 2.036.** A locação do prédio urbano, que esteja sujeita à lei especial, por esta continua a ser regida.

**Art. 2.037.** Salvo disposição em contrário, aplicam-se aos empresários e sociedades empresárias as disposições de lei não revogadas por este Código, referentes a comerciantes, ou a sociedades comerciais, bem como a atividades mercantis.

**Art. 2.038.** Fica proibida a constituição de enfiteuses e subenfiteuses, subordinando-se as existentes, até sua extinção, às disposições do Código Civil anterior, Lei n. 3.071, de 1.º de janeiro de 1916, e leis posteriores.

**§ 1.º** Nos aforamentos a que se refere este artigo é defeso:

**I** – cobrar laudêmio ou prestação análoga nas transmissões de bem aforado, sobre o valor das construções ou plantações;

**II** – constituir subenfiteuse.

**§ 2.º** A enfiteuse dos terrenos de marinha e acrescidos regula-se por lei especial.

**Art. 2.039.** O regime de bens nos casamentos celebrados na vigência do Código Civil anterior, Lei n. 3.071, de 1.º de janeiro de 1916, é o por ele estabelecido.

**Art. 2.040.** A hipoteca legal dos bens do tutor ou curador, inscrita em conformidade com o inciso IV do art. 827 do Código Civil anterior, Lei n. 3.071, de 1.º de janeiro de 1916, poderá ser cancelada, obedecido o disposto no parágrafo único do art. 1.745 deste Código.

**Art. 2.041.** As disposições deste Código relativas à ordem da vocação hereditária (arts. 1.829 a 1.844) não se aplicam à sucessão aberta antes de sua vigência, prevalecendo o disposto na lei anterior (Lei n. 3.071, de 1.º-1-1916).

**Art. 2.042.** Aplica-se o disposto no *caput* do art. 1.848, quando aberta a sucessão no prazo de um ano após a entrada em vigor deste Código, ainda que o testamento tenha sido feito na vigência do anterior, Lei n. 3.071, de 1.º de janeiro de 1916; se, no prazo, o testador não aditar o testamento para declarar a justa causa de cláusula aposta à legítima, não subsistirá a restrição.

**Art. 2.043.** Até que por outra forma se disciplinem, continuam em vigor as disposições de natureza processual, administrativa ou penal, constantes de leis cujos preceitos de natureza civil hajam sido incorporados a este Código.

**Art. 2.044.** Este Código entrará em vigor um ano após a sua publicação.

**Art. 2.045.** Revogam-se a Lei n. 3.071, de 1.º de janeiro de 1916 – Código Civil e a Parte Primeira do Código Comercial, Lei n. 556, de 25 de junho de 1850.

**Art. 2.046.** Todas as remissões, em diplomas legislativos, aos Códigos referidos no artigo antecedente, consideram-se feitas às disposições correspondentes deste Código.

Brasília, 10 de janeiro de 2002; 181.º da Independência e 114.º da República.

FERNANDO HENRIQUE CARDOSO